Le Volum L'ESSENTIEL EN FICHES BTS

Assurance

Régine Marquet
Professionnelle de l'assurance
Formatrice en BTS Assurance
Formatrice en Bachelor Banque Finance Assurance
Formatrice pour conseillers en épargne et assurance
Membre de jurys BTS Assurance et Bachelor

FOUCHER

Les ressources numériques

Au fil des pages, des QR codes à flasher vous renvoient à de nombreuses ressources : synthèses, carnet professionnel, schémas, presse, documents, vidéos, enregistrements audio...

Mode d'emploi

foucherconnect.fr

Lorsque je rencontre un pictogramme ressource au fil des pages :

ressources
Liste des ressources
foucherconnect.fr/23vassur00

1. Je vais sur www.foucherconnect.fr
J'enregistre cette page dans mes favoris pour les prochaines fois.

2. Je saisis **le code de la ressource** indiqué dans le pictogramme.

3. **Je visualise** ma ressource.

Des FLASHCODES permettent aussi d'accéder aux ressources depuis un smartphone

Retrouvez toutes les ressources du livre en scannant ce QR code :

ISBN 978-2-216-16991-7

Préface

C'est un grand honneur pour moi de préfacer cet ouvrage qui, après plus de quarante années passées dans le domaine de l'assurance, me permet d'affirmer que la formation professionnelle est une clé majeure de l'évolution de nos métiers.

En effet, nous constatons une banalisation du contrat d'assurance, qui est souvent considéré comme le complément d'une vente ou d'un crédit, ce qui dévalorise profondément son objet initial et tend à faire croire qu'il n'y a aucune technicité dans son fonctionnement, alors qu'il s'agit d'un contrat de droit et que, parallèlement, la législation en la matière impose de plus en plus de rigueur dans la présentation des opérations d'assurances pour permettre une meilleure protection du consommateur.

Le contrat d'assurance est un contrat synallagmatique, dans lequel les deux parties s'engagent, avec chacune des obligations, des droits et des devoirs. Il est préjudiciable pour l'assuré comme pour la compagnie d'assurances d'imaginer la souscription d'un contrat comme une simple vente commerciale.

Pour nous permettre d'évoluer dans les métiers liés aux opérations d'assurance, il est donc indispensable de bien en connaître les bases, qui sont avant tout d'ordre juridique, mais aussi fiscales et sociales.

Je souhaite que cet ouvrage vous permette d'aborder le métier de manière sereine, en vous apportant la matière pour conseiller utilement l'assuré qui n'est pas un professionnel et vous fait confiance, tout autant que la compagnie d'assurances qui, pour apporter le service attendu, a besoin de bons professionnels développant une bonne souscription et une bonne gestion.

Didier Brémard

Président de la Chambre professionnelle des agents généraux d'assurance du Languedoc Roussillon de 2005 à 2011, membre du bureau exécutif d'AGEA sur cette même période.

Sommaire

Sommaire

Sommaire

Partie 3 LES ASSURANCES DE PERSONNES ET LES PRODUITS FINANCIERS

Un carnet professionnel à télécharger pour réussir votre stage et votre entrée dans la vie professionnelle.

#Carnet pro

Carnet professionnel

foucherconnect-fr/23vassur01

Partie 1

LES FONDAMENTAUX DE L'ASSURANCE

Les aspects techniques de l'assurance

Les aspects juridiques du contrat d'assurance

LES ASPECTS TECHNIQUES DE L'ASSURANCE

Le monde professionnel de l'assurance

L'assurance a fait l'objet de réglementations très strictes qui ont été complétées par des directives européennes, venues uniformiser, tant bien que mal, la législation nationale. En parallèle, le consumérisme a obligé le législateur à encadrer la profession.

1 La réglementation

A. Les différents codes

■ Le domaine de l'assurance a toujours été soumis à une **réglementation** qui a évolué dans le temps – périodes de frein ou de développement, de surveillance totale ou partielle –, mais toujours dans le but de **protéger** le citoyen, assuré ou bénéficiaire, responsable ou victime. Chaque thème abordé dans cet ouvrage reprend dans la mesure du possible les articles qui font référence à une **obligation** ou à un **droit**.

■ De **nombreux codes** servent d'appui à cette réglementation, tels que les codes des assurances, civil, de la Sécurité sociale, de la mutualité, de la route, de la consommation, du commerce, de la construction et de l'habitat.

B. L'utilité des codes

LA LOI

Il est impératif de citer l'article pour justifier toute démarche, notamment en cas de refus de prise en charge. Par exemple, l'article 1353 du Code civil réglemente les engagements contractuels synallagmatiques : « Celui qui réclame l'exécution d'une obligation doit la prouver réciproquement, celui qui se prétend libéré doit justifier le paiement ou le fait qui a produit l'extinction de son obligation. »

Dans le domaine de l'assurance, il appartient à l'assuré de prouver que le sinistre est survenu dans les circonstances garanties pour avoir **droit à réparation** (alinéa 1). En revanche, l'assureur qui refuse la prise en charge doit **justifier sa position** (alinéa 2).

C. L'utilisation du Code des assurances

■ Le Code est divisé en trois parties : la partie L : **législative**, la partie R : **réglementaire** et la partie A : **décret**. Dans les citations, le Code des assurances est abrégé en « C. assur. », le Code civil est abrégé en « C. civ. », etc.

■ Le Code des assurances s'articule en parties, livres, titres et chapitres : chaque partie est divisée en livres ; chaque livre est divisé en titres ; chaque titre est divisé en chapitres ; chaque chapitre comporte des articles.

■ L'ensemble de ces articles est consultable sur le site www.legifrance.gouv.fr.

EXEMPLE

L'article L113.9 correspond à l'article 9 de la partie législative, livre Ier (le contrat), titre I (règles communes aux assurances de dommages) et chapitre 3 (obligations de l'assureur et de l'assuré).

2 L'assurance en France

FOCUS

État des lieux – Les résultats de 2021 témoignent d'un vif rebond du secteur après la crise Covid

· Au 31 décembre 2021, les investissements des entreprises d'assurance s'élèvent à 2 756,5 milliards d'euros (données France Assureurs). Les cotisations sur 2021 sont de 175,2 milliards d'euros pour l'assurance de personnes et 63,2 pour l'assurance de dommages.

· La France occupe le cinquième rang mondial derrière les États-Unis, la Chine, le Japon et le Royaume-Uni.

· Plus de 254 000 personnes, soit plus de 1 % de la population active, occupent un poste dans l'assurance. Des fiches métiers vous présentent les différentes fonctions possibles (voir Carnet professionnel en ligne).

Le télétravail a été développé du fait de la crise Covid et a fait l'objet d'un accord en novembre 2021 pour le personnel des entreprises d'assurance.

■ Compte tenu des sommes considérables encaissées, les assureurs sont des acteurs majeures du financement de l'économie qui investissent dans les entreprises et la dette publique (zinzins). En 2021, ils ont soutenu l'innovation et la relance durable.

■ La commercialisation des produits d'assurance est très **structurée** et **juridiquement encadrée**, tant au niveau des compagnies que des intermédiaires et autres nouveaux modes de distribution.

■ L'**Autorité de contrôle prudentiel et de résolution (ACPR)** a pour mission de veiller à la préservation de la stabilité du système financier et à protéger les assurés et/ou bénéficiaires des instances soumises à son contrôle. Son pouvoir est très élargi puisqu'elle peut aller jusqu'au retrait d'agrément.

#info
L'ACPR
foucherconnect.fr/23vassur02

3 Les entreprises d'assurance françaises

A. Les sociétés anonymes

À cotisations fixes, elles peuvent pratiquer toutes les branches pour lesquelles elles ont obtenu l'agrément (articles L310.1, L321.1, R322.1, R322.2 du Code des assurances). Elles sont gérées par le Code des assurances. Les plus importantes sont : AXA, Allianz, Generali, la CNP, etc.

#info
France assureurs
foucherconnect.fr/23vassur03

B. Les sociétés d'assurance mutuelle

■ À cotisations fixes ou variables suivant les statuts, elles peuvent pratiquer toutes les branches si elles sont à cotisations fixes. En revanche, si elles sont à cotisations variables, elles ne peuvent pas pratiquer d'assurance-vie.

■ Elles sont gérées par le Code des assurances. Dans cette catégorie, on trouve : MAIF, MAAF, MACIF, MMA, GMF, etc. Elles sont régies par les articles L322 – 26 1 à 9 du Code des assurances.

C. Les mutuelles d'assurance dites « mutuelles 45 »

■ Leurs cotisations sont variables et elles ne peuvent pas pratiquer l'assurance-vie capitalisation. Leur champ d'activité peut être soit géographique, soit professionnel.

■ Elles sont gérées par le Code de la mutualité. Les plus importantes sont : MGEN, MG, MGP MUTUALITE, etc.

#info
Mutuelles de France
foucherconnect.fr/23vassur04

D. Les institutions de prévoyance

Elles sont gérées par le Code de la Sécurité sociale ou le Code rural. On trouve dans cette catégorie : PRO BTP, AG2R La Mondiale, Malakoff Médéric, APICIL, HUMANIS, AGRICA, etc. Ce sont les seuls organismes paritaires dont l'activité s'exerce sur un champ concurrentiel.

#info
Centre technique des institutions de prévoyance
foucherconnect.fr/23vassur05

4 Les entreprises d'assurance exerçant en France

Au fur et à mesure des directives, le marché européen a réglementé la représentation des assureurs dans l'espace communautaire. Il peut s'agir :
- des sociétés étrangères en libre établissement disposant de succursales ;
- des sociétés de l'Espace économique européen (EEE) autorisées à opérer en libre prestation de service.

5 La distribution traditionnelle de l'assurance

Ces intermédiaires agents généraux ou courtiers sont indépendants, leur rémunération se présentant exclusivement sous la forme de commissions. Ils sont soumis à une réglementation de plus en plus stricte (article L521.1 et suivants, L512.1 et suivants, R511.2, R512.8, R512.9, R512.10 du Code des assurances).

A. Les conditions d'exercice

■ Leur autorisation d'exercer est soumise à des conditions d'honorabilité, de capacité professionnelle, d'inscription auprès du fichier national ORIAS et, enfin, à la souscription d'une assurance responsabilité civile professionnelle et d'une garantie financière.

■ Par ailleurs, l'article L520.1 impose à tout intermédiaire des **obligations d'information et de conseil** avant la souscription du contrat et pendant la durée. La charge de la preuve revenant à l'intermédiaire, il lui appartient de fournir tous les éléments obligatoires par écrit, principalement en amont : son identité, son immatriculation auprès de l'ORIAS, les coordonnées de l'autorité de contrôle et celles du service réclamations lorsqu'il existe.

■ Son devoir de conseil se concrétise par la remise d'une fiche conseil qui reprend les attentes, les besoins du client et la justesse de la réponse apportée.

B. Les catégories d'intermédiaires

1. Les réseaux salariés

Ce sont les chargés de clientèle, conseillers en assurance, etc. Il s'agit de producteurs du réseau salariés travaillant principalement dans de grands groupes (AXA, Allianz, etc.), spécialisés notamment en assurance-vie et capitalisation. En 2021, ils représentaient 14 % de l'assurance-vie.

2. L'agent général d'assurance

■ Mandataire d'une ou de plusieurs sociétés d'assurances pour des branches différentes dans une circonscription territoriale, l'agent général d'assurance exerce une **profession libérale**. Le portefeuille appartient à la société d'assurance qu'il représente.

■ Les agents généraux représentent en 2021 26 % du chiffre d'affaires en assurance de dommages et 6 % en assurances de personnes et capitalisation (selon France Assureurs).

3. Le courtier d'assurance

■ En sa qualité de commerçant, il est inscrit au **registre du commerce**. Il est mandataire de l'assuré pour qui il place les contrats auprès des sociétés d'assurance dont les produits correspondent le plus à son attente. Il n'est donc pas lié à une seule société d'assurance et le portefeuille lui appartient. Il est seul responsable vis-à-vis de son client, sauf convention passée avec l'assureur. Certains agents généraux sont aussi courtiers pour les risques qu'ils ne peuvent pas proposer en direct.

■ Les courtiers se sont souvent spécialisés dans des **risques spéciaux** ou niches (malussés – mauvais conducteurs –, construction, transport, etc.). Certains courtiers grossistes commercialisent en co-courtage des produits qu'ils ont mis en place (Solly Azar, Gras Savoye, April, Aon, CEGEMA, etc. –voir le site www.planetecsca.fr).

■ En 2021, les courtiers représentent 21 % du chiffre d'affaires en assurance de dommages et 13 % en assurances de personnes et capitalisation.

6 Les nouveaux modes de distribution de l'assurance

A. La distribution par guichets ou bureaux

■ Les sociétés d'assurance mutuelle délivrent les contrats dans leurs bureaux ou délégations. Ce sont les **mutuelles sans intermédiaires** (MSI) : MAAF, MAIF, MACIF, Groupama, etc. Les banques ont créé dans les années 1980 des filiales pour commercialiser des produits d'assurance, notamment pour commercialiser des produits d'assurance-vie, comme la bancassurance, la Banque postale et l'assurbanque.

■ En 2021, les MSI ont produit 31 % de l'assurance de dommages et la bancassurance 20 %. Cette dernière représente 63 % des cotisations en assurance-vie.

■ En parallèle et afin de faire face à cette nouvelle concurrence, certains groupes d'assurance ont commercialisé des produits bancaires, soit par la création ou le rachat d'une banque, soit en s'adjoignant les services d'une banque (AXA, Allianz, etc.).

B. La vente à distance

Par téléphone, Internet ou par correspondance, la vente à distance s'est accrue de façon considérable afin de s'adapter aux nouveaux moyens de communication. La majorité des assureurs ont ouvert la possibilité de souscrire sur le net, notamment en proposant des produits plus basiques. Certains ont même créé des assurances en ligne telles que Direct Assurance (AXA), AMAGUIZ (Goupama). Sur la toile, de nombreux sites comparatifs se sont ajoutés (www.lelynx.fr ; www.assurland.com ; www.lesfurets.com ; www.hyperassur.com).

LES ASPECTS TECHNIQUES DE L'ASSURANCE

L'assurance : définitions

L'assurance est une opération organisée et réglementée mettant en relation plusieurs parties qui ont toutes des engagements spécifiques.

1 Les opérations et engagements des parties

Bien qu'il n'y ait pas de définition légale de l'assurance, il est usuel de citer celle formulée par Joseph Hémard, économiste français, qui reprend l'ensemble des opérations et engagements de chaque partie :

> « L'assurance est une opération par laquelle une partie, l'assuré, se fait promettre, moyennant une rémunération (la prime), pour lui ou pour un tiers, en cas de réalisation d'un risque, une prestation par une autre partie, l'assureur, qui prenant en charge un ensemble de risques, les compense conformément aux lois de la statistique. »

2 Les parties en présence

L'ASSUREUR	Personne morale ayant obtenu l'agrément pour les branches qu'elle commercialise.
LE SOUSCRIPTEUR	Personne morale ou physique ayant la capacité de souscrire (majeur sans protection ou mineur émancipé). Sur le souscripteur repose l'obligation de déclarer la conformité du risque et le règlement de la cotisation. Il peut agir pour le compte de qui il appartient.
L'ASSURÉ	Personne morale ou physique sur qui repose la garantie.
LE BÉNÉFICIAIRE	Personne morale ou physique recevant la prestation promise en cas de réalisation du risque : il peut s'agir du souscripteur et/ou assuré, ou d'un tiers, notamment en responsabilité civile, ou en décès. Le bénéficiaire est défini dans le contrat.

3 Le risque

A. Un objet, une catégorie, un événement

Le risque peut correspondre à :
- l'**objet** sur lequel repose la garantie (le bien, la personne, l'activité, etc.) ;
- la **catégorie des biens** à garantir à laquelle se rapporte un tarif spécifique (risque automobile, entreprises, industriel, du particulier, etc.) ;
- l'**événement** à garantir (incendie, accident de la circulation, maladie, etc.).

B. La nature de l'événement

■ Il est impératif de bien spécifier la nature de l'événement garanti par le contrat.

■ L'événement doit être **futur** : il ne doit pas s'être réalisé ou dans certains cas, tels que « la reprise du passé » ou la garantie subséquente, il peut s'appliquer si l'assuré n'avait pas connaissance des faits lors de la souscription du contrat : c'est le risque dit « **putatif** ».

■ Il doit être **incertain** ou **aléatoire**. L'aléa peut être :
- **absolu** : l'incertitude doit porter sur la survenance en elle-même (accident de voiture, incendie) ;
- **relatif** : l'événement va se réaliser mais on ignore quand (décès).

■ L'événement **ne doit pas dépendre de la volonté exclusive de l'assuré**. En revanche, l'assurance intervient lorsque le fait dépend de la volonté d'une personne dont l'assuré répond.

■ Il doit être **licite** et ne pas être contraire aux bonnes mœurs (interdiction de garantir les amendes, les produits ou activités illégaux).

4 La cotisation

Le terme de « prime » ne doit dorénavant plus être utilisé. La cotisation est la contribution du souscripteur pour bénéficier de la garantie.

5 La prestation de l'assureur

■ Il s'agit de l'**indemnité** qui est versée par l'assureur en cas de réalisation du risque. Elle peut être payée en espèces (indemnité financière) ou en nature (versement à un prestataire).

■ L'engagement est défini lors de la souscription et diffère suivant la catégorie du contrat :
- en **assurance de dommages**, l'indemnité est calculée après la survenance du sinistre et dépend du préjudice subi et du montant garanti : il s'agit du **principe indemnitaire** ;
- en **assurance de personnes**, et sauf exceptions, l'engagement est déterminé lors de la souscription du contrat : il s'agit alors du **principe forfaitaire**.

6 La compensation au sein de la mutualité

L'assureur regroupe les cotisations d'un même risque et forme une **mutualité**. Ces sommes servent alors à indemniser les sinistres touchant ce groupe.

7 L'inversion du cycle de production

■ Le **prix de vente** d'un produit est relativement aisé à calculer, il tient compte des matières premières, du prix de revient, des frais éventuels d'emballage et de transport, de la TVA. Ce n'est pas le cas pour l'assurance. Il est indispensable, pour ne pas sanctionner la mutualité en encaissant des cotisations trop faibles, de calculer au plus juste possible l'équivalent du prix de vente de la garantie, tout en ignorant le coût du sinistre qui devra être payé.

■ L'assureur peut, à partir des **statistiques existantes**, connaître pour l'année suivante le coût à débourser par catégorie de risques. Il utilise donc la fréquence de survenance, ainsi que le coût moyen auquel il prévoit un réajustement lié notamment à l'inflation. L'assureur peut alors maîtriser le hasard. Les résultats sont d'autant plus proches de ses prévisions que le nombre de souscriptions est important, conformément à la « loi des grands nombres » mise au point par Blaise Pascal.

8 Les calculs de la cotisation

COMPOSANTES	MODE DE CALCUL	CARACTÉRISTIQUES
La fréquence	Nombre de sinistres/nombre de risques garantis	La fréquence et le coût moyen sont obtenus à partir des statistiques de l'année précédente.
Le coût moyen	Coût total des sinistres/nombre de sinistres	
La cotisation pure	Fréquence x coût moyen	Elle sert à payer les sinistres.
La cotisation nette	Cotisation pure + chargements	Elle est indiquée sur les tarifs d'assurance. Les chargements sont composés des frais de gestion de la compagnie d'assurance et des frais commerciaux (commissions).
La cotisation totale	Cotisation nette + frais de quittance + taxes*	Les frais de quittance sont en général forfaitaires et évoluent suivant des traces fixées par l'assureur. Le taux des taxes dépend des garanties accordées.

*Les taxes ne sont pas une TVA.

EXEMPLE

Les statistiques montrent que sur 100 000 villas garanties, 500 ont subi un incendie.
Le coût global pour l'assureur a été de 1 500 000 €. Quelle est la cotisation brute ?

1. Calcul de la fréquence

Nombre de sinistres/nombre de risques 500/100 000 = 0,005 soit 5 pour mille.

2. Calcul du coût moyen

Coût total des sinistres/nombre de sinistres 1 500 000/500 = 3 000 €.

3. Cotisation pure

Fréquence x coût moyen 3 000 x 0,005 = 15,00 €.
Chaque risque payera une cotisation de 15 € pour la couverture INCENDIE.

LES ASPECTS TECHNIQUES DE L'ASSURANCE

Les lois fondamentales de l'assurance

L'assureur a l'obligation de protéger la mutualité pour éviter de déséquilibrer ses résultats et mettre en péril son entreprise. Ainsi, quatre lois fondamentales ont été mises en place, dont une qui fait appel à la solidarité professionnelle.

1 La nécessité de division

■ Chaque assureur dispose de ce que l'on appelle un « **plein de conservation** », qui correspond au maximum de l'engagement qu'il peut accorder à un risque sans déséquilibrer la mutualité.

■ Afin de faire face à des demandes plus importantes et pour lui permettre d'accroître sa limitation contractuelle d'indemnité (LCI), il a recours dans un premier temps à une assurance dite « verticale » : la **réassurance**.

A. La réassurance

■ L'assureur fait appel à d'autres assureurs pour garantir partiellement certains risques définis dans le « traité de réassurance », un contrat établi entre l'**assureur direct** ou cédant et le **réassureur** ou cessionnaire.

■ L'assureur bénéficie alors d'un plein de souscription beaucoup plus conséquent, dit « **plein de réassurance** ».

#info
La réassurance
foucherconnect.fr/23vassur06

1. L'approche technique de la réassurance

■ La **réassurance « facultative »** porte sur un **risque important**, pour lequel le réassureur peut accepter de prendre un pourcentage. Il s'agit de contrats sur mesure et donc relativement onéreux.

■ La **réassurance « facultative/obligatoire »** : le traité concerne un **volume d'affaires**. Les deux parties mettent au point un contrat de base. Le cédant intègre les risques qu'il souhaite ajouter. En revanche, le réassureur ne peut les refuser.

■ La **réassurance « obligatoire »** comporte une **obligation réciproque** : l'assureur direct intègre tous ses risques prédéfinis et le réassureur doit les accepter. Dans chacun des cas, l'engagement du réassureur peut se faire de façon différente :

- **la réassurance proportionnelle** : dans ce cas, la participation du réassureur est fonction soit de la quote-part qu'il a prise et dont il a reçu la cotisation, soit en excédents de plein de conservation ;
- **la réassurance non proportionnelle** : le réassureur prend en charge :

– soit les montants supérieurs à un plafond qu'il a défini pour un sinistre,

– soit les montants supérieurs à un plafond retenu pour un ensemble de risques sur une année,
– soit les montants supérieurs à un ratio sinistres/cotisations prédéfini.

■ La réassurance se fait au niveau international, ceci afin qu'une même compagnie ne soit pas mise en difficulté pour des catastrophes qu'elle gère en qualité d'assureur direct et de réassureur.

2. L'approche juridique de la réassurance

■ L'assuré ne connaît pas les réassureurs et n'a aucun recours contre eux (article L111.3 C. assur.), la réassurance n'étant pas soumise aux règles du Code des assurances.

■ Si ce plein de conservation reste encore insuffisant, l'assureur peut avoir recours à une seconde procédure et faire appel à d'autres assureurs pour constituer la coassurance. Il s'agit de l'**assurance « horizontale »**.

3. La réassurance en 2023

Les traités sont renégociés tous les ans. Les événements et catastrophes successifs ont imposé lors du renouvellement au 1er janvier 2023, pour éviter le chaos, des augmentations tarifaires inédites, pouvant aller à une augmentation de 200 % dans des branches et des zones particulièrement exposées.

B. La coassurance

Elle permet à un assureur de couvrir partiellement un risque qu'il n'aurait jamais accepté d'assumer seul, son plein de réassurance étant inférieur au sinistre maximum possible (SMP).

1. L'approche technique de la coassurance

■ L'assureur désigné par l'assurable est l'**apériteur**. Il analyse le risque, établit un projet qu'il soumet à d'autres assureurs en leur proposant une prise en charge partielle du risque. Chaque coassureur est alors engagé pour sa quote-part.

■ L'apériteur établit une police collective à quittance unique en autant d'exemplaires que de coassureurs, plus un exemplaire pour le souscripteur.

■ Il gère la totalité du dossier, encaisse les quittances qu'il répartit aux coassureurs en fonction de leur quote-part et indemnise les sinistres pour lesquels il récupère ensuite l'intervention des coassureurs proportionnellement à leur engagement.

2. L'approche juridique de la coassurance

■ Le souscripteur doit connaître l'ensemble des coassureurs qu'il a agréés. Il a un droit de recours contre chacun d'eux dans la limite de leur quote-part, en cas notamment de défaillance de l'apériteur.

■ Un Bureau central de répartition (BCR) a été créé pour gérer plus aisément les compensations entre compagnies. De plus, un accord de déontologie a été mis en place afin de traiter les litiges suivant une procédure de conciliation et d'arbitrage.

■ Lorsque l'apériteur n'a pas pu compléter son plan de coassurance à 100 %, le souscripteur reste son propre assureur pour la quote-part manquante.

C. L'assurance par tranche ou par ligne

L'assureur a la possibilité de garantir un premier risque, l'assuré conservant à sa charge le « surplus » qu'il peut proposer à d'autres assureurs qui interviennent en positions suivantes. En incendie, il était d'usage d'appeler les tranches en « premier feu », « deuxième feu », etc. au lieu de « première ligne ».

2 La nécessité de production

■ Il convient de compenser l'érosion naturelle du portefeuille et de remplacer les contrats qui se trouvent résiliés soit par disparition du risque, soit par placement auprès de la concurrence.

■ Il est aussi indispensable de **produire de nouveaux contrats** car, plus la mutualité est importante, plus la compensation est aisée.

3 La sélection ou l'homogénéité des risques

■ Parce qu'un seul risque ne doit pas déséquilibrer la mutualité des assurés, il appartient à l'assureur de sélectionner tout risque, qu'il soit nouveau ou déjà garanti.

■ À la lecture de la proposition, l'assureur dispose de plusieurs solutions pour appréhender le risque qui lui est soumis :
- l'accepter sans conditions ni restrictions ;
- le refuser ;
- réaménager les plafonds et/ou les franchises ;
- exiger des mesures de prévention (exemples : un système antivol, la formation du personnel…) ;
- exclure certains événements ou certains risques (exemples : vol en l'absence d'effraction, conséquence d'une maladie déclarée) ;
- majorer la cotisation.

■ Cette sélection n'est toutefois plus possible après l'intervention du Bureau central de tarification (voir fiche 10).

■ La surveillance des contrats est assurée continuellement, afin, si nécessaire, d'aménager les conditions de garanties et/ou de tarification, voire de résilier le contrat (assurance de personnes non concernées).

4 La dispersion des risques

Il est impératif qu'un même événement ne mette pas en danger la mutualité. Aussi il est indispensable :
- de répartir géographiquement les risques ;
- de les diversifier.

LES ASPECTS TECHNIQUES DE L'ASSURANCE

Les caractéristiques du contrat d'assurance

Réglementé par le Code civil, le contrat ou police d'assurance est défini par un ensemble de caractères. Comme tout contrat, sa durée et ses limites sont encadrées par la législation.

1 Les différents caractères du contrat

UN CONTRAT ALÉATOIRE	Il est aléatoire de par son essence même puisqu'il garantit un risque aléatoire (voir fiche 2).
UN CONTRAT SYNALLAGMATIQUE	Il comprend des engagements réciproques tels que : - le souscripteur répond aux questions en toute bonne foi et règle la cotisation correspondant au risque garanti ; - l'assureur rédige le contrat conforme à ce qui a été prévu et paye la prestation promise en cas de réalisation du risque.
UN CONTRAT CONSENSUEL	Le contrat est formé dès l'accord des parties. Aucune formalité n'est exigée.
UN CONTRAT DE BONNE FOI	L'assuré doit répondre aux questions posées en toute bonne foi. Cette bonne foi est toujours présumée, il appartient à l'assureur de prouver le contraire.
UN CONTRAT ONÉREUX	La garantie est acquise en contrepartie d'une cotisation.
UN CONTRAT D'ADHÉSION	L'assureur propose un contrat, l'assuré souscripteur adhère à ces conditions.
UN CONTRAT SUCCESSIF	Sauf exception pour certains contrats de durée ferme, le contrat se renouvelle tous les ans, à l'échéance principale, par tacite reconduction, sans démarche particulière de l'assuré souscripteur. Ce caractère permet d'éviter un oubli au terme et fidélise le client.

2 Les limites du contrat

- Il appartient à l'assureur qui invoque une exclusion de démontrer la réunion des conditions du fait de cette exclusion (article 1353 al 2 du Code civil).
- En revanche, l'assuré qui réclame l'exécution du contrat doit rapporter que les conditions de fait ouvrant droit à la garantie sont réunies (article 1353 al 1 du Code civil).

A. Les exclusions légales

Elles sont au nombre de trois :
- la **faute intentionnelle de l'assuré** (article L113.1 al.2 du Code des assurances) : elle s'apprécie à l'égard de la victime. L'assuré doit avoir commis volontairement un acte et recherché le dommage qui en a découlé. En assurance de dommages, cela concerne le sinistre volontaire, et en assurance-vie, le suicide ou le meurtre de l'assuré par le bénéficiaire ;
- les **faits de guerre** ;
- le **vice propre de la chose assurée**.

ATTENTION

L'article L121.2 du Code des assurances précise que « l'assureur est garant des pertes et dommages causés par les personnes dont l'assuré est civilement responsable en vertu de l'article 1242 du Code civil, quelles que soient la nature et la gravité des fautes de ces personnes ».

B. Les exclusions conventionnelles

- Régies par les articles L113.1 et L112.4 du Code des assurances, elles doivent être :
  - **formelles** (précises dans les termes utilisés) ;
  - **limitées** (précises dans l'étendue de l'exclusion afin de ne pas enlever la substance de la garantie) ;
  - **rédigées en caractères très apparents** (article L112.4 du Code des assurances).
- Certaines exclusions peuvent être rachetées moyennant surprime.

EXEMPLES

Des exclusions pour le contrat automobile

· Garantie bris de glaces

Nous ne garantissons pas au titre de la garantie « Bris d'optiques » :
- l'ensemble des feux arrière ;
- les rétroviseurs ;
- tout autre élément en verre, glace ou verre organique.

· Garantie incendie

Outre les exclusions du contrat, nous ne garantissons pas :
- les dommages résultant de brûlures causées par les fumeurs ;
- les dommages causés à l'appareil électrique à l'origine des dommages.

· Toutes formules

Sont exclus de toutes les formules les dommages :
- résultant de la seule vétusté ou d'un défaut d'entretien sauf cas de force majeure ;
- de caractère mécanique lorsqu'ils sont la conséquence directe et immédiate d'un accident de la circulation, d'un vol ou d'un incendie ;
- résultant d'une panne ;
- causés par le gel ;
- indirects tels que la privation de jouissance, la dépréciation, les frais de garage ou de gardiennage...

LES ASPECTS JURIDIQUES DU CONTRAT D'ASSURANCE

La formation du contrat d'assurance

L'État intervient depuis de nombreuses années afin de protéger le consommateur, et notamment le preneur d'assurance. De nombreuses lois se sont adaptées aux nouveaux modes de distribution afin de réglementer la souscription du contrat. L'assureur doit remplir son rôle de conseil dès la demande de contracter.

1 La réglementation précédant la formation du contrat

A. Les obligations de l'assureur

■ La loi Bérégovoy du 31 décembre 1989 impose à l'assureur de remettre à l'assurable une **fiche d'information tarifaire** et un **projet de contrat**. En 2003, ces documents ont été complétés par une information écrite sur la position de l'assureur en cas de « garantie dans le temps ». Depuis 2005, il faut aussi remettre la **fiche d'intermédiation** et la **fiche conseil**.

À SAVOIR

Pour un contrat d'assurance-vie, l'assureur doit remettre des **documents complémentaires**.
Par ailleurs, la vente à distance et le démarchage ont été réglementés récemment (articles L112.9, L112.2.1, R112.4 du Code des assurances).
Le **droit de renonciation** doit être stipulé et un modèle de lettre doit être fourni. Ce droit de 14 jours passe à 30 jours en assurance-vie (art. L112.2 et L132.5.1 du Code des assurances).

■ L'assureur fait remplir par l'assurable, qui fait part de sa volonté de contracter, une proposition afin de recueillir l'ensemble des informations qui lui sont indispensables pour **analyser le risque proposé**.

■ Ce document, en général pré-imprimé, se présente sous la forme d'un questionnaire. Il appartient à l'assureur de poser des questions précises et limitées, toute question ambiguë étant interprétée à son détriment. La jurisprudence est constante sur cette position.

■ L'article R.221-2 du Code de la consommation reprend les obligations d'information du professionnel préalablement à la conclusion ou à la modification d'un contrat selon une technique de communication à distance. Elle a pris effet au 28 mai 2022.

■ La **directive sur la distribution d'assurance (DDA)** a été transposée en droit français dès octobre 2018. Elle renforce l'obligation de conseil de l'assureur. Des fiches conseils normalisées ont été mises en place (voir Carnet professionnel numérique).

B. L'analyse du risque

■ À l'analyse du risque, l'assureur a la possibilité :
- d'accepter en l'état au tarif prévu ;
- de le refuser ;
- de majorer la cotisation ;
- de prévoir des exclusions spécifiques (conséquences d'une maladie déclarée…) ;

- d'exiger des informations complémentaires (exemple : examen médical) ;
- d'exiger des actions de prévention (exemple : installation d'une alarme…).

■ Elle permet surtout de contrôler la conformité du risque en cas de survenance du sinistre.

■ La plupart des contrats standards se faisant maintenant informatiquement, la proposition se confond avec le questionnaire qui défile sur l'écran. Il est alors important de faire signer le contrat afin de constater l'accord des parties.

À SAVOIR

La proposition n'engage ni l'assuré, ni l'assureur, mais elle fait partie intégrante du contrat dès que celui-ci est formé (article L112.2 du Code des assurances).

2 L'établissement du contrat

Le contrat est composé de plusieurs documents, aujourd'hui souvent dématérialisés.

A. Les conditions ou dispositions générales

C'est un « livret » commun aux risques similaires proposés par un assureur. Il définit les garanties, les exclusions, les obligations et droits de chaque partie. Le contrat doit être rédigé en français et en caractères apparents. Les **clauses d'exclusions**, de **nullité** ou de **déchéances** doivent figurer en caractères très apparents.

B. Les conditions ou dispositions particulières

■ Elles sont traitées à l'article L112.4 du Code des assurances et personnalisent le **risque à garantir** en reprenant un certain nombre d'éléments tels que :
- les coordonnées des parties : assureur, intermédiaire, souscripteur, assuré, bénéficiaire si le cas se présente, interlocuteur français si l'assureur est étranger ;
- la date de prise d'effet ;
- l'échéance principale, le fractionnement ;
- l'objet de la garantie ;
- les garanties, limites, franchises, valeurs de l'indice ;
- le montant de la cotisation ;
- la loi applicable si ce n'est pas la loi française.
- la liste des documents remis lors de la période de préformation du contrat.

C. Les conventions spéciales

Établies ponctuellement, elles permettent de définir ou d'ajouter une garantie qui ne figure pas dans les conditions générales. **Les conditions particulières et spéciales prévalent sur les conditions générales.**

1. L'attestation d'assurance

Elle doit être établie à chaque fois que l'assuré la demande. Toutefois, il s'agit d'une présomption simple d'assurance que l'assureur peut combattre par la preuve contraire telle que le non-paiement de la cotisation.

2. La note de couverture (art. L112.3 C. assur.)

■ La note de couverture est un document écrit valant contrat qui confirme la garantie pour une période temporaire. Elle reprend les coordonnées des parties, la nature du risque, l'étendue de la garantie, le montant réglé et la période de validité.

■ Elle est souvent établie pour permettre de donner une garantie immédiate en l'attente soit de l'analyse complète du risque proposé (exemple : garantie accidents dans une assurance décès), soit de la rédaction du contrat (exemple : contrat spécifique ne pouvant pas être établi par l'intermédiaire du fait d'une clause).

■ Elle ne peut être délivrée qu'en contrepartie du versement d'une cotisation qui représente souvent 25 % de la cotisation annuelle.

3. La prise d'effet de la garantie

Le contrat prend effet dès sa formation, sauf clause contraire figurant au contrat (article L113.12 du Code des assurances). La garantie peut être conditionnée au paiement de la cotisation et/ou à la signature du contrat, mais elle peut aussi être retardée par la présence d'un délai de carence (exemple : indemnités journalières suite à une maladie versées après une période de 6 mois).

4. La durée du contrat

■ Le contrat est souscrit jusqu'à l'échéance principale et il est renouvelé, sauf exception, par **tacite reconduction**. Toutefois, l'assuré comme l'assureur ont la possibilité de **résilier le contrat** à l'échéance principale moyennant un **préavis** d'au moins 2 mois (article L113.12 du Code des assurances).

■ La date de l'envoi de la lettre est le point de départ de ce préavis et seul le cachet de la Poste fait foi. Ce délai peut être ramené contractuellement à 1 mois au bénéfice du souscripteur. Cette faculté concerne **uniquement les contrats de particuliers hors assurance-vie et individuelle d'assurance-maladie** pour lesquels il appartient de se reporter au contrat.

5. La loi Chatel

Cette loi du 28 janvier 2005 s'applique aussi à l'assurance. Elle peut être utilisée pour la résiliation des contrats dits « de particuliers » afin de résilier dans un délai de 20 jours à compter de la date d'envoi de l'appel de cotisation qui reprend le texte de cette loi et les droits de l'assuré (article L113.15-1 du Code des assurances).

6. La loi Hamon

■ Cette loi du 17 mars 2014 (article L113.15.2 du Code des assurances) traite notamment des nouvelles possibilités de résiliation de certains contrats d'assurance, hors échéance. Elle concerne exclusivement les contrats de particuliers automobile, MRH et toutes les assurances dites « accessoires » (article R113.11 du Code des assurances).

■ Elle s'applique : pour les contrats antérieurs au 1er janvier 2015, à la date de leur prochaine reconduction tacite ; pour les contrats souscrits au 1er janvier 2015, à partir du 1er janvier 2016.

■ Pour éviter l'interruption de garanties obligatoires (responsabilité civile automobile ou risques locatifs), le législateur a prévu que la résiliation soit adressée par le nouvel assureur qui a reçu mandat pour cette démarche.

■ La loi Hamon prévoit par ailleurs la possibilité de résilier une assurance emprunteur dans un délai de 1 an à compter de la signature du prêt (article L312.9 du Code de la consommation). L'ensemble des facultés de résiliation par l'assureur, l'assuré ou les deux parties est regroupé en annexe du document.

Fiche 6

La classification des assurances

Les assurances sont répertoriées, d'une part, au niveau de l'Union européenne par les branches auxquelles elles se réfèrent et, d'autre part, en fonction de la catégorie à laquelle elles sont rattachées.

1 Le classement par branches

■ Cette classification est uniformisée au niveau communautaire. Toutes les opérations d'assurance sont répertoriées en **26 branches** réparties comme suit : 18 en non-vie au niveau européen, 7 limitées à la France pour l'assurance-vie ; la 19 n'est pas utilisée (article R321.1 du Code des assurances). L'assureur doit avoir reçu l'agrément pour chacune d'elles afin de commercialiser un produit.

■ Un contrat regroupant plusieurs garanties peut être rattaché à plusieurs branches. Par exemple, un contrat automobile peut réunir les branches suivantes :

- **branche 1** : accidents (garantie personnes transportées) ;
- **branche 3** : corps de véhicules terrestres (garantie dommages au véhicule) ;
- **branche 7 :** marchandises transportées ;
- **branche 10** : responsabilité civile véhicules terrestres automoteurs ;
- **branche 16** : pertes pécuniaires diverses ;
- **branche 17** : protection juridique ;
- **branche 18** : assistance.

2 Le classement par catégories

A. Les assurances de dommages

Elles correspondent à la protection du patrimoine et regroupent les **assurances de responsabilités** et les **assurances de dommages aux biens**, qui sont soumises au **principe indemnitaire** (articles L112.1, L121.1 al et L113.5 du Code des assurances).

1. Le principe indemnitaire

L'assuré ne pouvant s'enrichir, l'indemnité est calculée après la survenance du sinistre et ne peut pas être supérieure :

- au préjudice subi par l'assuré ;
- à la valeur de la chose assurée au moment du sinistre ;
- au plafond prévu au contrat.

■ **Il appartient à l'assuré de garantir à sa juste valeur ses biens.** Il est conseillé de faire évaluer certains biens par un expert pour garantir une valeur dite « agréée ». Les conséquences peuvent être lourdes si le montant prévu au contrat ne correspond pas à la valeur réelle.

Première situation : la surassurance (art. L121.3 C. assur.)

La valeur des biens assurés est **supérieure** à la valeur réelle au jour du sinistre :

- si l'assureur prouve la fraude de l'assuré, il peut avancer la **nullité du contrat** et réclamer des **dommages** et **intérêts** ;
- si l'assuré n'a pas voulu sciemment surévaluer la valeur des biens, **l'assureur limite son indemnité à la valeur au jour du sinistre** et conserve à titre de dommages et intérêts la cotisation payée pour le « surplus ». L'assureur aménage le contrat.

> INFO
> **Indemnité** = montant des dommages x valeur assurée/valeur réelle au jour.

Deuxième situation : la sous-assurance (art. L121.5 C. assur.)

- La valeur des biens assurés est **inférieure** à la valeur réelle au jour du sinistre. Dans ce cas, l'assuré est sanctionné par l'application de la **règle proportionnelle de capitaux**.
- La règle proportionnelle de capitaux peut se cumuler avec la **règle proportionnelle de cotisations** prévue à l'article L113.9 du Code des assurances. La plupart des contrats multirisques prévoient une clause d'abandon de la règle proportionnelle de capitaux. Il y a lieu de prévoir la valeur assurée comme un **plafond d'indemnité**.

Troisième situation : les assurances cumulatives (art. L121.4 C. assur.)

- L'assuré souscrit **plusieurs contrats de même catégorie** pour couvrir un même risque :

- si l'assureur prouve la tentative de fraude de l'assuré qui voulait percevoir plusieurs fois l'indemnité, il y a application de la **nullité des contrats** avec possibilité de réclamer des dommages et intérêts (preuve à la charge de l'assureur) ;
- si l'assuré n'a pas voulu sciemment garantir plusieurs fois son risque, l'indemnité est **limitée à la valeur réelle** et chaque assureur intervient proportionnellement en fonction du montant qu'il aurait réglé s'il avait été seul.

- La gestion se fait par l'assureur choisi par l'assuré qui règle la totalité et se retourne contre les autres assureurs pour récupérer la part due.

2. La conséquence du principe indemnitaire

La règle de non-cumul

L'assuré ne pouvant faire d'enrichissement, il ne peut donc pas percevoir plusieurs fois la prestation qui lui est due. De ce fait, les indemnités ne peuvent pas se cumuler avec celles versées par des tiers responsables.

Le recours subrogatoire (art. L121.12 C. assur.)

- L'assureur qui s'est désengagé de son obligation en versant l'indemnité due contractuellement peut se retourner contre le responsable ou l'assureur de celui-ci au titre du **recours subrogatoire**.
- Le montant est limité aux sommes versées. Il est impératif que l'assureur ait procédé à l'indemnisation et puisse le cas échéant le justifier. Il agit en qualité de **subrogé** dans les droits et actions de son assuré.
- Ce recours doit également être possible en matière d'assurance de responsabilité, lorsque l'assuré dispose lui-même d'un recours contre le véritable responsable.

> ATTENTION
> Conformément à l'article 1252 du Code civil, l'assuré est **prioritaire** sur les indemnités versées par l'auteur.

- Le recours subrogatoire peut se compléter d'un recours « **pour le compte de l'assuré** » lorsque le préjudice est supérieur à l'indemnité versée contractuellement du fait par exemple d'une franchise, d'une limite de garantie ou d'une règle proportionnelle de capitaux ou de cotisations. Cette intervention se fait au titre de la garantie protection juridique ou recours prévue dans les contrats d'assurance.

EXEMPLE

Gestion d'un dossier d'assurance de dommages avec le principe indemnitaire
M. Arnaud, conducteur d'un véhicule, termine sa route dans un fossé pour éviter un chien. Il bénéficie d'une garantie DOMMAGES TOUT ACCIDENT avec une franchise de 500 € auprès de ASSURTOUT. Le montant des dommages est de 3 600 €.
Le propriétaire du chien a été identifié. Il s'agit de M. Nelson qui est assuré en responsabilité civile auprès de TRANQUILASSUR. Comment va se dérouler la gestion du dossier ?
1. Indemnisation contractuelle de Monsieur Arnaud
Montant des dommages – franchise : 3 600 – 500 = 3 100 €.
2. Recours
- Recours subrogatoire auprès de TRANQUILASSUR au titre de l'action directe, dans la limite des sommes versées contractuellement, soit 3 100 €.
- Recours pour le compte de l'assuré auprès de l'assureur de M. Nelson correspondant à la franchise, soit 500 €.

3. Répartition des recours
- ASSURTOUT verse les 500 € à M. Arnaud qui sera indemnisé en intégralité.
- ASSURTOUT conserve les 3 100 € qu'il avait versés contractuellement.

B. Les assurances de personnes

Elles correspondent à la protection de la personne lors de la survenance d'événements touchant son intégrité physique et regroupent les assurances santé, de prévoyance, vie et décès. Elles sont soumises au **principe forfaitaire**.

1. Le principe forfaitaire (art. L131.2 C. assur.)

Les prestations prévues par l'assureur sont fixées forfaitairement lors de la souscription du contrat.

2. Les conséquences (art. L131.2 al.1 C. assur.)

Ces prestations **peuvent se cumuler** avec des indemnités versées par des tiers responsables ou des tiers payeurs. L'assureur ne bénéficie pas de ce fait d'un recours subrogatoire auprès d'un responsable.

3. Les exceptions (art. L131.2 al.2 C. assur.)

- Certains contrats, tels que la complémentaire santé, la garantie des accidents de la vie (GAV) ou la garantie du conducteur, prévoient l'**indemnisation en droit commun** et répondent au **principe indemnitaire**.

- De ce fait, l'assureur bénéficie d'un **recours subrogatoire** pour les prestations versées contractuellement. Il intervient alors en avance sur recours (recours confirmé par les **articles 29 à 33 de la loi Badinter**).

LES ASPECTS JURIDIQUES DU CONTRAT D'ASSURANCE

Les obligations de l'assuré

Le contrat étant de bonne foi, la législation a réglementé les obligations de l'assuré et par conséquent les sanctions qui en découlent en cas de non-respect.

1 Répondre aux questions posées par l'assureur en toute bonne foi (art. L113.2.2° C. assur.)

■ Attention, l'assuré n'a pas l'obligation d'aller au-delà des questions qui lui sont posées. Il appartient donc aux assureurs de préparer un **questionnaire fermé** (toujours utilisé en assurances de personnes) et des **questions précises et limitées**.

■ Toute question ambiguë s'interprète au détriment de celui qui l'a rédigée.

2 Déclarer en cours de contrat les circonstances nouvelles (art. L113.2.3 C. assur.)

Il s'agit de circonstances nouvelles qui ont pour conséquence soit d'**aggraver le risque**, soit d'en **créer de nouveaux**.

A. Le principe

■ Cet article concerne l'**obligation** de déclarer toute modification des éléments donnés lors de la souscription. Cette déclaration doit être accomplie dans un **délai de 15 jours à partir du moment où l'assuré en a connaissance** et doit être faite par lettre recommandée avec accusé de réception (LRAR).

■ Ces modifications ne concernent pas les assurances sur la vie ou sur la maladie lorsque l'état de santé se trouve aggravé.

B. Les sanctions de la fausse déclaration

Elles s'appliquent suite au non-respect des articles L113.2.2° ou 3° du Code des assurances.

1. La découverte de la fausse déclaration se fait avant sinistre

L'assureur peut (article L113.4 du Code des assurances) :
- maintenir le contrat en l'état en prévoyant un avenant ou un « dont acte » ;
- maintenir le contrat en vigueur moyennant une augmentation de la cotisation acceptée par l'assuré. L'assuré peut alors refuser la majoration et résilier le contrat dans un délai de 30 jours après dénonciation ;

– résilier le contrat 10 jours après notification adressée à l'assuré par LRAR avec remboursement de la cotisation au *prorata temporis*, c'est-à-dire au jour le jour ;
– diminuer le risque et la cotisation si le cas se présente. Si l'assureur refuse la réduction de cotisation, l'assuré peut résilier le contrat dans un délai de 30 jours après dénonciation.

À SAVOIR

L'absence de réponse de l'assureur dans les 10 jours à compter de la notification par l'assuré vaut acceptation (article L112.2 al. 5 et al. 6 du Code des assurances).

2. La découverte se fait lors d'un sinistre

■ **La nullité du contrat (art. L113.8 C. assur.)**

L'assureur doit prouver **trois conditions cumulatives** (article 1353 al 2 du Code civil) :
– la fausse déclaration : le risque n'est pas conforme à ce que l'assuré a indiqué ;
– la déclaration intentionnelle ou de mauvaise foi ;
– la déclaration modifiant l'opinion de l'assureur (tarif plus élevé ou n'entrant pas dans les critères de sélection et dans ce cas, l'assureur l'aurait refusé).

EXEMPLE

Une mère assure un véhicule à son nom alors que c'est son fils qui est le conducteur principal.
Conséquences de la nullité : le contrat est considéré comme s'il n'avait jamais existé. L'assureur ne verse pas l'indemnité pour le sinistre en cours même s'il n'a aucun lien avec la fausse déclaration. Il conserve les cotisations versées, peut réclamer celles en cours et se faire rembourser toutes les prestations versées.

■ **La règle proportionnelle de prime (art. L113.8 C. assur.)**

- L'assuré est de bonne foi ou l'assureur n'a pas pu prouver sa mauvaise foi. Dans ce cas, il y a application de la **règle proportionnelle** de prime ou cotisation. **Il est impératif de prévoir un réajustement du contrat.**
- Certains contrats prévoient une **clause d'incontestabilité** qui ne sanctionne l'assuré que s'il ne déclare pas une modification du risque. Il est possible aussi que certains contrats ne citent que l'article L113.8. L'indemnité est alors due en intégralité si l'assureur ne peut pas prouver la mauvaise foi.

INFO

Indemnité = montant des dommages x prime payée/prime due.

3 Payer les cotisations aux époques convenues (art. L113.2.3 C. assur.)

A. Les modalités

L'assureur est tenu d'envoyer à l'échéance du contrat un appel de cotisation à la dernière adresse connue de l'assuré rappelant les caractéristiques du contrat et la cotisation qui est due. La prime est portable chez l'assureur par tous moyens dans les 10 jours à compter de l'échéance.

B. La sanction en cas de défaut de paiement : la procédure de mise en demeure (art. L113.3 ; R113.1, R113.4 C. assur.)

■ **Dix jours au plus tôt** à compter de la date d'échéance, l'assureur envoie au dernier domicile connu une LRAR rappelant la procédure de mise en demeure (articles du Code assurance] et prévoyant [en général dans un même courrier] la résiliation en cas de défaut de paiement au bout de 10 jours de suspension.

■ Si le règlement n'intervient pas entre-temps :
– il y a suspension au bout de 30 jours ;
– il y a résiliation au bout de 40 jours à compter de l'envoi de la mise en demeure ; les primes continuent d'être dues.

■ Le paiement pendant la période de suspension entraîne la remise en vigueur du contrat le lendemain à midi. Si l'assuré n'a pas récupéré la lettre ou si elle ne lui est pas parvenue suite à un changement d'adresse qu'il n'aurait pas déclaré, la lettre a la même valeur. L'assureur est libre ou non de refuser la remise en vigueur après les 40 jours.

■ La procédure diffère en assurance-vie [article L132.20 du Code des assurances]. Dans ce cas, le contrat est résilié ou réduit si le paiement ne parvient pas dans les 40 jours après l'envoi de la mise en demeure qui se fait par lettre recommandée simple [voir fiche 59].

4 Déclarer les sinistres dans les délais prévus au contrat et fournir toutes précisions utiles [art. L113.2 3 C. assur.]

A. Les modalités

■ L'assuré doit déclarer le sinistre à son assureur par tout moyen dans les délais prévus au contrat. Ces délais ne peuvent pas être inférieurs à 5 jours ouvrés à partir du moment où il en a eu connaissance, sauf pour les garanties :
– **vie** : aucun délai, hormis ceux limités par la prescription ;
– **vol** : 2 jours ouvrés ;
– **mortalité du bétail** : 24 heures ;
– **grêle** : 4 jours ouvrés [article L123.1 du Code des assurances] ;
– **catastrophes naturelles** : 10 jours ouvrés à compter de la parution du décret au *Journal officiel*.

■ Le contrat ne peut pas exiger une forme de déclaration mais l'assuré doit pouvoir prouver qu'il l'a fait dans les délais. Par exemple, l'assuré a reçu un numéro de dossier si la déclaration a été faite par téléphone.

À SAVOIR

Il vaut mieux utiliser une LRAR, voire maintenant un mail ou un appel téléphonique à une plateforme dédiée qui communiquera un numéro de sinistre.

■ Si une clause en caractères très apparents [article L112.4 du Code des assurances] le mentionne au contrat, il y a déchéance, sauf cas de force majeure et si l'assureur justifie qu'il a subi un préjudice.

■ La déchéance est inopposable aux tiers victimes en assurance de responsabilité civile [article R124.1 du Code des assurances]. Elle peut, par ailleurs, être appliquée en présence de fausse déclaration sur les circonstances ou les conséquences ainsi que de réclamation frauduleuse comme une fausse facture.

DÉFINITION

Déchéance : perte d'un droit à titre de sanction pour un sinistre défini (article L113.11 du Code des assurances).

Tableau synoptique des sanctions et conséquence

SANCTION	DÉFINITION	CONDITIONS D'APPLICATION	OPPOSABILITÉ
Déchéance	Perte du droit aux garanties du contrat pour un sinistre donné	Manquement aux obligations après sinistre Selon clause expresse du contrat	Opposable à l'assuré mais non aux tiers victimes en assurance de responsabilité civile
Nullité	Le contrat a été annulé par l'assureur	Fausse déclaration intentionnelle entraînant la dénaturation de l'opinion de l'assureur	Auparavant opposable aux victimes. Un arrêt de la CJUE a rendu en 2019 inopposable la nullité du contrat pour fausse déclaration intentionnelle
Règle proportionnelle de prime (RPP)	Réduction indemnités	Fausse déclaration sans mauvaise foi établie	Opposable à l'assuré mais non aux tiers victimes en assurance de responsabilité civile automobile
Résiliation	Fin du contrat	Suite du non-paiement ou autres cas	Opposable à tous
Suspension	Contrat en cours mais la garantie ne s'applique plus	Suite du non-paiement ou aliénation du véhicule	Opposable à tous

EXEMPLE

Un assuré déclare un sinistre dégâts des eaux sur son contrat multirisques habitation. L'expert mandaté constate que le grenier a été transformé en une chambre de 12 m^2. Or, les conditions générales définissent comme pièce principale (PP) toute pièce supérieure à 9 m^2.
Au jour du sinistre, le contrat prévoit 5 PP avec un tarif de 250,00 €. Pour 6 PP, il serait de 290,00 €.
Une franchise fixe de 200,00 € est applicable pour tout sinistre. Le coût du sinistre est de 1 750,00 €.
Quelle sera l'indemnité ?

Réponse

La mauvaise foi de l'assuré est difficile à prouver. Aussi, seul l'article L113.9 est retenu avec application de la règle proportionnelle de cotisation :
Indemnité = montant des dommages x cotisation payée/cotisation réelle En l'espèce

1. Approche sinistre : calcul de l'indemnité

Indemnité avant franchise = 1 750,00 x 250,00 / 290,00 = 1 508,62 €
Indemnité définitive = 1 508,62 - 200,00 = 1 308,62 €

2. Approche contrat

Établissement d'un avenant réajustant le nombre de pièces.

Fiche 8

Les obligations de l'assureur

Les obligations de l'assureur sont aussi présentes avant la souscription du contrat et se renforcent régulièrement avec la mise en place de la transposition des différentes directives européennes dans le droit français. En contrepartie, la législation permet à l'assureur de bénéficier de droits.

1 Les obligations de l'assureur

A. L'obligation de conseil et d'information

1. L'obligation d'information (art. L112.2 C. assur.)

■ L'assureur a l'obligation de fournir au proposant :
- une **fiche d'information sur le prix et les garanties** ;
- un **exemplaire du projet** ou une notice d'information qui reprend les garanties, les exclusions ainsi que les obligations de l'assuré ;
- une **fiche d'information sur la loi applicable** si ce n'est pas la loi française.

■ Lorsque la vente se fait à distance, l'assureur a l'obligation de rappeler le **droit de renonciation de 14 jours**. À défaut, ce droit bénéficie à l'assuré sans limite de durée.

■ En assurance responsabilité civile, le choix de la gestion dans le temps est retenu par l'assureur.

À SAVOIR

L'obligation d'information revenant à l'assureur, il lui appartient de justifier qu'il y a satisfait. Toutefois, certains contrats temporaires tels que villégiature, sports d'hiver, bagages, dont la prise d'effet intervient dans un délai inférieur à 48 heures ne sont pas concernés (article R122.2 al. 2 du Code des assurances).

■ En assurance de personnes et notamment en assurance-vie, d'autres obligations sont prévues et sont rappelées dans la partie 3.

2. Le devoir de conseil

■ Il s'agit d'une **obligation de moyens** qui revient à l'assureur et qui repose aussi sur chaque intermédiaire. Il lui appartient de proposer le produit correspondant aux besoins du proposant et, pour le courtier, de spécifier pourquoi il a retenu le produit parmi ceux proposés par les assureurs avec lesquels il travaille. Ce devoir se prolonge pendant **toute la durée du contrat**.

■ Il convient à l'assureur de **proposer tout nouveau contrat** ou **aménagement de contrat** qui pourrait correspondre au besoin de l'assuré.

■ L'ACPR, **organisme de tutelle,** est en droit de contrôler que l'assureur a respecté ces obligations à tout niveau, ce qui a pu entraîner des audits chez les intermédiaires. Il est donc indispensable que chaque dossier client présente l'ensemble de ces documents.

B. Les obligations liées à ses engagements contractuels

L113.5 C. assur.	Il doit verser la prestation promise dans le délai convenu, stipulée dans le contrat.
L113.1 C. assur.	Il doit couvrir les sinistres résultant de cas fortuits ou de la faute de l'assuré, sauf faute intentionnelle.
L121.2 C. assur.	Il doit garantir les dommages occasionnés par les personnes dont l'assuré est responsable, quelle que soit la gravité de la faute commise.
L125.1 C. assur. **L126.2 C. assur.** **L122.7 C. assur.** **L128.1 et 2 C. assur.**	· Catastrophes naturelles (art. L125.1 C. assur.). · Attentats (art. L126.2 C. assur.). · Tempêtes, ouragans, cyclones (art. L122.7 C. assur.). · Catastrophes technologiques pour les particuliers (art. L128.1 et L128.2 C. assur.).

Il ne peut pas refuser la garantie lorsqu'il est désigné par le **Bureau central de tarification**, à la demande d'un assurable (voir fiche 10).

2 Les droits de l'assureur

■ L'assureur peut se dégager de ses obligations dans certains cas (R113.10 du Code des assurances) : refus de prise en charge suite à l'application d'une exclusion ou d'une sanction ; résiliation du contrat après sinistre si une clause le prévoit.

■ L'assuré peut alors résilier dans un délai de 1 mois après avis de résiliation les autres contrats souscrits auprès du même assureur.

À SAVOIR

Cette faculté de résiliation hors échéance ne s'applique pas au contrat automobile. Celui-ci n'est résiliable par l'assureur hors échéance que dans trois cas (article A211-1-2 du Code des assurances) :
- un sinistre dû à l'état alcoolique du conducteur ;
- un sinistre imputable à un conducteur sanctionné par une suspension du permis de conduire d'au moins 1 mois ou par son annulation de permis ;
- une annulation du permis de conduire.

EXEMPLE

Cas du contrat automobile

Un assuré déclare un sinistre fautif le 3 novembre 2022 avec des dommages corporels. Son échéance est le 1er janvier.

· **1re situation** : vous souhaitez le résilier au plus vite.
L'échéance étant le 1er janvier et le préavis à respecter étant de 2 mois, il faut attendre l'échéance de janvier 2024 et envoyer le courrier au plus tard le 31 octobre 2023.

· **2e situation** : Vous recevez le procès-verbal de police le 19 novembre 2022 vous informant que l'assuré était sous l'empire d'un état alcoolique au moment de l'accident. Vous souhaitez le résilier sans attendre sa condamnation. L'article A211-1-2 du Code des assurances vous autorise à résilier le contrat immédiatement sans attendre l'échéance principale. L'assuré peut alors résilier tous ses contrats.

Fiche 9

Le sinistre

L'assureur a l'obligation de prendre en charge, dans les délais qui lui sont imposés, les dommages liés à des événements garantis. Cette procédure est réglementée et entraîne un certain nombre de conditions tant dans la déclaration que dans l'indemnisation.

1 Définition et obligations

■ Le sinistre est la réalisation de l'événement dommageable prévu et garanti par le contrat (articles L113.1, L113.5 du Code des assurances et 1134 du Code civil). Il est composé :
- d'un **fait générateur** (événement garanti) ;
- d'un **préjudice** (matériel, corporel, immatériel) ;
- d'une **réclamation en assurance responsabilité civile** (articles L124.1, L124.1.1, L124.5 du Code des assurances).

■ C'est à l'assuré qui revendique la garantie d'en **apporter la preuve** (article 1353 al. 1 du Code civil). Il lui appartient aussi et sous peine de déchéance totale ou partielle de **respecter les obligations** mentionnées contractuellement, notamment la prise des mesures de sauvetage pour éviter l'aggravation du sinistre. La **clause de déchéance** doit figurer au contrat en caractères très apparents et l'assureur doit justifier d'un préjudice.

■ Il appartient à celui qui réclame l'indemnité de **justifier son droit** (article 1353 al. 1 du Code civil). Le bénéficiaire, défini au contrat, peut être :
- l'**assuré** ;
- une **victime**, ou un tiers payeur en assurance responsabilité civile ;
- un **créancier hypothécaire**.

■ Dès que l'assuré et le bénéficiaire ont regroupé les preuves, il appartient à l'assureur, pour s'en dégager, de justifier son refus (article 1353, al. 2 du Code civil).

2 Le dommage

L'évaluation du préjudice se fait en priorité de gré à gré, mais, en cas de difficultés, elle peut être déterminée par une expertise amiable, voire même judiciaire.

A. L'expertise amiable

L'assureur mandate un expert qui a pour mission de :
- déterminer les circonstances du sinistre, la nature des dommages et le lien de causalité ;
- confirmer la validité de la garantie ;
- fixer contradictoirement le montant des dommages avec l'assuré/bénéficiaire ;

- contrôler l'exactitude des déclarations lors de la souscription ;
- rechercher la mise en cause éventuelle d'un responsable et effectuer les recours amiables.

À SAVOIR

Une convention d'expertises entre assureurs dispose qu'en présence de tiers, c'est celui de la victime qui missionne son expert dans la limite du seuil d'incontestabilité qui varie suivant la nature du sinistre.

B. L'expertise judiciaire

Toute personne qui justifie d'un intérêt légitime peut solliciter la désignation d'un expert judiciaire. Celui-ci est commis par le juge avec une mission définie à accomplir dans un délai déterminé. Le tribunal peut toutefois avoir une appréciation différente des conclusions de l'expert.

3 L'indemnisation

A. La procédure de règlement

1. Dans le cas d'un accident de circulation

La procédure est réglementée par la **loi Badinter** qui rappelle la forme et les délais de l'offre de règlement et les sanctions en cas de non-respect ou d'offre insuffisante (article L211.9 du Code des assurances).

2. Dans le cas d'un sinistre construction

Les délais sont réglementés par la loi **Spinetta** (article L242.1 du Code des assurances).

3. Pour tout autre sinistre

Les délais de présentation de l'offre de règlement sont rappelés contractuellement. Ils sont limités par les délais de prescription légale qui sont rappelés.

B. La franchise

- La franchise ou **participation de l'assuré au risque** est définie et fixée conventionnellement dès la souscription du contrat. Elle peut être imposée par la législation comme en garantie catastrophes naturelles. Elle permet de moraliser le risque. Par ailleurs, en contrepartie de la non-prise en charge de beaucoup de petits sinistres, l'assureur réduit la cotisation.

- Les franchises sont opposables aux tiers, sauf en assurance obligatoire (responsabilité civile automobile et construction). Dans ce cas, l'assureur indemnise en totalité le tiers et se retourne contre son assuré pour réclamer la franchise.

- La franchise permet de moraliser le risque. Par ailleurs, en contrepartie de la non-prise en charge de beaucoup de petits sinistres, l'assureur réduit la cotisation.

- La franchise peut s'exprimer en euros, taux d'invalidité, jours d'arrêt de travail ou de pertes d'exploitation et peut se présenter sous plusieurs formes.

Franchise absolue	Elle est toujours appliquée, quel que soit le montant du préjudice.
Franchise relative	Il s'agit d'un seuil d'intervention. L'indemnité est intégrale si le préjudice est supérieur à la franchise.
Franchise fixe	Le montant est désigné au contrat et est indépendant du préjudice.
Franchise proportionnelle	Elle correspond à un pourcentage fixé au contrat. En général, il est prévu un minimum et un maximum afin de ne pas enlever la substance du contrat.
Franchise figée	Le montant n'évolue pas dans le temps.
Franchise indexée	Le montant évolue en fonction d'un indice qui est communiqué lors de la souscription et à chaque échéance.

C. Le versement de l'indemnité

1. La prestation en espèces

Le règlement est versé à l'assuré ou au bénéficiaire défini au contrat.

2. La compensation avec les primes dues (art. 1289 et suivants C. civ)

L'assureur peut déduire de l'indemnité les cotisations restées impayées. Toutefois, la jurisprudence a interdit cette pratique lorsque l'indemnité revient à un tiers victime.

3. La prestation en nature

L'assureur effectue le règlement à l'ordre d'un prestataire de service agréé, comme un réparateur automobile, un assisteur – personne envoyée par l'assureur pour dépanner ou remorquer le véhicule, du pharmacien, de l'opticien, etc.

4 La subrogation

A. La subrogation légale découle du principe indemnitaire

- Elle a été mise en place pour éviter que la victime puisse percevoir deux fois l'indemnisation de son préjudice en percevant, d'une part, les indemnités prévues contractuellement et, d'autre part, celles provenant d'un tiers responsable.

- L'assureur qui a réglé contractuellement son assuré peut exercer un **recours subrogatoire** (article L121.12 du Code des assurances) auprès du responsable, ou de son assureur au titre de l'**action directe** (article L124.3 du Code des assurances), ceci **dans la limite des sommes qu'il a effectivement versées**. Il doit pouvoir justifier qu'il a réglé les sommes qu'il réclame. L'assureur est donc déclaré « **subrogé dans les droits et actions de son assuré** ».

- Ce recours subrogatoire est autorisé pour toute assurance de dommages. Ce droit est par ailleurs étendu aux assurances de personnes lorsqu'elles répondent au principe indemnitaire, ce qui a été confirmé par l'article 33 de la loi Badinter (article L211.25 du Code des assurances).

B. Les limites de la subrogation

■ L'assureur peut être déchargé, en tout ou en partie, de sa responsabilité envers l'assuré, quand la subrogation ne peut plus, par le fait de l'assuré, s'opérer en faveur de l'assureur.

■ Par dérogation aux dispositions précédentes, l'assureur n'a aucun recours contre les enfants, descendants, ascendants, alliés en ligne directe, préposés, employés, ouvriers ou domestiques, et généralement toute personne vivant habituellement au foyer de l'assuré, sauf en cas de malveillance commise par une de ces personnes.

5 La prescription

A. La prescription extinctive

■ C'est un **mode d'extinction d'un droit** résultant de l'inaction de son titulaire pendant un certain laps de temps (article 2219 du Code civil). La loi du 17 juin 2008 précise que la prescription de droit commun a été ramenée à 5 ans en dommages matériels et à 20 ans en dommages corporels au lieu de 30 ans précédemment (article 2224 du Code civil).

■ Le délai de prescription de droit commun court « à compter du jour où le titulaire d'un droit a connu ou aurait dû connaître les faits lui permettant de l'exercer ». Toutefois, la prescription peut dans certains cas être suspendue, voire interrompue. Il est donc impératif, pour éviter l'extinction des droits, d'agir avant la fin du délai de prescription.

B. Les délais de prescription

Contrat d'assurance (art. L124.1 C. assur.)	2 ans à compter de l'événement qui y donne naissance.
Assurance-vie	10 ans à compter du décès s'il s'agit d'une action menée par l'assureur ou si le bénéficiaire n'est pas le souscripteur.
Assurance-vie	30 ans à compter du décès s'il s'agit d'une action menée par le bénéficiaire.
Assurance accidents	10 ans à compter du décès si le bénéficiaire est un ayant droit de l'assuré décédé.
Intervention FGAO (art. L124.3 et L421.12 C. assur.)	• 2 ans à compter du recours du FGAO contre l'auteur. • Les délais de présentation de la réclamation auprès du FGAO sont limités dans le temps suivant que l'auteur est identifié ou non.
Intervention CIVI (art. 706.5 C. pénal)	3 ans à compter de la date d'infraction.
Interruption de la prescription (art. L124.2 C. assur., art. 2240 et s. C. civ.)	Elle peut se prévoir par une des causes ordinaires d'interruption de la prescription et par la désignation d'experts. Elle peut résulter de l'envoi d'une LRAR adressée par l'assureur à l'assuré en ce qui concerne l'action en paiement de la prime et par l'assuré à l'assureur pour le règlement de l'indemnité.

Entraînement

Les fondamentaux de l'assurance

 # QCM
Testez vos connaissances sur la partie 1
foucherconnect.fr/23vassur65

CONSEILS ET ASTUCES

Les deux épreuves écrites du BTS Assurance présentent des situations concrètes qu'il appartient d'aborder avec professionnalisme.

1. La découverte du dossier

Commencer par lire les questions qui sont posées permet de découvrir les différents thèmes abordés.

2. La préparation des réponses

Seules les grandes lignes à aborder se notent sur un brouillon, mots, articles du Code civil ou du Code des assurances, formules mathématiques…

3. La rédaction des réponses

• L'approche technique ou juridique

Chaque réponse doit s'appuyer sur des arguments concrets puisés dans le Code des assurances, le Code civil, le contrat, la jurisprudence, la documentation fournie.

Il est impératif de citer les articles et de les résumer.

La formule de calcul utilisée doit être reproduite de façon générale, puis avec les nombres utilisés.

• L'application au dossier

Après avoir rappelé les faits ou présenté ce qui est demandé, il convient de détailler le raisonnement ayant permis d'atteindre le résultat.

4. La conclusion

Elle correspond précisément à ce qui est demandé (prise en charge globale, conséquence juridique, cotisation définitive, etc.).

Vous travaillez au sein du service « Sinistres » de la SAO [Société d'assurances d'Occitanie]. Le dossier de Monsieur Claude JEAN, notre assuré, vous est confié.

LE DOSSIER

Monsieur JEAN, notre assuré, déclare un incendie dans sa maison le 18 juillet 2022.

Le sinistre

Circonstances confirmées par l'expert

La friteuse prend feu et les flammes se propagent. En voulant l'éteindre, Monsieur JEAN se brûle grièvement à la main.

Conséquences matérielles

La cuisine était refaite à neuf un mois avant, l'expert n'a pas retenu de vétusté.

Peinture, papier peint : coût total (pas de vétusté applicable) : 150,00 €

Mobilier : coût du remplacement (pas de vétusté applicable) : 3 630,00 €

Conséquences corporelles pour Monsieur JEAN

- Frais médicaux restés à sa charge après prise en charge par sa caisse de Sécurité sociale et sa complémentaire santé : 1 230,00 €
- Perte de revenus suite arrêt de travail du 18 juillet 2002 au 28 août 2022 inclus, après prise en charge par sa Sécurité sociale : 460,00 €
- Il ne conserve pas de séquelles.

Les contrats d'assurances

Contrat multirisques habitation n° 8253204

A - Conditions particulières

Le contrat a pris effet le 17 mars 2012 à l'indice 150,00. La cotisation était de 220,00 €. Échéance le 1er mars. Le 1er mars 2022, l'indice est de 180,00.

M. JEAN déclare qu'il est propriétaire d'une maison d'habitation de 5 pièces principales.

Les articles L113.8 et L113.9 du Code des assurances sont mentionnés au-dessus de la signature de l'assuré.

■ **Garantie acquise : incendie**

Biens garantis :

Immobilier sans limitation, vétusté déduite.

Mobilier pour un capital de 30 000 € vétusté déduite.

Franchise fixe applicable : 100,00 €.

■ **Garantie acquise : recours amiable**

L'assureur exerce le recours auprès d'un responsable pour le compte de son assuré si l'événement est garanti.

Montant accordé sans franchise dans la limite des frais réels.

B - Extrait des conditions générales

OBJET DE LA GARANTIE (extrait)

L'incendie est défini comme une « combustion avec flammes en dehors du foyer normal ».

Prise en charge des dommages matériels subis par les biens immobiliers et mobiliers dans les limites prévues aux conditions particulières.

EXCLUSIONS

NOUS NE GARANTISSONS PAS (outre les exclusions générales de votre contrat) : « Les dommages corporels ».

ADAPTATION DE LA COTISATION

Les cotisation, franchise et plafond garantis sont indexés. En présence d'un sinistre, il y a lieu de retenir l'indice à la dernière échéance avant le sinistre.

DÉFINITION

Est considérée comme pièce principale, toute pièce d'une surface comprise entre 9 m^2 et 30 m^2. Toute pièce supérieure à 30 m^2 est comptabilisée comme deux pièces.

Entraînement

Contrat prévoyance n° 26456604 limitée à l'accident

Assuré :
Monsieur Claude JEAN - Salarié non cadre - Né le 21 octobre 1975

Objet du contrat :
Sont prises en charge les conséquences d'un accident corporel touchant l'assuré.

Définition de l'accident :
Atteinte corporelle provoquée par l'action soudaine d'une cause extérieure et indépendante de la volonté de l'assuré ou du bénéficiaire.

Exclusion (extrait) :
Les événements provoqués intentionnellement par l'assuré.

Garanties

A - Garantie frais de soins
Le contrat intervient en complément du régime obligatoire et de la complémentaire santé. Plafond de prise en charge par sinistre : 1 000,00 €.

B - Garantie incapacité temporaire
Montant de l'indemnité journalière de 20,00 € versée par jour d'arrêt de travail pendant une durée maximale de 365 jours.
Franchise absolue : 10 jours.

PREMIER TRAVAIL

1.1. Justifiez la prise en charge de ce sinistre au titre de chacun des contrats.

1.2. L'expert mentionne dans son rapport que l'assuré a transformé son garage en une salle-salon de 40 m². Cet aménagement a été fait en 2015. L'assuré ne l'a pas déclaré. Quel sera le montant de l'indemnité sachant que la cotisation de base est majorée de 10 % pour une pièce supplémentaire et de 20 % pour deux pièces supplémentaires ?

1.3. Calculez l'indemnité que percevra Monsieur JEAN pour son contrat prévoyance.

DEUXIÈME TRAVAIL

Monsieur JEAN recevait ce jour-là Monsieur JULIEN et son fils.

En supposant que le sinistre INCENDIE ait été provoqué accidentellement par le fils de M. JULIEN, 10 ans, qui a fait tomber de l'eau dans la friteuse, quels sont vos droits vis-à-vis de M. JEAN et vis-à-vis de M. JULIEN ou son assureur personnel ?

#corrigé
Corrigé de l'entraînement partie 1
foucherconnect.fr/23vassur53

Partie 2

L'ASSURANCE DE DOMMAGES : BIENS ET RESPONSABILITÉS

L'automobile

L'incendie

Fiche 10

L'AUTOMOBILE

L'assurance obligatoire

L'assurance automobile a été l'une des premières catégories à être généralisée suite à l'obligation de souscrire à la responsabilité civile en 1958. Depuis, des directives européennes ont uniformisé la réglementation dans la zone communautaire.

1 Les personnes assujetties à l'obligation d'assurance

■ Est assujettie à cette obligation toute personne physique ou morale dont la **responsabilité civile** peut être engagée du fait de l'utilisation d'un véhicule terrestre à moteur. C'est celui qui décide de créer le risque de circulation qui doit souscrire.

■ Seul l'État est dispensé de cette obligation.

2 Les véhicules assujettis (art. L211.1 et L211.2 C. assur.)

Sont concernés tous les véhicules automoteurs destinés à circuler sur le sol et qui peuvent être actionnés par une force mécanique sans être liés à une voie ferrée, ainsi que toute remorque, même non attelée. Les véhicules sont regroupés en quatre catégories.

SIGLE

PTAC : poids total autorisé en charge.

1re catégorie	Véhicules de tourisme et utilitaires de 3,5 t et moins (PTAC).
2e catégorie	Véhicules utilitaires et industriels de plus de 3,5 t (PTAC).
3e catégorie	Cyclomoteurs et motocyclettes, ainsi que tricycles et quadricycles à moteur.
4e catégorie	Véhicules spéciaux tels qu''engins de chantier, de manutention ou agricoles.

ATTENTION

Tous les nouveaux engins de déplacement personnel (EPD), tels que les trottinettes électriques, les gyropodes, hoverboards, monoroues, sont considérés comme des **véhicules terrestres à moteur** et donc soumis à **obligation d'assurance**. La garantie est souvent prévue dans le cadre de la multirisque habitation comme pour certains engins liés aux activités de plein air. Il est impératif que l'assuré se renseigne auprès de son assureur pour ne pas se trouver démuni.

3 Les preuves de l'assurance

A. Les éléments de preuve (art. R211.14 C. assur. et suivants)

Document	Valeur légale (art. R211.16 C. assur.).
Attestation d'assurance	Présomption d'assurance pouvant être réfutée par tout moyen par l'assureur, tel que le non-paiement de la cotisation.
Carte verte ou internationale	Présomption d'assurance en France, mais elle constitue une preuve à l'étranger.
Certificat d'assurance	Obligatoire pour l'ensemble des véhicules, sauf s'il s'agit d'un poids lourd, d'un matériel agricole ou de travaux publics, d'un engin.

B. Les sanctions en cas de non-respect

- **Sanction pénale** : amende, retrait de permis, immobilisation du véhicule.
- **Sanction civile** : majoration de l'amende pour alimenter le fonds de garantie des assurances obligatoires de dommages (FGAO, voir fiche 20).

4 La territorialité

La garantie est étendue à l'ensemble des territoires des États membres de l'Union européenne ainsi que dans tous les États figurant sur la carte verte ayant un bureau international qui gère les sinistres survenus avec un Français sur leur territoire ou en France avec l'un de leurs ressortissants. Pour les autres pays, il est possible de souscrire un contrat dit « frontière ».

5 L'obligation d'assurer

- Le **Bureau central de tarification (BCT)** a été mis en place pour apprécier un risque soumis à obligation d'assurance mais qui n'a pas pu y satisfaire. Il détermine un tarif à partir de celui proposé par l'assureur désigné par le prospect tarif et de ses propres tarifs. Pour saisir le BCT, l'assurable doit obtenir un refus écrit de l'assureur qu'il a choisi ou le provoquer en lui envoyant une proposition par LRAR. Dans ce cas, le silence de l'assureur dans un délai de 15 jours vaut refus. Dans un second temps, l'assurable transmet l'ensemble du dossier au BCT.

#info
Le Bureau central de tarification
foucherconnect.fr/23vassur07

- Le BCT, structure paritaire composée d'assureurs et d'usagers de la route, communique dans les 10 jours sa proposition à l'assureur et au prospect. Ce dernier dispose d'un délai de 3 mois pour souscrire auprès de cet assureur. Si celui-ci maintient son refus, il risque le retrait d'agrément.

6 Le fichier des véhicules assurés (art. L451-1-2 C. assur.)

Afin de préparer la possibilité de contrôler si les véhicules sont bien assurés, la loi a prévu la constitution du fichier des véhicules assurés (FVA) qui pourra être consulté par les forces de l'ordre et aussi par le fonds de garantie des assurances obligatoires. La FFA a validé l'alimentation de ce fonds pour qu'il puisse être mis en œuvre le 31 décembre 2018.

7 Le contenu de la garantie responsabilité civile

Les personnes garanties (art. L211.1 et R211.2 C. assur.)	La garantie couvre la responsabilité civile de toute personne ayant la garde ou la conduite du véhicule, même non autorisée, à l'exception des professionnels du monde automobile (réparateurs, vendeurs, organismes de contrôle), ainsi que celle des passagers du véhicule
Les personnes exclues de toute indemnisation (art. R211.8 C. assur.)	• Le conducteur fautif. • Le préposé pendant le temps de son travail. • Le voleur ou complice de vol.
Les événements garantis (art. R211.5 C. assur.)	• Accident, incendie ou explosion dans lesquels se trouve impliqué le véhicule assuré ou les accessoires et produits servant à l'utilisation de ce véhicule. • Chute d'accessoires, de produits, de marchandises ou d'objets transportés par le véhicule assuré, que le dommage survienne au cours de la chute ou postérieurement.
Les montants minima garantis (art. R211.1.3 C. assur.)	• Les dommages corporels subis par les tiers : sans limitation de somme. •Les dommages matériels subis par les tiers : 1 220 000 € par sinistre (minimum exigé) quel que soit le nombre de victimes.
La franchise	Elle n'est pas opposable aux tiers. L'assureur doit donc régler l'intégralité des dommages au tiers et peut exercer un recours auprès de son assuré.

Les exclusions (art. r211.7 et 8 c. assur.)

Les exclusions légales	• Le conducteur n'a pas l'âge requis ou n'a pas le permis approprié, sauf pour la conduite accompagnée déclarée à l'assureur. • La faute intentionnelle qui supprime l'aléa, fondement du contrat.
Les exclusions pouvant être garanties ponctuellement par clause ou par contrat spécifique	• Risque nucléaire. • Transport de sources ionisantes. • Dommages subis par les biens confiés. • Dommages subis par les marchandises transportées. • Dommages subis à l'occasion du transport de matières dangereuses. • Dommages causés lors de compétitions sportives ou lors de leurs essais.

8 La flotte automobile : un contrat spécifique

■ Un **contrat unique** permet de garantir tous les véhicules quels qu'ils soient, appartenant à une entreprise. Il est souvent conditionnée à la présence de plus de quatre véhicules

■ La garantie est généralement accordée pour tous les véhicules dont l'assuré fait usage pour son activité (pleine propriété, location, leasing, prêt...). Les conducteurs sont rarement désignés. Dans la plupart des contrats, il est d'ailleurs possible de prévoir l'avenant de déclaration pour conduite accompagnée.

■ La création du FVA a imposé à l'assuré l'obligation de déclarer tous les véhicules soumis à immatriculation. Les engins de chantier par exemple sont exclus de cette contrainte.

■ Les conditions tarifaires tiennent compte des résultats des années précédentes et de la tendance qui en ressort. Pour les flottes très importantes, deux critères se cumulent : les statistiques du contrat pour les sinistres courants et les statistiques nationales pour les sinistres aggravés.

■ Pa ailleurs, il est possible de prévoir pour les flottes conséquentes une conservation ou franchise. Cette somme conséquente est la participation de l'assuré au risque et n'est pas soumise aux taxes. Seule la cotisation au FGAO est exigée. Elle est encaissée par l'assureur qui l'utilise pour financer les premiers sinistres de l'exercice.

■ Les garanties peuvent être différentes en fonction de la catégorie du véhicule, de son ancienneté, de son statut.

■ L'inconvénient de ce type de contrat est de ne pouvoir obtenir de relevé d'information pour un conducteur. Une attestation de sinistralité peut être remise pour une période donnée et pour un véhicule désigné. Elle complète la déclaration de l'employeur qui précise l'identité du conducteur habituel de ce véhicule. Ces deux documents permettent de reconstituer les antécédents et le CRM d'une personne (voir fiche 14).

LES CLÉS POUR L'ORAL

Les techniques de l'approche commerciale

Ne pas oublier de tenir compte des garanties indispensables :

- garantie du conducteur ;
- assistance ;
- véhicule de remplacement ;
- matériels et marchandises transportés ;
- valeur à neuf ;
- perte financière ;
- usage spécifique de certains véhicules (trajet-travail, voire déplacements privés pour les véhicules de fonction).

L'AUTOMOBILE

Les garanties de dommages au véhicule

Prévues conventionnellement par chaque assureur, ces garanties permettent de prendre en charge les dommages subis par le véhicule dans les circonstances et limites fixées par le contrat. Certains assureurs les proposent seules, hors garantie responsabilité civile.

1 Les montants garantis

SIGLE
VRADE : valeur de remplacement à dire d'expert

■ Ils comprennent les dommages subis par le véhicule soit : le coût du remplacement des pièces, de la main-d'œuvre, les travaux de peinture ou de carrosserie, etc. dans la limite de la VRADE.

■ Certaines valeurs spécifiques peuvent être prévues contractuellement :

- **pour les véhicules récents** :
  - **valeur à neuf** pendant une durée limitée,
  - **valeur conventionnelle** (taux d'abattement pour vétusté prédéfini et valeur à neuf pour les premiers mois) ;
- **pour les véhicules relativement anciens** :
  - **valeur agréée suite à expertise** qui doit être renouvelée régulièrement. Elle est souvent utilisée pour les véhicules de collection,
  - **valeur minimale de la VRADE**,
  - **valeur majorée de la VRADE** qui peut permettre de conserver le véhicule et d'effectuer les réparations.

■ Les contrats prévoient généralement l'application d'une franchise parfois indexée, qui peut être :

- **fixe** (en général absolue) ;
- **proportionnelle** avec ou sans plancher et/ou plafond (exemple : 10 % du montant des dommages avec minimum de 150 € et maximum de 450 €).

2 Les exclusions

■ Elles reprennent les exclusions prévues au titre de la garantie responsabilité civile, auxquelles chaque assureur ajoute des exclusions elles aussi conventionnelles, formelles et limitées, qui sont rappelées dans les conditions générales.

■ La plus importante semble la conduite sous l'emprise d'un état alcoolique supérieur au taux autorisé ou sous stupéfiants. Certains assureurs limitent cette exclusion à l'implication de cet état dans la cause du sinistre.

3 L'étendue territoriale

Elle est identique à celle prévue au titre de la responsabilité civile (voir fiche 10).

4 Les garanties

A. Les dommages « tous accidents »

ÉVÉNEMENTS GARANTIS	EXEMPLES
Choc contre un corps fixe ou mobile	• Collision avec un sanglier. • Choc avec une autre voiture, un poteau, une pierre.
Versement avec ou sans collision	Versement dans un fossé.
Renversement	Tonneau.
Actes de vandalisme non simultanés à un vol	• Véhicule rayé par une clef. • Habitacle dégradé après effraction.
Perte totale du véhicule en cas de transport par terre, par eau ou par air entre deux pays où la garantie s'exerce	Dommages causés lorsque le véhicule est sur une remorque, un bateau, une péniche, dans un avion... Il s'agit d'une avance sur recours, un recours subrogatoire étant possible contre le transporteur.

B. Les dommages « par collision »

ÉVÉNEMENTS GARANTIS	EXEMPLES
Collision avec un véhicule appartenant à un tiers identifié	Collision, carambolage, accident en chaîne.
Collision avec un animal appartenant à un tiers	Collision avec un animal en divagation, chien, cheval, bovin.
Collision avec une personne identifiée ayant la qualité de tiers	Collision avec un cycliste ou un piéton.
Extension possible : collision avec un tiers non identifié	De moins en moins commercialisée, il suffisait de prouver la collision pour percevoir l'indemnité.

C. L'incendie-explosion

ÉVÉNEMENTS GARANTIS	EXEMPLES
Incendie	Combustion spontanée avec flammes.
Explosion	Que l'origine provienne du véhicule ou non.
Extension possible : dommages électriques	Prise en charge de dommages causés par un court-circuit, sans émission de flammes.

Le fonds de garantie (FGTI) peut sous conditions de ressources prendre en charge les dommages causés par des incendies volontaires (www.fondsdegarantie.fr).

D. Les forces de la nature

Sont pris en charge les dommages causés :

- directement ou indirectement par le vent (tempête, ouragan, cyclone, tornade) ;
- par la chute de la foudre, la grêle, le poids de la neige, la chute de la neige ou de la glace ;
- par une avalanche, une coulée de boue, un glissement de terrain, une inondation.

E. Le vol ou la tentative de vol

■ Le vol est la soustraction criminelle du véhicule par un acte furtif ou violent.

■ En matière de prévention, la garantie est souvent accordée **sous condition d'installation d'équipements** assurant la prévention en cas de vol. Si le véhicule n'est pas équipé de ce système, l'assuré peut se voir refuser totalement ou partiellement l'indemnisation (exclusion, franchise majorée ou déchéance totale voire partielle).

■ S'il s'agit d'une condition de garantie, il appartient à l'assuré de prouver qu'il avait équipé et mis en service son véhicule du système exigé (article 1353 al. 1 du Code civil). En revanche, s'il s'agit d'une exclusion, la charge de la preuve revient à l'assureur (article 1353 al. 2 du Code civil).

■ Les systèmes de prévention peuvent être mécaniques ou électroniques. Ils permettent de dissuader le voleur ou de géolocaliser le véhicule disparu. Ils font l'objet d'agrément par des organismes dédiés tels que SRA qui a établi un accord entre les assureurs et les constructeurs automobiles, prévoyant l'installation de série d'un coupe-circuit.

F. Le bris de glaces

■ Les **événements garantis** sont le bris accidentel, y compris la projection d'objets extérieurs.

■ Les **dommages garantis** sont le remplacement des vitres ou optiques de phare, bulle de carénage.

■ **Extensions possibles** : certains assureurs prévoient en option les dommages subis par les feux arrière ou les rétroviseurs. Des partenariats ont été conclus avec des entreprises dédiées, connus maintenant du grand public. Par ailleurs, il est assez courant que la franchise bris de glaces soit supprimée lorsque l'assuré accepte la réparation du pare-brise.

G. Les extensions obligatoires à une garantie « dommages »

- Actes de terrorisme et attentats.
- Tempête.
- Catastrophes naturelles : cette garantie nécessite la parution d'un décret au *Journal officiel*. Il est fait application d'une franchise légale.
- Catastrophes technologiques : elles ne concernent que les véhicules à usage non professionnel dans le cas d'un accident survenant dans une installation classée et endommageant un grand nombre de biens, explosion, émission de gaz, effondrement, etc. Un arrêté interministériel détermine la période et la zone couverte par l'événement. L'indemnisation se fait suivant la valeur à dire d'expert, sans vétusté et sans franchise

LES CLÉS POUR L'ORAL

Les techniques de l'approche commerciale

THÈME 1

Quelles garanties proposer alors que le véhicule n'est pas neuf ? Pourquoi ne pas supprimer la garantie dommages tous accidents (DTA) ?

Il est primordial de ne pas décider à la place de l'assuré car il pourrait vous reprocher de lui avoir conseillé de réduire les garanties alors qu'il a un accident seul.

- Le véhicule a toujours une valeur aussi minime soit-elle et l'assureur étant autorisé à financer des pièces d'occasion, il peut permettre à l'assuré de conserver son véhicule.
- Certains événements ne sont plus couverts.

\- **De DTA à dommages collision**

L'assureur ne prendra plus en charge les dommages subis en cas d'accident seul, contre un sanglier, lorsque le tiers a pris la fuite, si le véhicule est retrouvé endommagé sur le parking...

Les actes de vandalisme sont exclus.

\- **De DTA ou dommages collision à formule plus restreinte**

L'assureur n'indemnisera pas les dommages s'il y a une collision avec un tiers, même identifié.

Si l'assuré est fautif, il conservera toutes les réparations.

En revanche, s'il n'a pas commis de faute, le droit commun impose que le règlement soit fait après récupération des fonds auprès du tiers.

THÈME 2

Comment aborder la garantie vol ?

Il est du devoir de conseil de l'assureur de bien mettre en avant les diverses exigences pour que la garantie vol soit acquise sans sanction.

- Installer les protections requises en exigeant les justificatifs, voire un contrôle visuel du véhicule.
- Mettre en marche l'alarme, accrocher l'antivol du véhicule deux roues à un point fixe.

Fiche 12

L'AUTOMOBILE

Les garanties facultatives complémentaires

Des garanties complémentaires peuvent être ajoutées moyennant surprime. Elles ne sont toutefois pas proposées par tous les assureurs et sont soumises à des conditions et plafonds spécifiques définis contractuellement.

1 Le contenu du véhicule

La garantie couvre les **dommages causés aux biens transportés** dans ou sur le véhicule pour les risques assurés au titre du véhicule lui-même. Elle concerne les biens personnels (bagages, effets personnels) mais peut être étendue aux biens professionnels. Elle est accordée dans la limite du plafond prévu au contrat.

2 Les accessoires du véhicule

■ Sont garantis, dans la limite du plafond prévu au contrat, les **éléments placés dans le véhicule** ou **fixés** sur lui qui ne sont pas prévus de série par le catalogue du constructeur, tels que des jantes, un coffre de toit, un spoiler...

■ Cette prise en charge est conditionnée à la concomitance d'un événement garanti au contrat et endommageant le véhicule ou du vol de l'équipement lui-même. En effet, en l'absence de la garantie dommages tous accidents, un coffre de toit qui tombe ne sera pas pris en charge seul.

3 La garantie mécanique

Les 3 types de garantie	· **En inclusion systématique** dans la garantie « dommages tous accidents ». · **En inclusion dans une option** « dommages tous accidents » haut de gamme ou un groupe de garanties annexes. · **En option**, en complément de la garantie « dommages tous accidents ».
Le contenu de la garantie	· Elle couvre la réparation du véhicule (pièces et main-d'œuvre, vétusté déduite) en cas de défaillance d'un organe mécanique, électrique ou électronique. · Les pièces couvertes sont limitativement énumérées au contrat.
Les formules	· La formule « moteur-boîte-pont ». · La formule « complète » couvrant la plupart des pièces notamment électriques et électroniques.
Les exclusions spécifiques principales	· L'usure normale. · La faute de l'utilisateur. · Le défaut d'entretien préconisé par le constructeur. · Les véhicules anciens (limite contractuelle).
Particularité	Cette garantie est parfois proposée par les vendeurs de voitures d'occasion pour 3 mois.

4 La protection juridique

Le bénéficiaire	Toute personne ayant la qualité d'assuré au titre de la garantie responsabilité civile.
Les garanties	• La défense pénale, qui complète la défense civile, placée dans responsabilité civile automobile. • Le recours contre les tiers est une garantie qui peut être étendue à tous les litiges liés au véhicule hors accident (achat, réparations, etc.). • La protection juridique peut alors intervenir à plusieurs niveaux : - conseil souvent téléphonique ; - démarche amiable ; - intervention judiciaire dans la limite de plafonds.
Les exclusions	Les litiges liés à la conduite sous emprise d'alcool ou de stupéfiants.
À savoir	La garantie est réglementée au niveau de l'Union européenne. Il est formellement interdit à un assureur d'imposer son avocat. Il peut indiquer des partenaires uniquement sur demande explicite de l'assuré.

5 Les garanties des personnes

A. Les assurances « individuelle accident »

■ Les garanties sont prévues **forfaitairement** en cas de décès, d'incapacité temporaire ou d'invalidité permanente.

■ Une prise en charge des frais de soins peut être effectuée dans la limite d'un plafond assez faible, en complément du régime obligatoire, voire de la complémentaire santé. Elle intervient dans ce cas en « surcomplémentaire ».

■ L'ensemble des indemnités forfaitaires peut se cumuler avec des prestations versées par un tiers responsable ou par un organisme social. L'assureur ne dispose pas d'un droit de recours.

B. La garantie personnelle du conducteur

■ C'est une garantie répondant au **principe indemnitaire**. Elle a été mise en place lorsque la loi du 5 juillet 1985, dite Badinter, a confirmé que la faute du conducteur lui enlevait partiellement ou totalement son droit à indemnisation.

■ Elle permet d'indemniser les dommages subis par le conducteur suivant le droit commun, dans la limite du plafond prévu au contrat et tenant compte éventuellement d'un seuil en invalidité. Un second plafond est souvent prévu pour les frais funéraires.

■ La garantie agit **en avance sur recours** si le conducteur est partiellement ou non responsable, l'assureur bénéficiant du **recours subrogatoire** prévu aux articles 29 à 33 de la loi dite Badinter.

■ Elle intervient comme indemnité en cas de faute totale du conducteur. Non cumulable avec des indemnités versées par un auteur ou son assureur, elle s'ajoute en revanche à des indemnités versées à titre forfaitaire.

6 Les garanties d'assistance

A. Le remorquage

■ Il s'agit de la prise en charge des frais de remorquage nécessités par un **événement garanti** pour transporter le véhicule accidenté jusqu'au lieu de réparation le plus proche.

■ Cette garantie est accordée sans franchise, pour un montant limité. Elle fait ordinairement double emploi avec l'assistance.

B. L'assistance au véhicule

Il s'agit de prestations en nature qui ne sont prises en charge que si l'assuré a fait appel à l'assistance avant toute décision. Des exceptions sont toutefois prévues, telles que :

- l'assuré est grièvement blessé et transporté aux urgences ;
- le véhicule est immobilisé sur l'autoroute ;
- le véhicule volé est retrouvé par les forces de l'ordre qui désignent une entreprise de remorquage.

1. L'assistance aux personnes

Les bénéficiaires de cette assistance sont le conducteur et les passagers voyageant à titre gratuit. Elle offre notamment la prise en charge du rapatriement de l'assuré, l'envoi d'un chauffeur en cas d'indisponibilité du conducteur ou celui d'un proche sur le lieu de l'hospitalisation de l'assuré qui ne peut pas être déplacé.

2. L'assistance au véhicule

■ Les événements garantis sont la panne au-delà d'une franchise kilométrique (0, 30, 50 km, etc.) et l'accident.

■ Cette assistance permet de remorquer le véhicule jusqu'au garage le plus proche, de rapatrier les assurés dans le cas où le véhicule serait immobilisé temporairement ou définitivement, de récupérer le véhicule réparé, etc.

Fiche 13

L'AUTOMOBILE

Les critères de tarification

Les tarifs Automobile étant libres, chaque assureur a la possibilité de retenir les critères qu'il juge utiles, tout en respectant les plafonds de majoration pour les risques dits « aggravés » et les conducteurs novices.

1 Les conditions tarifaires liées au conducteur

A. Définition du conducteur principal ou habituel

■ Il est indispensable de tenir compte de la définition donnée par l'assureur pour le conducteur principal et le conducteur occasionnel. Certains tiennent compte du nombre de kilomètres parcourus, d'autres de la régularité de l'utilisation du véhicule.

■ Beaucoup de fausses déclarations, intentionnelles ou non, proviennent de cette notion de conducteur. Pour rappel, elles peuvent entraîner des conséquences civiles et pénales pour un assuré : règle proportionnelle de cotisation (art. L113.9 C. assur.), voire nullité (art. L113.8 C. assur.). **La connaissance de la fausse déclaration par l'assureur la rend inopposable à l'assuré.**

B. Les critères de tarification relatifs au conducteur principal

Le passé est un des éléments qui sert de base au tarif. Le sexe n'est plus un critère de tarification depuis 2012. Les éléments demandés par les assureurs sont :

- la date de naissance ;
- la date du permis requis pour le véhicule à garantir ;
- la situation familiale et professionnelle ;
- la conduite accompagnée ou AAC (majorations sans antécédents réduites) ;
- les antécédents de conduite :

– nombre d'années d'assurance sans interruption consécutives,
– ancienneté du permis,
– condamnations pénales liées à la conduite d'un véhicule,
– sinistres (matériels, corporels, avec ou sans alcoolémie).

C. Les majorations pour conducteur novice (art. A335-9-1 C. assur.)

■ Est considéré comme conducteur novice tout conducteur ne pouvant pas justifier d'antécédents d'assurance depuis au moins 3 ans à compter de la souscription du contrat.

■ La cotisation de référence visée à l'article A121.1 du Code des assurances peut alors être :
– majorée de 100 % la 1re année ;
– majorée de 50 % la 2e année ;
– majorée de 25 % la 3e année toujours sans sinistre en cause ;
– supprimée au-delà de 3 ans d'antécédents.

■ Ces majorations sont réduites de moitié lorsque le conducteur a obtenu son permis de conduire dans le cadre de la conduite accompagnée. Chaque assureur a la possibilité de retenir une majoration inférieure, notamment lorsqu'il garantit les parents du prospect.

D. Les majorations pour conducteur avec antécédents aggravés (art. A335-9-2 C. assur.)

Le législateur a aussi prévu un plafonnement des majorations en raison d'antécédents aggravés. Ces majorations sont calculées sur la cotisation de référence et se cumulent sans dépasser 400 %. Elles sont supprimées après une période de 2 ans « probatoire ».

MAJORATION MAXIMALE	ANTÉCÉDENT
150 %	Conduite en état d'imprégnation alcoolique.
100 %	Infraction ayant entraîné la suspension ou l'annulation du permis (plus de 6 mois).
200 %	Annulation ou plusieurs suspensions au cours de la période de référence.
100 %	Délit de fuite après un accident.
100 %	Non-déclaration de circonstances aggravantes précitées.
50 %	Fréquence anormale d'accident.

Concernant le relevé d'informations et le coefficient de réduction-majoration (CRM), voir fiche 14.

2 Les autres conditions tarifaires

A. Les conditions tarifaires liées au véhicule

■ Elles sont liées au modèle précis du véhicule.

■ Les informations relatives au type mine sont de plus en plus difficiles à déchiffrer sur les cartes grises et il est parfois indispensable de contacter un professionnel de l'automobile pour identifier le bon véhicule. Certains assureurs peuvent obtenir le modèle exact à partir du numéro d'immatriculation (fichier SIV). Cette recherche permet d'obtenir :
- le **groupe** (tarif essentiellement garantie responsabilité civile) ;
- la **classe** (tarif essentiellement garantie dommages au véhicule) ;
- la **date de première mise en circulation** ;
- la **date de transfert de la carte grise** au nom de l'assuré ;
- l'**information concernant un éventuel financement** : si le véhicule fait l'objet d'un contrat de location type LOA, il est souvent prévu une indemnité de résiliation anticipée lorsque le véhicule est détruit avant le terme du financement.

B. Les conditions tarifaires liées à l'usage du véhicule

■ Plusieurs usages sont proposés : usage privé ; usage privé et trajet-domicile travail ; usage privé, trajet-domicile travail et déplacements professionnels ; usage tous déplacements, tournées, etc.

■ Certains contrats ne prévoient pas de conducteur désigné, surtout dans le cadre d'un usage professionnel. Ils couvrent tous les déplacements professionnels effectués par les salariés de l'entreprise.

■ Pour les véhicules de 3e catégorie, l'usage « privé » est moins proposé. En revanche, il peut être tenu compte d'une réduction de cotisation pour l'immobilisation pendant les mois d'hiver. Il est toutefois obligatoire de maintenir l'assurance responsabilité civile, même si le véhicule est remisé.

C. Les conditions tarifaires liées à la zone géographique

Les assureurs ont défini des zones de circulation provenant des statistiques en leur possession. Elles peuvent être différentes dans un même département. En fonction de l'usage du véhicule et des garanties souhaitées, plusieurs critères peuvent être proposés : l'adresse du lieu de garage, la zone d'activité, le lieu de stationnement du véhicule (voie publique, parking collectif ou privatif, garage, etc.).

D. Les principaux éléments complémentaires retenus

Ils sont de différentes natures :

– la **conduite exclusive** : elle permet de réduire la cotisation, mais est sanctionnée par une franchise importante, voire la suppression de la garantie dommages, lorsque le véhicule est conduit par une tierce personne ;
– le **rachat de franchise jeune conducteur** : il faut se rapporter à la définition prévue au contrat. Elle permet la conduite occasionnelle du véhicule par une personne sans antécédents d'assurance. Cette extension entraîne une majoration de la cotisation. Certains assureurs prévoient de déclarer l'enfant de l'assuré sur le contrat des parents, ce qui lui permet de se constituer des antécédents qu'il conservera quand il prendra un véhicule pour lui ;
– la **majoration** ou la **réduction des franchises** : les franchises peuvent être modulables en garantie dommages. Il en est de même pour la garantie assistance dont la base est généralement de 50 km ;
– la **prévention** : les moyens de prévention en vol peuvent être exigés pour autoriser la garantie. Si l'assuré souhaite renforcer les protections, il peut bénéficier de réduction de tarification ;
– les **garanties** et les **options** : à la garantie légale peuvent s'ajouter les garanties pour couvrir le véhicule et le conducteur. Par ailleurs, certaines options sont souvent intégrées pour des montants faibles ; il est possible d'adapter les plafonds. Exemple : la limite de kilomètres parcourus dans une année d'assurance.

LES CLÉS POUR L'ORAL

Les techniques de l'approche commerciale

Quel est le conducteur habituel ?

Il faut notamment s'interroger lorsque plusieurs véhicules sont conduits par un même conducteur alors qu'il y a plusieurs personnes titulaires du permis dans le foyer : usage professionnel ? Usage privé ? Conduite par le conjoint ? Par le(s) enfant(s) ?

• Une carte grise ancienne et sans justificatif d'assurance pour le véhicule doit être une alerte pour éviter toute fraude (conduite et contrôle des forces de l'ordre ou accident).

• Il faut impérativement savoir pourquoi cette période est sans garantie. Si le véhicule était immobilisé pour panne, demander la facture des travaux, ce qui permet de justifier cette absence d'assurance à défaut d'autres directives de l'assureur.

Fiche 14

Le coefficient réduction-majoration (CRM) et le relevé d'information

Revisité régulièrement, contesté au niveau européen, sa validité a été confirmée par la législation française. Anciennement appelé clause « bonus-malus », il reste un élément sensible et privilégié auprès des assurés qui ne comprendraient pas sa suppression.

1 Les véhicules concernés (art. A121.1 C. assur.)

■ Le CRM est applicable à l'ensemble des véhicules terrestres à moteur (VTM), hormis les cyclomoteurs, motocyclettes légères, quadricycles légers à moteur, véhicules de collection, véhicules d'intérêt général, prioritaires ou bénéficiant de facilités de passage, véhicules et matériels agricoles, matériel forestier, matériel de travaux publics.

■ Cette liste n'est pas exhaustive. Le CRM doit figurer sur chaque avis d'échéance qui rappelle aussi la prime de référence.

2 Les fondamentaux (annexe art. A121.1 C. assur.)

A. L'évolution du CRM en l'absence de sinistre

■ Lors de chaque échéance annuelle du contrat, la prime due par l'assuré est déterminée en multipliant le montant de la prime de référence par le CRM, comme suit :
- la période annuelle prise en compte pour l'application des dispositions de la présente clause est la période de 12 mois consécutifs précédant de 2 mois l'échéance annuelle du contrat ;
- la première période d'assurance prise en compte peut être comprise entre 9 et 12 mois.

■ Cette prime de référence, retenue pour les garanties responsabilité civile et dommages au véhicule, tient compte des majorations pour conducteur novice mais ne comprend pas les majorations éventuellement prévues pour les circonstances aggravantes.

■ En revanche, pour l'application des dispositions de la clause, cette prime de référence comprend la surprime autorisée pour les conducteurs novices ainsi que les réductions éventuelles prévues, notamment si le conducteur opte pour une formation spécifique dispensée par des organismes de prévention notamment.

À SAVOIR

Le coefficient d'origine pour une personne sans antécédent est de 1,00. Après chaque période annuelle d'assurance sans sinistre, le coefficient applicable est celui utilisé à la précédente échéance réduit de 5 %, (soit multiplié par 0,95), arrêté à la deuxième décimale et arrondi par défaut. Toutefois, lorsque le contrat garantit un véhicule utilisé pour un usage « tournées » ou « tous déplacements », la réduction est égale à 7 % (coefficient de 0,93). Le CRM ne peut pas être inférieur à 0,50.

B. L'évolution du CRM en présence de sinistre(s)

■ Aucune majoration n'est appliquée pour le premier sinistre survenu après une première période d'au moins 3 ans au cours de laquelle le CRM a été égal à 0,50. Un sinistre survenu au cours de la période annuelle d'assurance **majore le CRM de 25 %** (CRM multiplié par 1,25).

■ Un deuxième sinistre majore le CRM obtenu de 25 %, et il en est de même pour chaque sinistre supplémentaire. Le coefficient obtenu est arrêté à la deuxième décimale et arrondi par défaut. Si le véhicule assuré est utilisé pour un usage « tournées » ou « tous déplacements », la majoration est égale à **20 %** par sinistre (coefficient de 1,20).

■ La majoration est toutefois **réduite de moitié** (coefficient de 1,1250 ou 1,10) lorsque la responsabilité du conducteur n'est que partiellement engagée, notamment lors d'un accident mettant en cause un piéton ou un cycliste.

■ **En aucun cas le CRM ne peut être supérieur à 3,50.** Après 2 années consécutives sans sinistre, le CRM applicable **ne peut pas être supérieur à 1,00** (loi de la descente rapide).

C. La nature des sinistres à prendre en compte

■ Ne sont pas à prendre en considération pour l'application d'une majoration :
- les sinistres devant donner lieu ou non à une indemnisation, lorsque la cause est entièrement imputable à la victime ou à un tiers, ou lorsqu'il s'agit d'un événement de force majeure non imputable à l'assuré ;
- les sinistres tels que le vol, l'incendie, le bris de glaces et le stationnement.

■ Aucune rectification n'est effectuée si la constatation est faite au-delà d'un délai de 2 ans suivant l'échéance annuelle postérieure à ce sinistre.

D. L'évolution en cas de suspension des garanties

Sauf dérogation spécifique favorable de l'assureur, le CRM évolue de la façon suivante et ceci quel que soit le motif de suspension ou d'interruption du contrat :
- **suspension au plus égale à 3 mois** : le CRM évolue ;
- **suspension entre 3 et 6 mois** : le CRM reste figé à l'échéance suivante ou en cas d'établissement d'une affaire nouvelle qui vient en lieu et place du contrat précédent ;
- **suspension supérieure à 6 mois** : le CRM ne peut pas être inférieur à 1,00.

E. Le transfert de garanties sur un nouveau véhicule

Le CRM acquis au titre du véhicule désigné au contrat est automatiquement transféré en cas de remplacement de ce véhicule ou en cas d'acquisition d'un ou plusieurs véhicules supplémentaires, si les conducteurs sont identiques. Si l'assuré est conducteur de plusieurs véhicules avec des CRM différents, il est d'usage de retenir pour le CRM supplémentaire la moyenne des CRM existants.

3 Le relevé d'information (annexe article A121.1 C. assur.)

■ L'assureur délivre au souscripteur un relevé d'informations lors de la résiliation du contrat par l'une des parties et dans les 15 jours à compter d'une demande expresse du souscripteur.

- Ce relevé comporte notamment les indications suivantes :
  - les coordonnées de l'assureur et du souscripteur ;
  - le numéro de contrat ;
  - la date de souscription du contrat ;
  - la validité du contrat (s'il est résilié, de qui provient la résiliation) ;
  - le numéro d'immatriculation du dernier véhicule garanti ;
  - les nom, prénom, date de naissance, numéro et date de délivrance du permis de conduire de chacun des conducteurs désignés au contrat ;
  - les nombre, catégorie (accident, vol, bris de glaces, etc.), nature (matériel ou corporel), part de responsabilité retenue, date de survenance et conducteur du véhicule impliqué pour chaque sinistre survenu au cours des cinq périodes annuelles précédant l'établissement du relevé d'informations ;
  - le coefficient de réduction-majoration appliqué à la dernière échéance annuelle ;
  - la date à laquelle les informations ci-dessus ont été arrêtées.

- Le conducteur qui désire être assuré auprès d'un nouvel assureur s'engage à lui fournir le relevé d'informations délivré par l'assureur du contrat précédemment.

EXEMPLES

Exemple 1

Un prospect vous remet un relevé d'information avec un CRM de 0,80 à l'échéance du 01/07/2022. Vous lui faites une proposition au 01/07/2023. La prime de référence pour ce risque est de 1 000 €. Quelle sera sa cotisation nette s'il n'a pas de sinistre ?

1. Calcul du nouveau CRM sans sinistre : 0,80 x 0,95 = 0,76.
2. Calcul de la cotisation nette : 1 000 x 0,76 = 760 €.

Exemple 2

Ce même prospect vous déclare un accident fautif le 12 janvier 2023. Quelle sera sa cotisation nette ?

1. Calcul du nouveau CRM avec un sinistre responsable : 0,80 x 1,25 = 1,00.
2. Calcul de la cotisation nette : 1 000 x 1,00 = 1 000 €.

Exemple 3

Ce prospect a eu un accident fautif le 12 janvier 2023 et a été condamné pour délit de fuite. Quelle sera sa cotisation nette ?

1. Calcul du nouveau CRM avec un sinistre responsable : 0,80 x 1,25 = 1,00
2. Majoration antécédents suite délit de fuite : 100 %
3. Calcul de la cotisation nette : (1 000 x 1,00) + (1 000 x 100 %)
= 1 000 + 1000 = 2000 €

LES CLÉS POUR L'ORAL

Les techniques de l'approche commerciale

Quel CRM dois-je retenir ?

- S'il s'agit d'un conducteur sans antécédents, prendre un CRM de 1,00.
- S'il vous déclare des antécédents, il est impératif pour finaliser le contrat que vous ayez entre les mains un relevé d'information très récent.

Attention, ce document peut apporter des informations qui pourraient revoir les conditions de tarification, voire l'impossibilité de le garantir.

- S'il a été résilié par l'assureur : pour quel motif ?
- Si le CRM ne correspond pas à l'ancienneté du permis, l'assuré doit bénéficier d'un ajustement de son ancien assureur qui n'est pas transmissible. Il faut recalculer en fonction de l'âge du permis et des antécédents d'assurance. Certains assureurs retiennent en effet un bonus groupe de 0,50 qui doit donc être réajusté. Il ne faut pas hésiter à appeler l'ancien assureur en cas de doute.

L'indemnisation contractuelle

L'intervention de l'assureur est limitée par le préjudice subi par l'assuré et par le montant garanti contractuellement. L'offre d'indemnité doit tenir compte notamment des déchéances, des franchises, des plafonds de garantie et de la prise en charge éventuelle de la TVA.

1 L'évaluation des dommages

L'indemnisation se fait soit **sur devis**, soit **sur facture**, soit **sur rapport d'expertise**, suivant les directives de chaque assureur qui dispose d'un **seuil d'expertise**. Sont pris en charge :

- le remplacement des pièces ;
- les ingrédients de peinture ;
- la main-d'œuvre ;
- les accessoires de série qui sont pris en charge avec la garantie de base. Tous les autres accessoires ainsi que les effets personnels sont indemnisés si une extension est prévue contractuellement, et dans la limite du plafond fixé. Tous les autres accessoires ainsi que les effets personnels sont indemnisés si une extension est prévue contractuellement, et dans la limite du plafond fixé. Il est important de le rappeler à l'expert afin qu'il les mentionne dans son rapport.

> **À SAVOIR**
> Il est maintenant possible de prévoir des pièces d'occasion comme les éléments de carrosserie. Leur liste est toutefois limitée. Ceci permet notamment de réduire le coût des réparations et peut permettre de rendre un véhicule économiquement réparable.

2 Le rôle de l'expert

A. Les missions

Ses missions sont multiples :

- **identifier** le véhicule ;
- **constater les dommages** et **contrôler leur vraisemblance** en relation avec les circonstances de l'accident ;
- **déterminer le ou les points de choc** ;
- **établir les possibilités de réparation**, techniquement et économiquement ;
- **valider le prix des réparations** prévues par le garagiste. Lorsque le réparateur figure dans le réseau agréé par l'assureur, il a pour mission de veiller à l'application des accords tarifaires ;
- **définir un éventuel taux de vétusté** sur certaines parties du véhicule (pneus, batterie, pot d'échappement, radiateur…) ;
- **fixer la valeur de remplacement à dire d'expert (VRADE)** du véhicule avant le sinistre afin de déterminer s'il est économiquement réparable ;

- **chiffrer la valeur de l'épave** (valeur résiduelle ou de sauvetage) si le véhicule n'est pas économiquement ou techniquement réparable ;
- **chiffrer les autres préjudices** : remorquage, durée de l'immobilisation, accessoires.

B. L'expertise à distance (EAD)

■ L'EAD permet d'accélérer la procédure d'expertise. Elle ne peut pas être pratiquée pour les dommages mettant notamment en jeu la sécurité du véhicule.

■ Le **réparateur** prend des photographies permettant d'identifier le véhicule (numéro de série et compteur kilométrique) et les dommages l'affectant, au moyen d'un appareil numérique. Il scanne la carte grise, le constat et son devis. Il adresse l'ensemble à l'expert au moyen d'un logiciel dédié.

■ L'**expert** procède à un examen des pièces. Il effectue le chiffrage en s'appuyant sur un logiciel spécialisé et édite son rapport dans la demi-journée.

C. La convention d'expertise

Lorsqu'un accident met en présence deux ou plusieurs véhicules, qu'il y ait ou non collision, les assureurs ont convenu que l'expertise sera diligentée par celui qui couvre en responsabilité le véhicule sinistré.

3 L'indemnisation de la TVA

La TVA de 20 % est due par l'assureur lorsque la personne lésée ne peut pas la récupérer. Les critères sont doubles et dépendent de l'activité professionnelle de l'assuré et de la catégorie du véhicule. Certaines professions ne sont pas encore assujetties à la TVA, telles qu'assureur, médecin, personnels des centres de formation, etc. Certains statuts professionnels entraînent aussi le non-assujettissement, tels que celui de l'auto-entrepreneur ou du micro-entrepreneur.

4 Le cas des véhicules irréparables

Un véhicule peut être déclaré irréparable par l'expert :
- soit **techniquement** : il s'agit des véhicules non identifiables, complètement brûlés ou immergés ou dont les éléments de structure et de sécurité sont atteints d'anomalies techniques irréversibles ;
- soit **économiquement** : le coût des réparations excède la valeur du véhicule au jour du sinistre (procédure véhicule économique irréparable – VEI).

5 La convention épave

■ Elle a été mise en place entre la plupart des assureurs et des épavistes afin de favoriser la transparence dans les transactions avec les déconstructeurs ainsi que d'éviter le trafic des cartes grises.

■ Lorsqu'un véhicule est reconnu irréparable économiquement ou techniquement, l'assureur propose à l'assuré de délaisser son véhicule. En contrepartie, il indemnise l'assuré sur la base de la VRADE sans déduction de la valeur de sauvetage. L'assuré garde toujours la faculté de conserver le véhicule qu'il pourra faire réparer mais il ne pourra le revendre que si un expert a validé les travaux.

6 Les dommages immatériels

Ils peuvent être pris en charge sur **extension contractuelle** :
- le **dépannage remorquage** (du lieu du sinistre au garage le plus proche) ;
- les **frais de garde** (lorsque véhicule est irréparable) ;
- l'**immobilisation** (indisponibilité pendant les réparations, barèmes spécifiques pour certaines professions) ;
- la **carte grise** (abattement de 1/8e à compter de la première mise en circulation) ;
- les **pertes d'exploitation** ;
- la **dépréciation** suite à des travaux importants entraînant une moins-value en cas de revente ;
- les **honoraires d'expert** (procédure de véhicule épave) ;
- les **honoraires** et **frais de déplacement de l'huissier** dont l'intervention est indispensable pour assurer les intérêts de l'assuré (exemple : profondeur d'un nid de poule).

7 Les exceptions et restrictions de garantie

■ L'assureur peut opposer à l'assuré :
- une **exclusion** valide figurant au contrat (défaut de permis du conducteur, conduite sous l'emprise d'un état alcoolique...) ;
- une **déchéance** (faux sinistre) ;
- une **limite de garantie** (garantie du contenu) ;
- une **franchise fixe, proportionnelle** (art. L121.1 C. assur.) ;
- la **nullité du contrat** pour fausse déclaration ou omission intentionnelle (art. L113.8 C. assur.) ;
- la **règle proportionnelle de primes** pour fausse déclaration ou omission sans mauvaise foi prouvée (art. L113.9 C. assur.) ;
- la **suspension de la garantie** ou la résiliation du contrat pour non-paiement de la prime (art. L113.3 C. assur.) ;
- la **suspension de la garantie** suite à l'aliénation du véhicule (art. L113.12 C. assur.) ;
- la **résiliation du contrat**.

■ Certaines exceptions et restrictions de garantie sont opposables aux tiers qui invoquent le **bénéfice du contrat** (article L112.6 du Code des assurances).

LES CLÉS POUR L'ORAL

Les techniques de l'approche commerciale

L'assureur peut-il imposer son garagiste ?

La loi Hamon interdit à tout assureur d'imposer son réparateur. Cette interdiction doit d'ailleurs être mentionnée dans les conditions générales. Des coordonnées peuvent être communiquées uniquement sur demande formelle de l'assuré.

L'assuré déclare ne pas être assujetti à la TVA

Tout professionnel est réputé pouvoir récupérer la TVA (sauf exceptions). En cas de doute et afin de régler la TVA, il est impératif de réclamer une attestation établie par le centre des impôts, à défaut par le comptable de l'assuré. Une attestation sur l'honneur est tolérée mais elle ne fait pas réellement foi.

L'AUTOMOBILE

La convention IRSA

La Convention indemnisation directe de l'assuré, dite IDA, a été remodelée en 2014 et a pris le nom de « convention IRSA ». Elle permet d'uniformiser les procédures de règlement, d'indemnisation et de recours entre les compagnies signataires, tout en éliminant toute procédure judiciaire.

1 Présentation générale

■ Composée de sept titres, la convention IRSA s'applique pour **tout sinistre impliquant au moins deux véhicules terrestres à moteur**. Elle concerne uniquement les dommages matériels, même en présence de dommages corporels. Elle n'est opposable qu'aux signataires, donc aucunement aux assurés, ni aux compagnies qui n'y ont pas adhéré.

■ Ses objectifs sont de :
- **simplifier et accélérer le règlement** des dommages matériels ;
- **limiter le contentieux entre assureurs** en instituant des procédures de concertation (escalade), de médiation (conciliation) et d'arbitrage en écartant les recours judiciaires ;
- **réduire les frais de gestion** en utilisant la télématique et en réduisant au minimum les échanges de documents.

2 Les conditions d'application de la convention IRSA

La convention s'applique sous certaines conditions :
- l'**accident de circulation** (y compris les opérations de chargement ou de déchargement) doit impliquer au moins deux véhicules ;
- l'**accident a nécessairement lieu en France métropolitaine**, dans les DOM ou à Monaco ;
- les véhicules doivent être assurés auprès d'assureurs adhérents à la convention ;
- seules les exceptions de garantie opposables aux tiers peuvent être invoquées ;
- en l'absence de constat amiable, les circonstances de l'accident doivent être établies même si une franchise « responsabilité civile » est prévue au contrat (art. 1.1) ;
- pour les véhicules impliqués (art. 1.2.1), c'est-à-dire soit entrés en collision avec un véhicule ou un piéton, un cycliste, un animal ou un objet projeté, le conducteur a commis une faute au sens du barème de la convention, soit endommagés au cours de l'accident ou dont un occupant a subi un dommage corporel.

À SAVOIR

• L'implication d'un véhicule est démontrée par tout moyen recevable en droit commun et, notamment, la déclaration d'un conducteur non responsable en droit commun. Si celui-ci est responsable, la déclaration n'est retenue que si elle n'est pas contestée.
• La faute d'un conducteur impliqué est appréciée en deux temps : d'abord, la démonstration de sa faute ; ensuite, la preuve de sa participation au moins partielle à la réalisation de l'accident.

3 L'expertise

A. La mission

■ Il appartient à l'assureur du lésé, dit « assureur direct », de missionner son expert. Dans le cas d'une collision entre plusieurs véhicules dont un n'est pas assuré ou alors garanti par un assureur non adhérent, l'assureur du véhicule heurteur missionne l'expert. S'il y a plusieurs véhicules heurteurs, celui qui a la plus petite immatriculation est retenu.

■ L'article 2.1.1 nécessite une expertise pendant les travaux, dès lors que le dommage matériel HT excède 850 € HT (valeur au 1er janvier 2023).

■ L'article 2.1.2. autorise l'expertise à distance sous réserve que la mention figure dans le rapport.

B. L'incontestabilité des conclusions

■ Le rapport de l'expert est incontestable par l'assureur qui subit le recours (art. 2.1.3) dès lors que le montant HT du dommage expertisé ne dépasse pas le plafond (6 500 € depuis 2010), excepté si le rapport est établi dans le cadre d'une **procédure véhicule endommagé (VE)**.

■ Au-delà de ce montant, l'assureur devant subir le recours dispose de 15 jours à partir de la constatation du dépassement pour réaliser une expertise contradictoire. Il doit être avisé 8 jours minimum avant l'expiration du délai de 15 jours (art. 2.1.4).

4 L'indemnisation

■ Elle est définie comme l'indemnisation directe de l'assuré et se fait à partir des éléments en possession de l'assureur direct. Elle s'établit sur les fondements du droit commun et se détermine donc avant toute analyse du recours.

■ L'article 4 de la loi Badinter rappelle que **seul le conducteur fautif peut être exclu totalement ou partiellement** de son droit à indemnisation.

■ De ce fait et indépendamment de la faute du tiers, le conducteur non fautif doit être indemnisé de la **totalité de ses préjudices**, directs et indirects. L'analyse de la faute est déterminée uniquement en fonction du Code de la route.

> **EXEMPLE**
> Si le constat ne mentionne pas, dans le croquis, la ligne médiane et qu'aucune case n'est cochée ni qu'aucune observation ne stipule qu'une des parties empiète, elle sera indemnisée en totalité. Dans certains cas, les deux sont indemnisées en totalité.

■ Si une part de responsabilité lui est retenue, il recevra une indemnité correspondante. Le conducteur fautif est indemnisé uniquement s'il bénéficie d'une **garantie contractuelle dommages tous accidents** ou **dommages par collision**. La franchise lui est retenue en fonction de sa part de responsabilité.

5 La détermination de l'assiette du recours

A. Le principe du recours

■ **Après avoir indemnisé son assuré**, l'assureur du lésé se retourne contre la société d'assurance couvrant l'auteur de l'accident, mais son recours est encadré par la convention, notamment quant à son **assiette** (art. 2.2.1).

■ Le recours peut se faire forfaitairement ou en valeur réelle. La plupart des sinistres font référence à un barème de responsabilités traitant la majorité des situations pouvant se présenter. Il figure en annexe I de la convention.

B. L'assiette de recours

■ Font partie de l'assiette de recours :
- les réparations au véhicule ou la VRADE vétusté déduite ;
- les accessoires.

■ Font partie de l'assiette de recours pour l'excédent supérieur au plafond d'incontestabilité (6 500 € depuis 2010) :
- le dépannage remorquage ;
- l'immobilisation : frais de location indispensables d'un véhicule similaire. Il n'y a pas lieu de prévoir d'abattement pour non-utilisation de son véhicule personnel ;
- les dommages aux animaux, marchandises et objets transportés ; les dommages aux vêtements et objets personnels portés par le conducteur et les passagers non blessés.

■ Font l'objet d'un abandon total de recours les préjudices suivants :
- la **communication d'incendie** : indemnisation du véhicule qui a subi la propagation même en l'absence de garantie contractuelle incendie ;
- la **projection d'objets** tombés sur le sol : indemnisation du remplacement du pare-brise même en l'absence de la garantie bris de glaces, si la projection est confirmée par un élément de preuve accepté par la convention ;
- la **dépréciation du véhicule** : elle sert à indemniser la perte financière éventuelle en cas de revente suite à des travaux conséquents ;
- la **vignette** et le **certificat d'immatriculation** : la carte grise doit être remboursée avec un abattement de 1/8e par an si le véhicule est mis en épave ;
- les **dommages occasionnés par le transport des blessés** (nettoyage des sièges et moquettes) ;
- les **frais et honoraires d'expertise** suite au mandatement par la victime ;
- les **frais de contrôle de la remise en état** ;
- les **frais d'huissier indispensables** pour défendre les intérêts de l'assuré (constatations d'une situation) ;
- les **autres frais annexes**.

REMARQUE

Certains assureurs ont refusé de signer la convention dans la mesure où leur clientèle spécifique ne leur permettait pas d'effectuer un recours au coût réel. Ce sont notamment les assureurs de deux roues, et ceux de transports ou les taxiteurs. Toutefois, il convient de prévoir une garantie de dommages au véhicule pour ces risques afin de permettre d'indemniser contractuellement les dommages, franchise éventuellement déduite, avant d'attendre l'aboutissement d'une procédure de droit commun, généralement très longue.

C. Les spécificités de la convention IRSA

D'autres situations spécifiques sont abordées dans la convention :
- les **dommages aux choses inertes** (titre 2) : ce titre traite la désignation du gestionnaire du dossier du sinistre ;
- **l'assureur du tracteur et celui de la remorque sont différents** (titre 2) : ce titre reprend les modalités de recours en fonction du poids total autorisé en charge (PTAC) de la remorque.

D. Les accidents entre deux véhicules (titre 3)

Ce titre concerne la majorité des sinistres et fixe les modalités de recours.

1. Le recours forfaitaire (titre 3.1) : 1 776 € pour recours total et € 888 recours partiel en 2023

■ L'assiette de recours est inférieure au plafond d'incontestabilité. Il y a application du barème de responsabilité.

■ Le recours doit être effectué dans les 2 ans, sans justificatifs dans un premier temps. En cas de contestation, l'assureur adverse a 3 mois pour contester à compter de la présentation télématique du recours.

2. Le recours au coût réel (titre 3.2)

L'assureur direct doit fournir l'ensemble des justificatifs, tant sur le chiffrage du préjudice que les preuves recevables de la responsabilité du tiers. Celle-ci se détermine comme suit :
- jusqu'à trois fois le plafond d'incontestabilité, application du cas du barème ;
- au-delà de ce plafond, il est tenu compte des notions d'éclairage, de vitesse, si elles ont joué un rôle dans l'accident, majorant de X par fait la responsabilité du conducteur concerné, ce qui réduit d'autant la responsabilité de l'autre conducteur.

E. Les accidents en chaîne (titre 4)

Ils concernent : la collision entre plusieurs véhicules circulant dans le même sens et sur une même file (succession de cas 10 en référence au barème) ; la convention prévoit les règles de recours. Chaque assureur récupère % de l'assiette de recours sauf le véhicule en tête qui récupère la totalité.

F. Les carambolages (titres 5 et 6)

Ils prévoient la désignation du gestionnaire du sinistre en fonction de l'immatriculation (trois à sept véhicules) ou du calendrier (à compter de huit véhicules).

G. Le règlement des litiges (titre 7)

Les compagnies d'assurances s'interdisent toute procédure judiciaire entre elles. Elles ont de ce fait mis en place une procédure d'escalade allant de :
- 1. l'échelon rédacteur (l'échelon « rédacteur correspondant ») ;
- 2. l'échelon direction ;
- 3. la conciliation ;
- 4. l'arbitrage.

L'AUTOMOBILE

La loi Badinter

Mise en place au 1er janvier 1986, la loi Badinter du 5 juillet 1985 a révolutionné les fondements du droit commun lorsqu'un véhicule terrestre à moteur est impliqué, tant pour les dommages corporels – pour lesquels les éléments en considération ont totalement changé – que pour la prise en compte des dommages matériels, grâce à l'analyse de la faute du conducteur indépendamment de celle du tiers.

1 Les véhicules visés par la loi Badinter (art. 1)

Cette loi ne s'applique que si un véhicule terrestre à moteur, ses remorques ou semi-remorques se trouvent impliqués dans un accident de la circulation, à l'exception des chemins de fer et des tramways circulant sur des voies qui leur sont propres. L'indemnisation concerne toutes les victimes, y compris les personnes transportées.

2 Le champ d'application de la loi

- Un accident de circulation est un événement :
  - répondant à la définition de l'accident ;
  - impliquant un véhicule terrestre à moteur ayant cette qualité lors de l'événement ;
  - survenu dans un lieu de circulation, y compris par exemple un parking ;
  - découlant d'un fait de circulation qui peut être soit à l'origine même de l'accident, soit qui se trouve à l'origine de la position du véhicule impliqué dans l'accident.
- L'incendie, s'il fait appel à l'ensemble de ces critères, sera géré au titre de la loi Badinter.
- L'implication peut être définie comme une participation, active ou passive, du véhicule sans laquelle l'accident ne se serait pas produit ou n'aurait pas eu les mêmes conséquences dommageables (un véhicule en stationnement heurté par un cycliste blessé lors de la collision peut être considéré comme impliqué).
- Lorsqu'il y a absence de choc avec le véhicule, l'implication peut être retenue si le lésé peut démontrer que le véhicule est intervenu de quelque manière que ce soit dans la réalisation du dommage et notamment s'il était perturbateur sans que cela soit la condition nécessaire.

À SAVOIR

Le cas de force majeure ou le fait d'un tiers ne sont plus des cas d'exonération (art. 2).

3 L'indemnisation des victimes

A. Le conducteur (art. 4)

C'est la personne qui a pris place au volant du véhicule et en a la commande et la direction. La faute s'interprète en fonction du Code de la route.

À SAVOIR

Le conducteur victime a droit à l'indemnisation de son préjudice, excepté s'il a commis une faute ayant concouru à son dommage. Celle-ci annule son droit à indemnisation soit partiellement, soit totalement. Par exemple, l'indemnisation du conducteur qui omet de mettre sa ceinture de sécurité est réduite si cette faute provoque ou aggrave ses dommages.

B. Les autres victimes (art. 3)

Il peut s'agir des passagers du véhicule, de piétons, cyclistes, cavaliers, etc. La loi Badinter a mis en avant des victimes dites « protégées », voire pour certaines « hyper-protégées ».

1. Les victimes hyper-protégées

Il s'agit des victimes qui ont plus de 70 ans ou moins de 16 ans ou avec invalidité supérieure ou égale à 80 %. Le conducteur impliqué doit, pour s'exonérer de sa responsabilité, prouver que la victime a volontairement recherché le dommage qu'elle a subi (par exemple, en cas de suicide).

2. Les victimes protégées

Sont considérées comme victimes protégées les autres victimes qui ne sont pas hyper-protégées. Seuls deux cas d'exonération peuvent être avancés :

- la victime **a volontairement recherché le dommage** qu'elle a subi ;
- la victime a commis une **faute inexcusable et exclusive**. Cette faute doit être d'une exceptionnelle gravité, exposant sans raison valable son auteur à un danger dont il aurait dû avoir conscience. Il faut que le comportement de la victime constitue aussi la cause exclusive de l'accident.

À SAVOIR

Deux cas d'exonération retenus précédemment ont été abandonnés : il s'agit du fait d'un tiers et du cas fortuit ou de force majeure.

C. Les dommages matériels (art. 5)

La faute de la victime a pour effet de **limiter** ou d'**exclure l'indemnisation des dommages aux biens** qu'elle a subis (hormis les appareils délivrés par les praticiens pris en charge en corporel). Tel est le cas du cycliste qui percute une voiture en stationnement. Ses dommages corporels seront indemnisés suivant l'article 3 y compris sa paire de lunettes. En revanche, les réparations de sa bicyclette restent à sa charge. Il devra aussi indemniser les dommages subis par le véhicule au titre de l'article 1242 du Code civil.

4 La procédure et l'offre d'indemnité

Celles-ci sont à respecter par l'assureur qui couvre la responsabilité civile du véhicule impliqué (art. L211.8 et suivants, R211.38, R211.39 C. assur.).

A. L'information de la victime

■ Le texte concerné est l'article L211.10 du Code des assurances. L'assureur doit adresser à la victime ou à ses ayants droit une correspondance qui doit indiquer :

- leur **droit d'obtenir**, sans frais et sur simple demande, le **procès-verbal d'enquête** ;
- le **droit de se faire assister par un avocat** librement choisi ;
- le **droit d'être assisté par un médecin** de leur choix à chaque examen médical ;

- le **nom de la personne chargée du dossier** ;
- les **textes des articles L211.9**, 3 alinéas (caractère provisionnel de l'offre si l'assureur n'est pas avisé de la consolidation) et L211.12 du Code des assurances (tiers payeur empêché de produire sa créance du fait de la victime) ;
- les **renseignements nécessaires** à l'instruction du dossier, en rappelant les conséquences de réponses inexactes ou incomplètes ;
- les **conséquences d'une offre** manifestement insuffisante.

■ Un questionnaire est joint à ce courrier. Il porte notamment sur la description des dommages corporels, l'activité professionnelle, l'identification des personnes fiscalement à charge et des tiers payeurs (organismes sociaux, mutuelles, employeurs...) appelés à verser des prestations. La victime doit y répondre et le renvoyer dans les 6 semaines, faute de quoi le délai d'offre d'indemnisation est suspendu.

B. L'offre d'indemnité

■ Une offre d'indemnité motivée doit être adressée au lésé sous un délai de 3 mois à compter de la demande d'indemnisation. À défaut de réclamation, une offre doit être faite dans un délai de 8 mois à compter du sinistre.

■ Elle est **définitive** si l'assureur a été informé que la victime est reconnue consolidée par un médecin dans un délai de 3 mois à compter de l'accident, et **provisionnelle** dans la négative. L'assureur a un délai de **5 mois à compter de la consolidation** pour adresser cette offre définitive.

■ La victime dispose d'un délai pour contester cette transaction (art. L211.16 C. assur.). Au-delà de ce délai, l'assureur doit effectuer l'indemnisation dans un délai de 1 mois. En cas de non-respect de ces délais, l'assureur doit verser des intérêts (art. L211.13, L211.17 et L211.18 C. assur.).

■ L'assureur est aussi sanctionné dans le cas d'une offre reconnue insuffisante et verse notamment une indemnité proportionnelle au FGAO (art. L211.14 C. assur.).

5 Le recours des tiers payeurs

La loi Badinter a confirmé les droits du recours subrogatoire des tiers payeurs en réglementant les modalités à appliquer et l'étendue du recours subrogatoire (art. 28 à 34 de la loi).

A. Les modalités

L'assureur doit réclamer à l'organisme social sa créance provisoire ou définitive. Ce dernier doit la fournir dans un délai de 4 mois à compter de la demande sous peine de déchéance.

B. La nature des prestations

Le texte concerné est l'article 29 de la loi Badinter. Ces prestations sont de différentes natures :
- les **prestations versées par les organismes**, établissements et services gérant un régime obligatoire de Sécurité sociale ;
- les **sommes versées en remboursement des frais de traitement médical** et de rééducation ;

- les **salaires et les accessoires du salaire** maintenus par l'employeur pendant la période d'inactivité consécutive à l'événement qui a occasionné le dommage ;
- les **indemnités journalières de maladie** et les prestations d'invalidité versées par les groupements mutualistes régis par le code de la mutualité, les institutions de prévoyance régies par le Code de la Sécurité sociale ou le Code rural, et les sociétés d'assurances régies par le Code des assurances ;
- les **prestations versées au titre d'un contrat** répondant au principe indemnitaire peuvent aussi faire l'objet d'un recours auprès de l'assureur du responsable à la condition que le recours subrogatoire soit prévu au contrat. Ce recours se fait dans la limite du solde subsistant après paiements aux tiers payeurs (art. 33). Ce droit concerne notamment les contrats GAV, ou garantie du conducteur.

C. La nature du recours

Les tiers payeurs bénéficient du **recours subrogatoire** dans la limite des sommes qu'ils ont effectivement versées (art. 30). Ces recours subrogatoires s'exercent **poste par poste** sur les seules indemnités qui réparent des préjudices pris en charge, à l'exclusion des préjudices personnels (art. 31). L'assiette de recours se calcule donc par le cumul poste par poste des préjudices dits « patrimoniaux » ou « économiques » (sauf si le tiers payeur prouve qu'il a indemnisé un poste dit « personnel »).

6 Les exceptions de garantie

L'article 23 de la loi Badinter dispose que, lorsque l'assureur invoque une exception de garantie légale ou contractuelle, il est tenu de satisfaire aux prescriptions des articles 12 à 20 pour le compte de qui il appartient. La transaction intervenue pourra être contestée devant le juge par celui pour le compte de qui elle aura été faite, sans que soit remis en cause le montant des sommes allouées à la victime

Fiche 18

L'AUTOMOBILE

Les préjudices corporels

Souvent objet de contestations provenant de décisions qui divergent d'un tribunal à l'autre, l'indemnisation des préjudices corporels causés par un tiers a fait l'objet d'une réforme récente dite « Dintilhac » afin d'harmoniser les offres proposées.

1 Le préjudice économique ou patrimonial

Il correspond au préjudice qui porte atteinte au **patrimoine de la victime**. Seuls les **préjudices économiques** sont soumis aux recours subrogatoires des tiers payeurs qui pourront se retourner contre l'auteur des dommages.

A. Le préjudice temporaire ou « avant consolidation »

La date de consolidation généralement fixée par un médecin expert définit le moment à partir duquel l'état de la victime ne peut plus s'améliorer.

■ Les **dépenses de santé actuelle (DSA)** : ce poste correspond à l'ensemble de **tous les frais médicaux** restés à charge avant la consolidation. Il peut s'agir de consultations, de frais pharmaceutiques, d'hospitalisation, de rééducation...

■ La **perte de gains actuels (PGA)** correspond à l'ancienne appellation « incapacité temporaire » (ITT). L'indemnité correspond à la **perte de salaire** ou de **gains** pendant la durée d'ITT, déduction faite éventuellement des indemnités journalières versées par l'organisme social de la victime. Elle peut aussi bien concerner les retraités, les hommes ou femmes au foyer ou les étudiants.
Pour un salarié, il convient de présenter les bulletins de salaire, les décomptes du régime social et une attestation de perte de revenus de l'employeur. Pour les indépendants, il est préférable de recevoir un relevé du comptable.

■ Les **frais divers (FD)** concernent l'ensemble de tous les frais restés à charge comme la location de télévision à l'hôpital, les frais de transport, l'aménagement temporaire du logement ou du véhicule, l'assistance temporaire d'une tierce personne, etc.

B. Le préjudice permanent ou « après consolidation »

■ Les **pertes de gains professionnels futurs (PGPF)**
L'indemnité intervient lorsque les séquelles empêchent la reprise de l'activité professionnelle antérieure ou réduisent la capacité de travail. Il peut s'agir aussi de la perte de contrats, d'un licenciement pour inaptitude professionnelle, d'une embauche devenue impossible.

L'indemnisation du préjudice professionnel est alors déterminée en fonction des revenus perçus par la victime avant l'accident et après la consolidation.

- L'**incidence professionnelle/la pénibilité/la dévalorisation (IP)** : même si la victime peut poursuivre son travail, il peut y avoir une incidence en cas de gêne ou d'une dévalorisation sur le marché du travail.

- Les **dépenses de santé futures (DSF)** correspondent à l'ensemble des soins prévus au moment de la consolidation.

- L'**assistance par tierce personne (ATP)** : s'il y a nécessité pour la victime d'avoir recours à une tierce personne pour les actes de la vie courante, un certain nombre d'heures par semaine peut être accordé pour assurer les tâches que la victime ne peut plus assumer ou qu'elle assume avec difficulté ou souffrance.

- Les **frais de logement adapté (FLA)** concernent tous les matériels nécessaires pour assurer à la victime des conditions de vie convenables : fauteuil roulant, fauteuil douche, ascenseur, volets roulants, porte de garage automatique, etc.

- Les **frais de véhicule adapté (FVA)** sont engagés dans le cas où il y a nécessité d'équiper ou de remplacer le véhicule comme l'installation d'un levier de vitesse au volant ou avoir un véhicule plus accessible.

- Le **préjudice scolaire, universitaire, de formation (PSU)** correspond à tous les empêchements liés aux études : perte d'année scolaire, retard, renoncement, etc.

2 Le préjudice non économique ou extra patrimonial ou personnel

Ces préjudices ne font pas partie de l'assiette de recours des tiers payeurs.

A. Le préjudice temporaire ou « avant consolidation »

- Le **déficit fonctionnel temporaire (DFT)** : pendant la durée d'incapacité temporaire totale et jusqu'à la date de consolidation, les victimes ont droit, en plus des gains manqués ou perdus, au versement d'une indemnité au titre de la gêne dans les actes de la vie courante.

- Les **souffrances endurées** (SE, anciennement *pretium doloris*)
Il s'agit d'indemniser la douleur physique et psychique. L'indemnisation est fonction d'une échelle de 1 à 7, qui correspond aux qualificatifs « très léger », « léger », « modéré », « moyen », « assez important », « important » et « très important ».

La gradation varie en fonction de la nature des blessures, du nombre d'interventions chirurgicales, de la durée d'hospitalisation, du nombre de séances de kinésithérapie, de l'importance de la rééducation fonctionnelle. Elle indemnise les souffrances endurées avant la consolidation.

- Le **préjudice esthétique temporaire (PET)** : il s'agit d'indemniser la disgrâce avant la consolidation.

- Le **préjudice d'agrément temporaire (PAT)** : la victime perçoit une indemnité pour ne pas avoir pu exercer avant la consolidation l'activité sportive ou de loisirs habituelle.

B. Le préjudice définitif ou « après consolidation »

- Le **déficit fonctionnel permanent (DFP)** ou AIPP : lorsqu'il reste des séquelles, le dommage corporel est alors évalué sous la forme d'un **pourcentage d'incapacité** évalué en fonction du barème de droit commun. Ce taux est évalué par expertise médicale et est transformé en points. La valeur du point est donnée en se référant à la jurisprudence pour une situation identique (âge, taux, revenus...).

■ Le **préjudice d'agrément définitif (PAD)** correspond à l'incapacité d'effectuer définitivement des activités sportives ou de loisirs. L'indemnité correspond à une somme forfaitaire.

■ Le **préjudice esthétique permanent (PEP)** : il s'agit d'indemniser une disgrâce physique, essentiellement des cicatrices. Le nombre de cicatrices, leur localisation, leur dimension, leur qualité sont pris en compte pour déterminer le quantum sur une échelle de 1 à 7. Ce préjudice peut aussi être caractérisé par une claudication, une déformation ou la perte d'un membre ou un aspect général résultant de la nécessité de vivre en fauteuil roulant.

■ Le **préjudice sexuel (PS)** peut prendre deux formes :
- le **préjudice morphologique** est lié à l'atteinte des organes sexuels suite au dommage subi ;
- le **préjudice lié à l'acte sexuel** lui-même repose sur la perte du plaisir lié à l'accomplissement de l'acte sexuel (perte de l'envie ou de la libido, perte du plaisir, impossibilité physique de réaliser l'acte).

■ Le **préjudice d'établissement (PE)** permet d'indemniser l'impossibilité de constituer un avenir familial « normal » en raison du handicap de la victime.

■ Le **préjudice d'anxiété** correspond à la souffrance endurée par la victime de la connaissance d'une apparition possible d'une pathologie.

■ Le **préjudice moral ou d'accompagnement** (PAC, victime par ricochet) : les proches de la victime avec ou sans lien de parenté sont fondés à demander la réparation d'un préjudice moral en cas de diminution des capacités ou de modification de la personnalité de la victime avec laquelle ils vivent.

■ Les **préjudices exceptionnels permanents (PEX)** : indemnisation des traumatismes liés à des événements d'origine spécifique tels qu'un attentat ou une catastrophe collective.

3 Les préjudices en cas de décès

Le droit à indemnisation revient aux « victimes par ricochet ».

A. Le préjudice économique

■ Les **frais d'obsèques (FO)** : l'assureur prend en charge dans la limite du raisonnable tous les frais nécessaires pour organiser les obsèques. Lorsque ce poste est indemnisé au titre d'une garantie d'assurance de personnes répondant au principe indemnitaire telle que la garantie du conducteur ou la garantie des accidents de la vie, un plafond est prévu pour ce poste, sachant qu'un recours peut être fait pour une somme supérieure.

■ Le **préjudice économique des proches de la victime (PR)** : suite au décès de la victime, le conjoint, son partenaire pacsé, voire son concubin notoire, les enfants ou d'autres membres de la famille peuvent subir des pertes ou des diminutions de revenus. Il n'y a pas de barème d'indemnisation pour ce poste de préjudice qui doit s'apprécier au cas par cas. Il est tenu compte toutefois de la part consommée par le défunt qui est déduite de la perte de revenu.

■ Les **frais divers des proches (FD)** : il est possible d'obtenir l'indemnisation des frais divers que les proches de la victime ont engagés à l'occasion de son décès tels que le remboursement des frais de transport, de restauration et d'hébergement.

B. Le préjudice personnel ou préjudice moral des proches

La perte d'un être cher, quel que soit le lien de parenté, constitue un préjudice moral dit « préjudice d'affection » qui justifie son indemnisation. Le montant proposé dépend souvent de l'âge du bénéficiaire et du lien affectif qui le lie à la victime.

4 Le référentiel DATAJUST

■ Mis en place par le décret du 27 mars 2020, ce **référentiel indicatif d'indemnisation des préjudices corporels** est établi à partir de l'intelligence artificielle.

■ Ce référentiel constitue un **barème indicatif** des sommes auxquelles les victimes d'un préjudice corporel causé par exemple par un accident de la circulation ou une agression, peuvent prétendre.

■ Il répond à une demande constante liée au déséquilibre des indemnisations, qui, pour un cas identique, peuvent connaître des différences importantes liées au tribunal, au juge, etc.

#info
Le traitement automatisé de données à caractère personnel
foucherconnect.fr/23vassur08

L'AUTOMOBILE

La convention IRCA et le PAOS

Deux conventions ont été mises en place afin d'accélérer la gestion des dossiers corporels. Dès 1983, le protocole assureurs-organismes sociaux (PAOS) ou protocole Bergeras a été mis en place, puis revu en 2012. Il a été suivi en 2010 par la convention IRCA qui concerne l'indemnisation et la gestion des dommages corporels lors d'accidents de circulation impliquant au moins deux véhicules terrestres à moteur.

1 La convention IRCA

A. L'objet de la convention IRCA

Elle a plusieurs objectifs :

- désigner, dès la connaissance de l'accident, l'assureur chargé d'instruire le dossier et de réaliser la procédure d'offre d'indemnité ;
- organiser les échanges entre sociétés adhérentes ;
- fixer les règles régissant les recours en contribution entre assureurs ;
- intégrer la nomenclature Dintilhac pour les accidents survenus après le 1er avril 2007.

B. Le champ d'application de la convention

■ La convention s'applique aux accidents (avec ou sans collision) survenus à compter du 1er avril 2002, en France (y compris DOM) ou à Monaco, dès lors qu'au moins une personne a subi une atteinte corporelle et qu'il y a au moins deux véhicules impliqués assurés auprès de sociétés adhérentes (art. 1.2.1a).

■ Est impliqué dans l'accident :

- **en cas de collision** : tout véhicule entré en contact avec un autre véhicule ou un de ses occupants, un piéton, un cycliste, un animal ou un objet projeté par un véhicule ;
- **sans collision** :
  - tout véhicule dont le conducteur a commis une faute au sens du barème de la convention, à condition qu'il ait participé, au moins partiellement, à la réalisation du dommage,
  - tout véhicule endommagé ou dont un occupant a subi un dommage corporel.

C. Le rôle de l'assureur mandaté

Bien que désigné par convention, il est reconnu par la loi (art. 2.1.2). L'assureur désigné doit communiquer des éléments et verser des sommes à plusieurs bénéficiaires.

1. À l'égard de la victime

Il doit :

- adresser le questionnaire médical ;
- évaluer le dommage subi ;
- formuler une offre d'indemnisation ;
- régler le montant de l'indemnité pour le compte de qui il appartient ;
- désigner un expert médical si une atteinte permanente à l'intégrité physique et/ou psychique (AIPP) est prévisible. Dans le cas contraire, il a toute latitude à cet égard. En tout état de cause, il reste seul exposé aux sanctions pour indemnisation insuffisante.

2. À l'égard des tiers payeurs

Il doit donner suite à leur recours. Il est le gestionnaire visé par le PAOS dit « protocole Bergeras » (art. 2.1.2 c1).

3. À l'égard des autres assureurs

Il doit les tenir informés et transmettre dans les 2 mois qui suivent l'accident la première information (réponse au questionnaire médical, certificat médical, etc.).

D. L'incontestabilité de l'expertise

Elle dépend du taux d'invalidité retenu (art. 2.2.4).

E. La procédure d'offre

■ L'assureur mandaté est tenu de respecter la procédure prévue par la loi Badinter et l'offre doit être suffisante.

■ **Si l'invalidité est inférieure ou égale à 5 %**, son règlement ne peut pas être contesté par les autres assureurs.

■ **Dans le cas contraire ou si la victime est décédée**, il doit préalablement aviser les autres assureurs qui disposent de 15 jours pour présenter leurs observations. À défaut, le règlement peut être contesté (art. 2.3.1d).

F. Le recours (art. 2.3.2 et 2.4.1).

Deux hypothèses sont envisageables :

- **les dossiers sans invalidité ou dont l'invalidité est inférieure à 5 %.** Le recours est effectué victime par victime dans le cadre des échanges automatisés :
  - **pas d'invalidité** : le recours est effectué sur la base d'un forfait (1 200 € en 2023 soit 627 € en cas de partage de responsabilités),
  - **invalidité inférieure ou égale à 5 %** : utilisation d'un barème revu régulièrement ;
- **les dossiers avec invalidité supérieure à 5 % ou décès.** Il y a recours pour les sommes versées à la victime et aux tiers payeurs.

2 Le PAOS

A. Les adhérents

Le protocole a été conclu par les assureurs avec principalement :
- la Caisse nationale d'assurance maladie et plusieurs caisses gérant des régimes spéciaux ;
- les groupements mutualistes affiliés à la FNMF ;
- la Mutualité sociale agricole

B. Le champ d'application

Il s'applique aux accidents causés tant par les véhicules à moteur que par les bicyclettes, même tenues à la main. L'accident doit être survenu en France métropolitaine, dans les DOM ou à Monaco.

C. L'objectif

L'objectif est d'accélérer la procédure en imposant :
- des délais d'offre qui s'imposent à l'assureur et au responsable ;
- une indemnisation amiable de la victime ou de ses ayants droit ;
- la prise en charge réglementée des recours des tiers payeurs.

D. Le fonctionnement du PAOS

1. L'information

Elle porte sur trois points :
- la **communication entre les signataires** qui ont convenu que la partie la plus diligente informait l'autre de son intervention ;
- le **défaut d'information** par l'assureur de la caisse de Sécurité sociale dans un délai de 3 mois, sauf cas de force majeure, est sanctionné par une majoration de 10 % des sommes dans la limite de 10 000 € ;
- l'**information de la caisse** de tout règlement amiable intervenu entre l'assuré et l'assureur responsable (loi de 2012).

2. L'indemnisation

■ La détermination des responsabilités

Le quantum de responsabilité est apprécié par référence à un barème inspiré de celui de la convention IRSA, augmenté de 24, qui tient compte d'une typologie d'accidents étendue (accidents impliquant plus de deux véhicules, cyclistes, piétons).

■ L'assiette de recours

L'indemnité sur laquelle repose le recours est estimée selon des **règles conventionnelles** destinées à éviter la plupart des litiges :
- **fixation des valeurs de points d'invalidité** annuellement ;
- **détermination du taux d'invalidité** par référence au barème du droit commun (barème du concours médical) ;
- **fixation de l'indemnité d'incapacité de travail** sur la base des revenus déclarés au fisc ou, pour une personne sans emploi, par référence au tiers du SMIC ;

– **justification des frais médicaux et pharmaceutiques** ;
– **forfaitisation de l'indemnité « tierce personne »**, etc.

De ce fait, le montant total du préjudice sur lequel s'exerce le recours peut être différent de celui déterminé selon les règles du droit commun et dont la victime doit être indemnisée. Les tiers payeurs organismes sociaux perçoivent une indemnité forfaitaire réévaluée régulièrement en fonction du montant du sinistre.

3. Le recours

Une procédure de remboursement réglemente le désintéressement rapide du tiers payeur. Faute d'un règlement dans les 2 mois du recours, les sommes portent intérêt selon un taux conventionnel par mois de retard.

4. Le règlement des litiges

Une procédure d'escalade et de conciliation est mise en place de manière à soustraire les litiges à une action judiciaire. Le tiers payeur doit juste communiquer le montant de sa créance au tribunal.

LES CLÉS POUR L'ORAL

Les techniques de l'approche commerciale

Comment gérer une déclaration d'accident corporel de la circulation ?

• Quelle que soit la situation de la victime, **il faut enregistrer le dossier immédiatement** afin que les délais imposés par la loi dite Badinter soient respectés.

• Si les forces de l'ordre ont établi un procès-verbal, attendre sa communication pour prendre des engagements de prise en charge. Il faut néanmoins obtenir, sous toutes réserves d'usages :

- un **certificat médical descriptif des blessures** précisant une éventuelle ITT ;
- un **certificat de guérison en l'absence de séquelles**, à défaut un certificat de consolidation avec précisions des suites qui seront à faire évaluer dans la plupart des cas par un expert.

En fonction des préjudices subis, un certain nombre de documents seront à demander pour permettre de faire une offre provisionnelle ou définitive.

La gestion sera différente en fonction de la situation de la victime :

• **1re situation : la victime est le conducteur**

S'il est fautif, seule la garantie du conducteur lui permettra d'être indemnisé. S'il n'a pas commis de faute, ou partiellement, il convient de gérer son dossier comme toute victime avec la possibilité d'une avance sur recours au titre de cette garantie.

Si alcoolémie, stupéfiants, délit de fuite : EXCLUSION DE GARANTIE

• **2e situation : la victime est un tiers, passager du véhicule**

La convention IRCA prévoit que c'est l'assureur du véhicule qui gère pour le compte de qui de droit. Il a l'obligation d'informer la victime de ses droits ainsi que les tiers payeurs éventuels.

• **3e situation : la victime est un tiers non passager**

La convention IRCA prévoit que c'est le véhicule heurteur qui gère le dossier là aussi pour le compte de qui de droit

Fiche 20

L'AUTOMOBILE

Le fonds de garantie des assurances obligatoires de dommages (FGAO)

Le fonds de garantie automobile a été créé pour assurer une mission d'intérêt général : indemniser les victimes d'accidents de la circulation dont les auteurs n'étaient pas assurés ou pas identifiés. Au fil des années, ses compétences ont été étendues et il est devenu en 2003 le fonds de garantie des assurances obligatoires de dommages (FGAO).

1 Historique (art. L421-1 C. assur. et suivants)

Le fonds a été créé en décembre 1951 puis s'est étendu notamment :

- aux accidents de chasse (art. L421.8 C. assur.) ;
- aux dommages matériels au cours d'un accident automobile ;
- à tous les accidents résultant de la circulation sur le sol ;
- à l'indemnisation des risques technologiques non assurés (art. L421-17 C. assur.) ;
- en cas de défaillance de compagnies d'assurances obligatoires ;
- aux victimes d'actes de terrorisme, d'infractions pénales (FGTI) ;
- aux victimes de véhicules incendiés sous conditions de ressources (FGTI).

2 Le champ d'intervention

■ Le fonds n'intervient qu'à titre subsidiaire, **la victime devant rechercher, par priorité, l'indemnisation par d'autres voies** (exemple : un autre véhicule impliqué, même non fautif, et ceci même en l'absence de choc avec la victime).

■ Il n'est pas compétent pour les dommages causés intentionnellement par le responsable car le fonds n'intervient que pour des risques assurables.

3 Les conditions d'intervention du FGAO (art. R421.18 C. assur.)

A. Les conditions liées à l'implication et au lieu d'accident

■ Le FGAO n'intervient que si aucun assureur ne peut intervenir.

■ L'accident est le fait soit d'un véhicule terrestre à moteur tel que défini par la loi Badinter, soit d'une personne circulant sur le sol ou d'un animal domestique, dès lors que l'accident s'est déroulé dans un lieu ouvert à la circulation publique.

■ L'accident est survenu en France métropolitaine, dans les DOM (art. R421.1 C. assur.) ou dans un État appartenant à l'Union européenne qui comporte un bureau dont les pays de la communauté se portent garants (art. L421.11 C. assur.).

B. Les conditions liées aux dommages corporels

■ Le propriétaire du véhicule ou le tiers est identifié.

■ Le propriétaire du VTM n'est pas identifié ou a pris la fuite.

■ L'assureur du responsable est totalement ou partiellement non solvable.

■ Le fonds n'est tenu d'assumer que les indemnités dues aux victimes et il ne peut pas être condamné aux dépens qui ne sont pas dans son champ d'intervention.

> **À SAVOIR**
> Les dommages corporels sont pris en charge, sans limitation de somme, que le responsable soit connu ou inconnu. L'indemnisation est limitée à la victime et à ses ayants droit, à l'exclusion des tiers payeurs. Tous les préjudices sont indemnisés, qu'ils soient économiques ou personnels.

C. Les conditions pour les dommages matériels

■ **Le propriétaire du véhicule est identifié.** Les dommages matériels sont supportés par le FGAO à concurrence de 1 220 000 €. Toutefois, si les dommages matériels sont concomitants à des dommages corporels, le fonds les prend également en charge (art. R421.18 et R. 421-19 C. assur.).

■ **Le tiers, qu'il soit propriétaire du véhicule, piéton, cycliste ou propriétaire d'un animal, n'est pas identifié.** La victime doit avoir subi une atteinte corporelle, soit une hospitalisation d'au moins 7 jours suivie d'une ITT égale ou supérieure à 1 mois, ou d'un déficit fonctionnel d'au moins 10 % ou la victime est décédée (art. R421.18 C. assur.).

■ L'assureur du responsable est totalement ou partiellement non solvable.

4 Les exclusions du bénéfice du FGAO (art. R421.2 C. assur.)

■ Les dommages subis par le conducteur fautif.

■ Les dommages causés par un animal sauvage (depuis octobre 2010).

■ La victime est propriétaire, conjoint, ascendant ou descendant du propriétaire de l'animal ou du gardien de l'animal ou de la chose au moment de l'accident.

■ Les dommages subis par les voleurs et complices du vol du VTM, de l'objet ou de l'animal en cause et d'une manière générale, toutes les personnes transportées dans le véhicule ou sur l'animal sous conditions.

5 Cas où l'assureur décline sa garantie (art. R421.4 C. assur.)

■ L'assureur automobile peut décliner sa garantie dans les cas suivants :
- nullité du contrat (art. L113.8 C. assur.) ;
- suspension de la garantie (pour non-paiement de la prime notamment) ;
- suspension du contrat suite aliénation du véhicule ;
- non-assurance (exemple : véhicule non déclaré au contrat) ;
- assurance partielle opposable à la victime.

- L'assureur qui conteste sa garantie doit malgré tout faire une offre d'indemnisation :
  - il doit en aviser, sans délai et dans le même temps, le FGAO et la victime (ou ses ayants droit) et non son mandataire (exemple : assureur) par LRAR ;
  - il s'agit d'une condition substantielle. Il importe peu que le fonds ait été avisé avant la victime, c'est la simultanéité qui est la règle ;
  - le fonds dispose d'"n délai de contestation de 3 mois au-delà duquel il n'est plus fondé à contester le moyen invoqué ;
  - L'assureur qui a indemnisé les victimes avant que l'exception de garantie n'ait été entérinée par une décision de justice exécutoire n'a de recours que contre son assuré.

6 Le recours du FGAO

Après avoir indemnisé la victime ou ses ayants droit, le FGAO dispose d'un recours contre le responsable ou son garant pour les sommes qu'il a avancées.

7 Les conventions entre les assureurs et le FGAO

Les assureurs de la FFA et le FGAO ont signé une convention de règlement des litiges ainsi qu'une convention de règlement des sinistres matériels dont le but est de simplifier et d'accélérer la procédure de gestion.

8 L'alimentation du FGAO

Il est placé sous le contrôle du ministère de l'Économie, des Finances et de l'Industrie qui détermine le taux des contributions. Les fonds proviennent principalement de :
- financement par les assurés sur la cotisation d'assurance responsabilité civile automobile (1,2 %) et par les compagnies d'assurance (1 % des charges annuelles) ;
- majoration de 50 % au profit du fonds des amendes pénales imposées lorsque le conducteur n'est pas assuré ;
- recours auprès des conducteurs responsables identifiés mais non assurés une fois les victimes indemnisées. Le montant est majoré de 10 % ;
- majoration de 15 % des offres d'indemnisation considérées comme insuffisantes ;
- produits financiers issus des placements effectués par le fonds.

#info
Le fonds de garantie des victimes
foucherconnect.fr/23vassur09

Entraînement

L'assurance de dommages : biens et responsabilités – L'automobile

Vous travaillez au sein du service « Sinistres » de la SAA (Société d'assurances de l'Atlantique). Le dossier de Monsieur Nicolas MARTIN vous est confié.

LE DOSSIER

Monsieur Nicolas MARTIN déclare un accident de la circulation survenu le 30/03/2020 à 21 h 40.

Circonstances rappelées dans le PV :

Le véhicule A Renault Clio, appartenant à M. MARTIN, et conduit par lui, circule avec à son bord une passagère, Mme Sylvie BONNET, sur la route nationale 7 à hauteur de Roanne. Le véhicule B Citroën C25, appartenant à M. LE SAGE, et conduit par lui, circule sur ce même axe. Le véhicule A se déporte sur la voie de gauche et tente de revenir dans sa voie de circulation. Le conducteur du véhicule B l'apercevant devant lui, tente de l'éviter mais les deux véhicules se percutent de face, dans la voie de circulation du véhicule B.

Sociétés d'assurances

Clio : assuré auprès de la SAA sous le numéro 835 06571. La validité court du 01/01/2020 au 01/01/2021. Citroën : assuré « DTA » par MUTASS sous le numéro 34105512. La validité court du 04/08/2019 au 03/08/2020.

Conséquences corporelles

Trois blessés : dans le véhicule A : Nicolas MARTIN (conducteur) et Sylvie BONNET (passagère – 30 ans), cette dernière n'avait pas sa ceinture et dans le véhicule B :Pierre LEBLANC (passager).

Conséquences matérielles

Les deux véhicules sont hors d'usage et ont été évacués.

Dépistage de l'alcoolémie

Conducteur du véhicule A : le résultat du prélèvement sanguin révèle un taux de 2,89 g d'alcool par litre de sang. Conducteur du véhicule B : dépistage négatif.

Blessures Mme BONNET

Les lésions constatées et les soins donnés sont en relation directe et certaine avec l'accident : l'INCAPACITÉ TEMPORAIRE DE TRAVAIL a été TOTALE du 30 mars 2020 au 30 mai 2020 ; l'état est déclaré « consolidé » le 27 juillet 2020 ; l'INCAPACITÉ PERMANENTE PARTIELLE est de 2 % ; les SOUFFRANCES ENDURÉES sont évaluées à 3/7 ; le PRÉJUDICE ESTHÉTIQUE est de 1,5/7.

Le contrat

Effet le 20/01/2016
Renault Clio - Usage promenade et trajet travail.
Garantie DOMMAGES TOUT ACCIDENT
Franchise 500 € - CRM dernière échéance 0,80 au 01/01/2020. Le conducteur déclare qu'il n'a pas causé de sinistres depuis 24 mois ni subi de suspension de permis de conduire depuis 5 ans.
Les articles L113.8 et L113.9 figurent sur les conditions particulières au-dessus de la signature.

EXTRAITS DES CONDITIONS GÉNÉRALES
VOS GARANTIES
LA PROTECTION DE VOTRE VÉHICULE
3 - DOMMAGES TOUS ACCIDENTS
3.1 - OBJET DE LA GARANTIE (extrait)
Nous garantissons le véhicule assuré contre les dommages résultant :
- de la collision du véhicule assuré avec un ou plusieurs autres véhicules
NOUS NE GARANTISSONS PAS (outre les exclusions générales de votre contrat) :
Les dommages subis par le véhicule assuré lorsque le conducteur conduit sous l'empire d'un état alcoolique ou refuse de se soumettre à un dépistage d'alcoolémie.
LA PROTECTION DU CONDUCTEUR
4 - ACCIDENTS CORPORELS DU CONDUCTEUR
4.1 - OBJET DE LA GARANTIE (extrait)
Nous garantissons les atteintes corporelles et le décès consécutifs à un accident de la circulation dont l'assuré est responsable ou non.
NOUS NE GARANTISSONS PAS (outre les exclusions générales de votre contrat) :
Les dommages survenus lorsque l'assuré a, au moment de l'accident, conduit le véhicule assuré en état d'imprégnation alcoolique ou sous l'emprise de stupéfiants.

Direction SAA - Maîtrise des risques AUTOMOBILE

Règles de sélection (extrait) RÈGLES ACCEPTATION DU CONDUCTEUR PRINCIPAL Quels que soient l'âge et l'ancienneté du permis, si annulation ou suspension de permis de plus de 3 mois pour alcool dans les 5 dernières années : REFUS D'ASSURER
Extrait du JUGEMENT DU TRIBUNAL DE GRANDE INSTANCE DE NANTES
À l'audience publique du vendredi 5 mai 2015 à 10 h 15 tenue en matière correctionnelle par Mme LETARD, statuant à juge unique, conformément aux dispositions de l'article 398 alinéa 3 du Code de procédure pénale, a été appelé : Monsieur Nicolas MARTIN, né le 13 avril 1979 jamais condamné ; libre, comparant ; prévenu de : CONDUITE SOUS L'EMPIRE D'UN ÉTAT ALCOOLIQUE.
PAR CES MOTIFS : condamne Nicolas MARTIN à la peine de 15 jours d'emprisonnement avec sursis ; prononce la suspension du permis de conduire de Monsieur Nicolas MARTIN pour une durée de 6 mois.

PREMIER TRAVAIL

Vous vous situez avant d'avoir reçu le jugement du 5 mai 2015. Le véhicule de Nicolas MARTIN est hors d'usage. Quelle décision pouvez-vous prendre quant à la prise en charge des dommages matériels ? Justifiez votre réponse. Il a été blessé dans l'accident. Intervenez-vous pour ses préjudices corporels ?

DEUXIÈME TRAVAIL

À la réception de la copie du jugement condamnant votre assuré à une suspension de permis de 6 mois pour conduite sous l'empire d'un état alcoolique, quelle position pouvez-vous prendre ?

TROISIÈME TRAVAIL

Étudiez, dans le cadre de la loi du 5 juillet 1985, le droit à indemnisation de la passagère de la Clio, Sylvie BONNET.

#corrigé
Corrigé de l'entraînement partie 2.1
foucherconnect.fr/23vassur54

Fiche 21

L'INCENDIE

La garantie de base et ses extensions

L'assurance contre l'incendie est une des premières assurances de dommages mise au point. Elle sert de fondement à tous les contrats commercialisés actuellement et s'est vue adjoindre au fil du temps des garanties annexes et surtout des extensions légales obligatoires. Seules les sociétés d'assurances soumises au Code des assurances peuvent être agréées pour pratiquer ces catégories d'assurances.

1 Les événements garantis, le risque de base

FOCUS

La garantie incendie

• Conditions de la garantie

L'assureur contre l'incendie répond de tous dommages causés par conflagration, embrasement ou simple combustion. La conflagration est l'embrasement généralisé des biens, l'embrasement représentant la détérioration d'un objet par les flammes. L'incendie est une combustion avec flammes en dehors d'un foyer normal.

Sont couverts l'incendie ou le « commencement » d'incendie (pouvant devenir un incendie véritable).

• Exclusion

L'assureur ne répond pas, sauf convention contraire, des dommages occasionnés par la seule action de la chaleur ou par le contact direct et immédiat du feu ou d'une substance incandescente s'il n'y a eu ni incendie, ni commencement d'incendie susceptible de dégénérer en incendie véritable (art. L122.1 C. assur.).

La définition implique les exclusions concernant les **dommages** :
- subis par un objet tombé dans un foyer normal ;
- résultant de la seule action de la chaleur ;
- résultant de simples brûlures sans qu'il y ait flammes (exemple : cigarette, fer à repasser, etc.) ;
- dus à un dégagement de fumée sans incendie ;
- provoqués par la combustion lente (combustion des métaux ou fermentation).

2 Les extensions accordées sans surprime

Sont pris en charge de façon automatique suite à un incendie :
- les **dommages causés aux biens assurés par les secours et les mesures de sauvetage** (art. L122.3 C. assur.), tels que le bris de la porte, la recharge d'extincteur, les dommages causés par l'eau pour éteindre le feu ;
- la **perte** ou la **disparition des objets assurés** pendant l'incendie, sauf vol prouvé par l'assureur (art. L122.4 C. assur.) ;
- les **dommages liés à la fumée** consécutive à l'incendie.

3 Les extensions facultatives

Ces garanties sont intégrées dans toutes les multirisques.

A. La foudre

■ L'**objet** : sont pris en charge les dommages causés par les effets de la chute directe de la foudre sur les biens assurés.

■ Les **conditions de garantie** portent sur les mêmes conditions que la garantie incendie sur laquelle elle se rattache (montants ou plafonds, franchise, biens).

■ Les **exclusions** concernent les dommages causés par la surtension provoquée par la foudre sur les installations et les appareils électriques restés branchés. Ils sont considérés comme des dommages indirects.

B. Les explosions et implosions

■ L'**objet** : la garantie est définie par la prise en charge des conséquences d'une action subite et violente de la pression ou de la dépression de gaz ou de vapeurs. Cette définition englobe toutes les formes d'explosion, qu'il s'agisse de gaz canalisés, en tubes, en bouteilles, de matières explosives. Sont également couverts les « coups d'eau » des appareils à vapeur.

■ Les **conditions de garantie** portent sur les mêmes conditions que la garantie incendie sur laquelle elle se rattache (montants ou plafonds, franchise, biens).

■ Les **exclusions** : sont exclus les dommages subis par les machines d'où provient l'explosion ou l'implosion.

C. La garantie tempête - grêle - neige (TGN)

■ **La tempête** : c'est devenu une extension légale obligatoire (se reporter à la fiche 23).

■ **La chute de la grêle** : elle permet de prendre en charge les conséquences de l'action mécanique des grêlons sur les toitures, voire sur l'ensemble des bâtiments. Les vitrages sont pris en charge au titre de la garantie bris de glace.

■ **Le poids de la neige** : sont pris en charge les dommages consécutifs à un effondrement partiel ou total de la toiture du fait du poids de la neige accumulée.

■ **Les dommages de mouille** : il s'agit d'une extension qui permet de prendre en charge les conséquences de l'infiltration de l'eau à l'intérieur du bâtiment dont la toiture a été endommagée par le vent, la grêle ou la neige. La garantie est accordée pour les infiltrations pendant une période allant jusqu'à 48 heures ou 72 heures selon l'assureur. La prise en charge est conditionnée à la mise en place de mesure de sauvegarde par l'assuré.

D. Les dommages électriques

■ L'**objet** : sont garantis tous les dommages d'ordre électrique atteignant les matériels électriques ou électroniques, y compris les frais de transport et d'installation du matériel endommagé ou du matériel de remplacement consécutifs à :
- un incendie ou une explosion prenant naissance à l'intérieur des objets garantis ;
- la chute de la foudre ou l'influence de l'électricité atmosphérique ou canalisée ;
- tout incident électrique quelconque tel que le court-circuit.

- Les **biens assurés** : tous les biens électriques ou électroniques, les canalisations électriques non enterrées.
- Les **exclusions** :
  - ne sont pas pris en charge les dommages subis par les fusibles, les résistances chauffantes, les lampes et tubes de toute nature et qui sont la conséquence directe de l'usure ou d'un dysfonctionnement, à moins qu'ils ne soient causés par l'incendie ou l'explosion d'un objet voisin ;
  - sont souvent exclus les appareils de plus de 10 ans d'âge ;
  - la plupart des biens professionnels peuvent être couverts par un contrat bris de machine.
- La **prise en charge** : la garantie est assortie d'une franchise et d'un abattement pour vétusté.

E. Les dommages ménagers

- Cette garantie tend à disparaître de la plupart des contrats sur le marché.
- L'**objet** : réservée aux particuliers, cette garantie couvre les dommages de brûlures résultant de la seule action de la chaleur, du contact du feu ou d'une substance incandescente qui ne génère pas de flammes donc qui ne peut pas être couverte au titre de la garantie de base.
- Les **exclusions** : ne sont pas prises en charge les brûlures de cigarettes.
- La **prise en charge** : l'assureur prévoit un abattement pour vétusté et souvent une franchise. Il est important de récupérer l'objet endommagé.

F. Le choc d'un véhicule terrestre à moteur ou CVTM

- L'**objet** : l'assureur garantit les dommages matériels directs causés aux biens assurés par le choc d'un véhicule terrestre à moteur identifié n'appartenant pas à l'assuré et conduit par une personne autre que l'assuré ou dont ce dernier répond. Certains assureurs prennent en charge contractuellement les dommages lorsque le véhicule n'est pas identifié.
- La prise en charge : l'assureur indemnise contractuellement et ceci dans la limite de la couverture incendie, et effectue un recours auprès de l'auteur ou de son assureur :
  - **recours subrogatoire** (art. L121.12 C. assur.) pour les sommes effectivement réglées ;
  - **recours pour le compte de l'assuré** au titre de la garantie recours ou protection juridique, pour les montants non indemnisés, tels que la franchise, un abattement pour règle proportionnelle de capitaux, un plafond de garantie.
- La convention « abandon de recours » interdit à l'assureur d'opérer une action récursoire pour les postes suivants : valeur à neuf, pertes indirectes, honoraires d'expert.

G. La chute d'un appareil aérien

La garantie couvre les dommages directs causés aux biens garantis dus à la chute ou au choc d'un appareil de navigation aérienne, d'engins spatiaux, des objets tombant de ceux-ci. Ne sont pas concernés les dommages causés par les météorites ou corps stellaires.

H. Le franchissement du mur du son

Cette garantie, abandonnée maintenant, prenait en charge les conséquences du franchissement du mur du son.

4 Les exclusions

A. Les exclusions absolues ou légales

- Les dommages corporels qui relèvent de l'assurance responsabilité civile ou de personnes (garantie des accidents de la vie, par exemple).

- Les dommages causés intentionnellement par l'assuré ou avec sa complicité et non par les personnes dont il répond, sauf si cette personne a aussi la qualité d'assuré (art. L113.1 C. assur.).

- Les amendes qui sont une condamnation pénale.

- Les dommages d'origine nucléaire ou atomique.

B. Les exclusions conventionnelles

- Les dommages ne pouvant être considérés comme provenant d'un événement ne répondant pas à la définition de l'incendie (brûlures, excès de chaleur...).

- Les dommages causés par la guerre étrangère ou la guerre civile (art. L121.8 C. assur.). L'assuré doit prouver pour la prise en charge de ses dommages que le sinistre ne résulte pas de la guerre étrangère ; par opposé, c'est à l'assureur de prouver que les dommages sont consécutifs à la guerre civile pour s'exonérer du paiement.

- Les autres exclusions :
  - les dommages causés par les émeutes, les mouvements populaires.
  - les terrains, pelouses, arbres et plantations.
  - les espèces monnayées, les titres et les billets de banque.
  - les véhicules terrestres à moteur et leurs remorques (garantis par contrat automobile).
  - les vols d'objets assurés pendant l'incendie (art. L122.4 C. assur.).
  - les sources de rayonnements ionisants, utilisés notamment dans les centres de radiologie.
  - le vice propre de la chose (art. L122-5 C. assur.).
  - les dommages d'ordre électrique.
  - les dommages aux canalisations enterrées.
  - les clôtures.
  - les crevasses et fissures.

À SAVOIR

Ces exclusions peuvent être rachetables moyennant cotisation complémentaire.

Les extensions légales obligatoires

Le législateur a imposé un certain nombre d'extensions qui sont prévues d'office en complément d'une garantie dommages existants. Elles ont toutes pour but la protection de l'assuré, face aux événements dramatiques survenus depuis une trentaine d'années.

1 La garantie attentats (art. L126.2 C. assur.)

A. La garantie

LA LOI

La loi du 9 septembre 1986 modifiée en 2006 prévoit que « *les contrats d'assurance de biens ne peuvent exclure la garantie de l'assureur pour les dommages résultant d'actes de terrorisme ou d'attentats commis sur le territoire national. Toute clause contraire est réputée non écrite* ».

En outre, si l'assuré est couvert contre les pertes d'exploitation, cette garantie est étendue aux **dommages causés par les attentats et les actes de terrorisme**, dans les conditions prévues au contrat.

B. Les extensions

Contractuellement, les assureurs assimilent aux dommages d'attentats les conséquences de grèves, d'émeutes et de mouvements populaires, bien que ces derniers n'entrent pas dans le champ de la loi du 9 septembre 1986.

C. Le montant de la garantie (art. R126.2 C. assur.)

- Les dommages causés par les attentats sont couverts **dans les mêmes conditions que la garantie de l'événement qu'ils ont provoqué** (incendie, explosion, dommages accidents), à concurrence des mêmes capitaux assurés, avec application le cas échéant d'une franchise et de la règle proportionnelle de capitaux.
- Le montant de la franchise, pour les dommages résultant d'actes de terrorisme ou d'attentats, ne peut pas être supérieur au double de celui prévu par le contrat au titre de la garantie incendie.

D. Le fonctionnement

- Le **groupement d'assurance et de réassurance des risques attentats et de terrorisme (GAREAT)** a été créé le 1er janvier 2002, à la suite des attentats du 11 septembre 2001. Il regroupe notamment l'État et les adhérents à la FFA.

#info
Le GAREAT
foucherconnect.fr/23vassur10

- Il a été mis en place pour gérer la réassurance des risques attentats et actes de terrorisme au nom et pour le compte de ses adhérents, afin de leur permettre de **faire face aux pertes causées par des sinistres dommages**, consécutifs à des attentats ou actes de terrorisme subis sur le territoire français, indépendamment du pays où a eu lieu l'acte de terrorisme.

■ Depuis 2010, le GAREAT se compose de deux sections : les grands risques, dont les capitaux assurés s'élèvent à 20 millions d'euros et plus ; les risques petits et moyens, dont les capitaux assurés sont inférieurs à 20 millions d'euros.

E. Les dommages corporels (art. L126.1 L422.2 à L422.3 C. assur.)

La réparation intégrale des dommages résultant d'une atteinte à la personne, sur le territoire français, quelle que soit sa nationalité, ou à l'étranger si elle est de nationalité française, est assurée par l'intermédiaire du **fonds de garantie des victimes des actes de terrorisme et d'autres infractions (FGTI)**.

#info
Le FGTI
foucherconnect.fr/23vassur11

1. Les exclusions

La faute de la victime peut lui enlever tout droit à indemnisation.

2. Les dommages pris en charge

■ Le fonds de garantie indemnise intégralement les **dommages corporels des victimes blessées** ainsi que les **préjudices moraux et économiques des ayants droit des victimes décédées**. Le **préjudice psychologique spécifique des victimes du terrorisme (PSVT)** est aussi pris en charge.

■ Le fonds tient compte des prestations versées par les organismes sociaux, publics ou privés. Accessoirement, les dommages vestimentaires peuvent être remboursés sur justificatifs dans une certaine limite. Les dommages aux biens ne sont pas pris en charge par le FGTI, mais par les contrats d'assurance couvrant les biens endommagés.

3. Les délais d'indemnisation

Le fonds doit verser une ou plusieurs provisions dans un délai de 1 mois à compter de la réclamation. Il doit par ailleurs présenter une offre d'indemnisation dans le délai de 3 mois à compter de la réception des justificatifs. En cas de refus, la victime peut saisir les tribunaux. Les victimes ou leurs ayants droit ont un délai de 10 ans pour constituer un dossier de réclamation. En cas de non-respect des délais ou d'offre manifestement insuffisante, l'assureur peut se voir infliger des pénalités financières.

4. L'alimentation du fonds

Elle se fait forfaitairement sous la forme d'une **contribution sur chaque contrat d'assurance** (5,90 euros par contrat depuis 2017).

2 La garantie tempête - ouragan - cyclone

A. La garantie (art. L122.7 C. assur.)

■ Sont garantis tous les dommages : causés aux biens assurés directement par le vent ; causés par le choc d'un corps renversé ou projeté par le vent.

■ Sont définis comme tempêtes, des **vents**, dont la vitesse atteint une **intensité exceptionnelle** (en principe supérieure à 100 km/h) et qui détruisent ou endommagent à proximité un certain nombre de bâtiments en bon état.

■ En l'absence de dommages à des bâtiments avoisinants, une attestation de vitesse du vent est demandée à la station météorologique la plus proche.

LA LOI

La loi du 25 juin 1990 prévoit que « *les contrats d'assurance garantissant les dommages d'incendie ou tous autres dommages à des biens situés en France, ainsi que les dommages aux véhicules terrestres à moteur, ouvrent droit à la garantie de l'assuré contre les effets du vent dû aux tempêtes, ouragans et cyclones, sur les biens faisant l'objet de tels contrats, sauf en ce qui concerne les effets du vent dû à un événement cyclonique pour lequel les vents maximaux de surface enregistrés ou estimés sur la zone sinistrée ont atteint ou dépassé 145 km/h en moyenne sur 10 minutes ou 215 km/h en rafales, qui relèvent des dispositions des catastrophes naturelles* ».

B. L'étendue de la garantie légale

Elle s'exerce dans les limites des capitaux assurés, éventuellement en valeur à neuf si l'extension est prévue au contrat. La franchise incendie s'applique également à la garantie effets du vent, sauf dans le cas d'une franchise spécifique prévue contractuellement au titre de la garantie tempête.

C. L'extension : les dommages de mouille

Sont pris en charge les dommages consécutifs à un événement garanti par la tempête. Il s'agit des dégâts causés essentiellement par l'eau, survenus immédiatement et donc inévitables. L'assuré doit toutefois prendre, dans les meilleurs délais, toutes les mesures conservatoires de nature à limiter ces dommages (bâchage de la toiture par exemple). Il s'agit d'une **obligation rappelée dans les conditions générales** de son contrat.

D. Les exclusions

■ Les dommages causés par l'action du vent sur les constructions (et leur contenu) non ancrées selon les règles de l'art dans les fondations, soubassements de maçonnerie.

■ Les dommages aux parties vitrées (garantie bris de glace). En revanche, les parties en matières plastiques, posées en respectant les règles de l'art, sont garanties.

■ Les dommages résultant d'un défaut d'entretien ou de réparation caractérisé, sauf cas de force majeure.

■ Les biens entreposés à l'extérieur des bâtiments.

3 Les catastrophes naturelles (art.L 125.1 à L125.6 C. assur.)

A. La garantie

La loi du 13 juillet 1982 oblige de prévoir l'extension aux dommages causés par les catastrophes naturelles. Sont concernées **toutes les assurances de dommages aux biens** souscrites par des personnes physiques ou morales, hormis l'État (incendie, vol, dégât des eaux, bris de glaces, bris de machines, dommages au véhicule, perte d'exploitation). Dans la mesure où il s'agit d'une extension, cette garantie ne peut pas se prévoir seule, en option.

B. Les événements garantis

■ Sont considérés comme les effets des catastrophes naturelles, les dommages matériels directs **non assurables** ayant eu pour cause déterminante l'intensité anormale d'un agent naturel, lorsque les mesures habituelles à prendre pour prévenir ces dommages n'ont pu empêcher leur survenance ou n'ont pu être prises : inondation, avalanche, glissement de terrain, tremblement de terre, et même la sécheresse dont la sinistralité croissante remet en cause la notion d'aléa, etc. (art. A125.1 C. assur.).

■ La garantie est étendue au coût des études géotechniques nécessaires avant reconstruction (art. L125.4 C. assur.).

■ La loi du 27 février 2002 relative à la démocratie de proximité a prévu dans son titre VI article 4 l'extension obligatoire aux affaissements de terrains dus à des cavités souterraines et à des marnières.

■ La loi du 28 décembre 2021 confirmée par décret du 30 décembre 2022 a modifié le périmètre de la garantie catastrophes naturelles en indiquant qu'elle doit couvrir deux nouveaux postes : les frais de relogement, acquis pour les biens à usage de résidence principale, dans la limite de 3 mois ; les frais d'architecte et de maîtrise d'ouvrage.

C. La territorialité

Elle concerne les biens en France métropolitaine, dans les DOM et à Saint-Pierre et Miquelon.

D. Les exclusions (art. L125.5 C. assur.)

■ Les dommages causés aux récoltes non engrangées, aux cultures, aux sols et au cheptel vif hors bâtiment, dont l'indemnisation reste régie par le fonds de garantie contre les calamités agricoles.

■ Les dommages subis par les corps de véhicules aériens, maritimes, lacustres et fluviaux, ainsi que les marchandises transportées.

E. La cotisation (art. A125.2 C. assur.)

Elle se présente sous la forme d'une cotisation additionnelle fixée par l'État et dépend des garanties à laquelle elle se rapporte (12 % pour la plupart des contrats). Elle est soumise à une taxe de 9 % comme toute assurance. L'assureur a la possibilité de choisir sa quote-part dans l'intervention de sa prise en charge en faisant appel à la réassurance et/ou à l'intervention du réassureur public.

À SAVOIR

La cotisation est donc identique quel que soit le risque, ce qui évite toute antisélection et permet de mutualiser les cotisations sur tout le territoire français.

F. La mise en jeu de la garantie

L'état de **catastrophe naturelle** doit être constaté par les pouvoirs publics dans un **arrêté publié au *Journal officiel***. L'assuré dispose alors d'un délai de 10 jours pour déclarer le sinistre à son assureur. L'assureur a de son côté un délai de 3 mois pour intervenir à compter de la présentation de la réclamation. Les sinistres sont réglés dans la limite de la garantie principale à laquelle la garantie est rattachée, après application des franchises légales prévues (art. A125.1 C. assur.).

G. La franchise légale obligatoire ou découvert obligatoire

■ Les franchises applicables depuis le 1er janvier 2002 sont les suivantes :
- tous dommages autres que ceux dus à la sécheresse pour les biens à usage d'habitation, les véhicules terrestres à moteur quels que soient l'usage et les autres biens à usage non professionnel : 380 € ;
- les dommages dus à la sécheresse pour les biens à usage d'habitation, les véhicules terrestres à moteur quels que soit l'usage et les autres biens à usage non professionnel : 1 520 € ;
- tous dommages autres que ceux dus à la sécheresse pour les biens à usage professionnel : 10 % du montant des dommages matériels directs, par établissement et par événement avec un minimum de 1 140 € ;
- les dommages dus à la sécheresse pour les biens à usage professionnel : 3 050 € ;
- tous dommages autres que ceux dus à la sécheresse pour les pertes d'exploitation : 3 jours ouvrés d'interruption ou de réduction d'activité.

> **INFO** Ces nouvelles dispositions sont applicables pour tout arrêté publié après le 1er janvier 2001.

■ Pour les communes non dotées d'un plan de prévention des risques naturels prévisibles, la franchise en fonction du nombre d'arrêtés pris pour le même risque depuis le 2 février 1995 est la suivante :
- 1er et 2e arrêtés : une fois la franchise ;
- 3e arrêté : deux fois la franchise ;
- 4e arrêté : trois fois la franchise ;
- 5e arrêté et suivants : quatre fois la franchise.

H. Le refus d'assurance (art. L125.6 C. assur.)

Le prospect qui se voit refuser la souscription d'un contrat pour des biens doit choisir un assureur et se retourner vers le **Bureau central de tarification** qui fixera les modalités d'une garantie socle, ce qui permettra l'extension aux catastrophes naturelles (www.bureaucentraldetarification.com.fr).

4 La garantie des catastrophes technologiques (art. L128.1 à L128.4 C. assur.)

Mise en place après l'explosion survenue dans l'usine AZF le 21 septembre 2001, la loi du 30 juillet 2003, dite loi Bachelot, permet d'améliorer la prévention des catastrophes industrielles et leur indemnisation.

A. La garantie

■ Tous les contrats d'assurance couvrant des **biens à usage d'habitation** (et non professionnels ou d'entreprise) ou placés dans des locaux à usage d'habitation ouvrent désormais droit à l'**indemnisation de dommages matériels** résultant de **catastrophes technologiques**.

■ Il s'agit d'un accident (non nucléaire) survenant soit dans une installation classée (soumise à déclaration ou à autorisation et les sites Seveso), soit dans un stockage souterrain de produits dangereux, soit à l'occasion d'un transport de matières dangereuses et ayant occasionné des dommages à un grand nombre de biens immobiliers.

B. La prise en charge

■ La garantie peut être déclenchée **si l'accident rend inhabitable au moins 500 logements** et qu'un **arrêté de catastrophe technologique** est publié au *Journal officiel* dans les 15 jours qui suivent l'événement. L'assuré doit déclarer le sinistre au plus tôt et respecter dans tous les cas le délai indiqué dans le contrat. L'expertise est obligatoire lorsque le montant des dommages est compris entre 2 000 et 100 000 €. Au-delà de 100 000 €, elle est contradictoire entre les assureurs DAB et RC de l'entreprise mise en cause.

■ Si les dommages immobiliers sont intégralement indemnisés, les dommages mobiliers le sont dans la limite des valeurs assurées, sans application de franchise et de vétusté. L'indemnité doit être versée dans le délai de 3 mois qui suit la remise de l'état des pertes ou de la date de publication de l'arrêté si cette date est postérieure. L'assureur bénéficie d'un droit à recours subrogatoire contre le responsable.

C. La prévention

L'État doit élaborer des **plans de prévention des risques technologiques (PPRT)** qui délimitent les zones dans lesquelles les constructions nouvelles ou l'extension des constructions existantes sont interdites ou subordonnées au respect de règles de construction relatives au risque technologique. De plus, les vendeurs et bailleurs ont une obligation d'information des acquéreurs et locataires de biens immobiliers sur l'existence de risques technologiques et de sinistres déjà survenus sur les biens.

D. En l'absence d'assurance

Le FGAO indemnise, dans la limite de 100 000 €, les dommages immobiliers causés aux habitations principales non couvertes par un contrat.

Fiche 23

L'INCENDIE

Les dommages aux biens

La garantie incendie, et ses risques annexes, est une assurance de dommages qui répond au principe indemnitaire. Elle permet de prendre en charge les dommages subis par les biens définis contractuellement.

1 Les biens immobiliers

A. Définition

Les caractéristiques des biens ainsi que la situation du(des) risque(s) sont reprises dans les **conditions générales**, voire les **conditions particulières**. Cela concerne les bâtiments, annexes, dépendances, aménagements qui ne peuvent pas être détachés des murs sans être détériorés ou sans détériorer le support, les caves et fondations, les canalisations encastrées alors que les canalisations enterrées sont exclues. Les murs de clôture ou de soutènement sont souvent exclus, sauf s'ils sont attenants à l'immeuble.

REMARQUE

En présence d'aménagements effectués par le locataire, il est important de connaître les termes du bail afin d'adapter le contrat d'assurance et d'éviter tout risque d'insuffisance de garantie.

B. Les cas spéciaux

1. L'immeuble en copropriété

■ Chaque copropriétaire est propriétaire de son lot, composé de la **partie privative** et de **millièmes des parties communes** (murs, toitures, escaliers, couloirs, fondations, etc.). L'ensemble des copropriétaires est représenté par un **syndicat des copropriétaires** qui désigne un syndic qui est professionnel ou bénévole, pour les toutes petites structures.

■ L'assurance de biens en copropriété peut être souscrite par le copropriétaire lui-même qui doit couvrir sa **partie privative**, sa **quote-part dans les parties communes** ainsi que **toutes les responsabilités**. En cas de survenance de sinistre touchant les biens immobiliers, tous les assureurs interviendront individuellement en fonction des millièmes de chaque copropriétaire, d'où une gestion relativement lourde. Cette pratique est à déconseiller et ne se fait que dans les immeubles ayant très peu de lots.

■ En général, le syndic souscrit un **contrat global pour l'ensemble des lot**s au profit de tous les copropriétaires. Ces derniers n'ont alors qu'à garantir leurs biens mobiliers personnels et leur responsabilité à l'égard des voisins et des tiers. Depuis la loi ALUR, **chaque copropriétaire doit garantir ses responsabilités** que le lot soit occupé ou vacant. Par ailleurs, une couverture plus élargie de chaque copropriétaire risquerait de jouer un rôle cumulatif en cas de multirisque immeuble souscrite par le syndic, mais peut s'avérer un complément face à une défaillance de ce syndic ou une insuffisance de garantie.

2. L'immeuble en indivision

Dans ce cas, plusieurs personnes sont propriétaires d'un bâtiment et elles ont l'obligation d'en conserver la substance en se comportant en « bon père de famille ». L'indivision est souvent une conséquence d'un décès, les biens appartenant à l'ensemble des héritiers, ou fait suite à une acquisition par plusieurs. Il est préférable de n'établir qu'un **seul contrat** pour l'ensemble du bien.

3. L'immeuble en usufruit ou en viager : article 600 et suivants du Code civil

- L'usufruit est très courant en France, notamment suite au décès d'un conjoint. Il est réglementé par l'article 578 du Code civil qui précise notamment que « l'usufruitier qui a la jouissance des biens est responsable du nu-propriétaire, propriétaire des murs, de la perte de la chose, sauf à prouver que la chose a péri par cas fortuit ». La valeur du bien qui revient à l'usufruitier s'accroît dans le temps. **L'usufruitier devient totalement propriétaire au décès du nu-propriétaire.** Il en est de même pour le **viager** (art. 168 à 1983 du Code civil). Chacune des parties a, elle aussi, l'obligation de maintenir en l'état le bien.

- Il est possible de prévoir pour chacune des situations **un seul contrat garantissant les deux parties**. En cas de sinistre, l'assureur est dégagé contre la signature d'une quittance commune. À défaut, il peut déposer les indemnités auprès de la Caisse des dépôts et consignations pour se libérer de son obligation.

- Il est aussi possible d'établir **deux contrats**. L'assureur du nu-propriétaire peut exercer un recours contre l'assureur de l'usufruitier au titre de la garantie « recours des voisins et des tiers ».

4. L'immeuble construit sur le terrain d'autrui

Il est important de rédiger une clause au contrat mentionnant les engagements des différentes parties à la fin de la convention d'occupation. L'immeuble sera-t-il reconstruit en cas de destruction ? Dans la négative, il convient de désintéresser le propriétaire du terrain qui serait lésé.

LA LOI

Article 555 du Code civil

« Lorsque les plantations, constructions et ouvrages ont été faits par un tiers et avec des matériaux appartenant à ce dernier, le propriétaire du fonds a le droit, sous réserve des dispositions de l'alinéa 4, soit d'en conserver la propriété, soit d'obliger le tiers à les enlever. »

5. L'immeuble en construction

- L'entreprise de construction est **responsable d'un éventuel incendie** qui détruirait l'immeuble avant la réception, même si l'ouvrage est détruit par cas fortuit ou de force majeure. Le maître d'ouvrage peut en revanche, dès le début des travaux, souscrire une assurance pour couvrir le bâtiment en cours de construction, ce qui le protège en cas d'insuffisance ou de non-assurance du constructeur.

- La garantie est souvent limitée à l'incendie – la foudre, ce qui entraîne les extensions légales obligatoires, à laquelle se rajoute la responsabilité vis-à-vis des voisins et des tiers. De nombreux assureurs prévoient par ailleurs la gratuité d'assurance pour une période maximale de 6 mois.

6. Les immeubles destinés à être démolis suite à une expropriation

L'assuré perçoit uniquement l'indemnité d'expropriation prévue. Par exemple, un assuré qui a reçu un avis d'expropriation de la mairie ne peut pas reconstruire son bien endommagé par un incendie. Il perçoit donc l'indemnité qui lui était allouée par la collectivité.

7. Les biens hypothéqués

L'article L121-3 du Code des assurances dispose que les créanciers sont prioritaires sur toute indemnisation revenant à l'assuré.

C. Les valeurs garanties

■ L'indemnisation se fait dans la limite de la valeur garantie et dans la limite de la valeur du bien.

■ La **valeur économique ou valeur d'usage** : pour répondre au principe indemnitaire, c'est la valeur de reconstruction au jour du sinistre, vétusté déduite. La valeur de terrain est exclue du contrat, ce qui implique que les assureurs ne prennent pas en charge sur la base de la valeur vénale.

■ La **valeur de reconstruction à neuf** : afin de pallier la difficulté de l'assuré qui ne pourrait financièrement faire face à un abattement pour la vétusté, les assureurs ont prévu l'extension « valeur de reconstruction à neuf » sous conditions cumulatives : l'assuré doit reconstruire, sauf cas de force majeure, **dans les 2 ans à compter du sinistre**, au même endroit, et pour un usage identique (un commerce ne peut pas remplacer une habitation, par exemple). L'indemnité se fait alors en deux temps :
- **indemnité immédiate** qui correspond à la valeur de reconstruction à neuf, vétusté déduite ;
- **indemnité différée**, sur présentation des factures, qui prend en charge dans la limite, généralement de 25 %, l'abattement retenu pour la vétusté.

■ La **valeur d'usage identique** : le bâtiment est reconstruit avec les mêmes caractéristiques, mais avec des matériaux courants.

■ La **valeur agréée** : le propriétaire a fait évaluer ses biens par un expert. Cette valeur déclarée à l'assureur servira de base pour l'indemnisation d'un éventuel sinistre. L'expertise doit être renouvelée selon les conditions prévues au contrat.

2 Les dommages aux biens mobiliers

A. Définition

■ Les biens mobiliers, qui peuvent donc être déplacés, sont eux aussi définis aux **conditions générales** du contrat et sont garantis dans la **limite du plafond prévu aux conditions particulières**.

■ Le **mobilier personnel** : il s'agit des meubles meublant, appareils ménagers, électriques ou électroniques, vêtements, objets de décoration, objets de valeur et espèces ainsi que les animaux domestiques, appartenant à l'assuré, à ses employés ou à toute personne se trouvant ou résidant dans les locaux de l'assuré et non utilisés à titre professionnel.

■ Le **mobilier professionnel** concerne les meubles meublant à usage professionnel, le matériel de bureau et de bureautique, les archives, le contenu des logements de fonction appartenant à l'entreprise. Le mobilier professionnel se trouvant dans un local non professionnel est garanti par une clause d'extension au contrat habitation ou par une clause spécifique au contrat professionnel.

■ Le **matériel** : il s'agit de l'ensemble des biens utilisés au fonctionnement de l'entreprise, soit les outils, les machines, appareils ou matériels électriques, informatique ou autres permettant de fabriquer, stocker ou vendre des marchandises, ou gérer l'entreprise, le mobilier d'exploitation.

■ Les **marchandises** doivent correspondre à l'activité déclarée par l'assuré et dans les lieux désignés au contrat. Elles sont garanties **dans la limite prévue au contrat** et concernent :

- des matières premières qui sont garanties dans la limite de leur coût d'achat, y compris les frais d'approvisionnement ;
- des produits en cours de transformation qui sont garantis dans la limite du coût d'achat des matières premières ou du produit à transformer, ajoutés des frais de transport et correspondant aux frais généraux déjà exposés, nécessaires à la fabrication ;
- des produits finis qui sont soit les produits fabriqués par l'entreprise et la valeur à garantir correspond au coût d'achat des matières premières ajoutés des frais de transport et des frais généraux exposés, soit les produits revendus et la valeur à garantir correspond au prix de revient ;
- des approvisionnements ;
- des emballages ;
- des marchandises dans la chambre froide, pouvant avoir une garantie spécifique.

À SAVOIR

En aucun cas et quelle que soit la garantie, l'assuré ne peut demander la prise en charge de la perte de bénéfice au titre de la garantie dommages. Celle-ci peut être prise en charge par la garantie pertes d'exploitation.

B. Les valeurs garanties

Les assureurs disposent de plusieurs plafonds d'indemnisation pour les biens mobiliers.
La garantie figure au contrat (conditions générales, particulières ou tableau de garanties).

1. L'évaluation des biens

■ L'assuré doit **déclarer la valeur des biens à garantir sous peine de sanctions** qui peuvent être lourdes pour lui, l'assureur pouvant en effet appliquer la règle proportionnelle de capitaux en cas de sous-assurance. Il est par ailleurs souvent demandé de différencier les marchandises du matériel et des embellissements à sa charge, tâche plus difficile encore.

■ Certaines activités ont des stocks fluctuants, ce qui rend plus difficile cette évaluation ; aussi les assureurs tolèrent-ils une marge d'augmentation du stock en fonction de l'activité (fournitures scolaires pour la rentrée des classes, chocolats et spiritueux pour les fêtes de fin d'année...). Chaque profession a donc une spécificité que l'assureur essaye de prévoir par une **clause contractuelle**.

2. La valeur agréée suite à l'estimation préalable d'un expert

■ Afin d'éviter principalement la sous-assurance, il est parfois indispensable à l'assuré de faire expertiser ses biens, ce qui lui permet de disposer d'une **valeur de référence** destinée à l'assureur. L'expert doit être agréé auprès des compagnies d'assurances.

■ En contrepartie de l'effort financier effectué par l'assuré et surtout de la déclaration d'un bien à sa juste valeur, vétusté précisée, l'assureur pratique une **réduction de 10 %** sur le tarif. Il peut aussi prévoir l'**abrogation de la règle proportionnelle de capitaux**.

■ Cette expertise doit être renouvelée régulièrement, en général tous les 5 ans, afin d'actualiser les capitaux. Entre-temps, l'assuré doit déclarer à son assureur toute modification du risque sous peine de sanction, règle proportionnelle de prime, voire nullité de contrat en cas de mauvaise foi prouvée. Ainsi, l'assureur connaît parfaitement le bien qu'il assure, sa valeur réelle, le pourcentage de vétusté et peut apprécier l'étendue de ses engagements. Cette expertise peut être nécessaire en présence de biens anciens, collections, bijoux et autres objets de valeur.

■ En ce qui concerne les biens professionnels, l'expertise préalable peut porter tant sur les biens immobiliers que sur les biens mobiliers (stocks de marchandises, matériels, etc.).

3. La valeur économique

La valeur garantie correspond à la prise en charge de la remise en état du bien endommagé, dans la limite de la valeur de remplacement à neuf du bien, ou d'un bien similaire dans le cas où celui-ci ne serait plus commercialisé, vétusté déduite.

4. La valeur de remplacement à neuf

■ L'assureur prend en charge les dommages sans application de vétusté, ce qui permet à l'assuré de financer le remplacement du bien. Celui-ci doit être remis en état ou remplacé dans un délai de 24 mois. L'abattement pour vétusté est alors pris en charge sur présentation des factures, ceci dans la limite de 25 %.

■ Cette extension ne joue pas pour les biens à usure rapide tels que les appareils électriques ou électroniques, le linge de maison, les vêtements ainsi, bien entendu, que pour tout bien mobilier dont l'ancienneté n'entraîne pas de vétusté (meuble ancien, pierres, collections, etc.).

3 La TVA

■ Il convient de garantir les biens immobiliers et mobiliers en fonction de la capacité de l'assuré à récupérer la TVA ou non. Il en est de même si les biens qui lui sont confiés font l'objet d'un assujettissement à la TVA.

■ Lors de l'indemnisation d'un sinistre subi par un professionnel, il convient dans un premier temps d'indemniser en déduisant la TVA. Un justificatif du service des impôts est demandé lors de la prise en charge d'un sinistre si l'assuré n'est pas assujetti.

Fiche 24

L'INCENDIE

La responsabilité du locataire vis-à-vis du propriétaire

Les différentes responsabilités encourues tant par le propriétaire que par le locataire sont définies par le Code civil. L'assureur a donc mis au point un certain nombre de garanties pour couvrir le maximum de risques, notamment pour répondre à certaines assurances qui sont imposées par le législateur.

1 Les responsabilités encourues

A. Les responsabilités contractuelles liées au bail

1. Les principes généraux

LA LOI

• « *Le louage de choses est un contrat par lequel l'une des parties s'oblige à faire jouir l'autre d'une chose pendant un certain temps, et moyennant un certain prix que celle-ci s'oblige de lui payer.* » (art. 1709 C. civ.)

• « Le preneur est tenu de deux obligations principales (art. 1728 C. civ.) :

- **1re obligation**, *d'user de la chose louée en bon père de famille, et suivant la destination qui lui a été donnée par le bail, ou suivant celle présumée d'après les circonstances, à défaut de convention ;*

- **2e obligation**, de payer le prix du bail aux termes convenus. »

• « *S'il a été fait un état des lieux entre le bailleur et le preneur, celui-ci doit rendre la chose telle qu'il l'a reçue, suivant cet état, excepté ce qui a péri ou a été dégradé par vétusté ou force majeure.* » (art. 1730 C. civ.)

• « *S'il n'a pas été fait d'état des lieux, le preneur est présumé les avoir reçus en bon état de réparations locatives, et doit les rendre tels, sauf la preuve contraire.* » (art. 1731 C. civ.)

2. L'étendue de la responsabilité

■ En incendie, l'étendue des responsabilités et les possibilités d'exonération font l'objet d'**articles spécifiques**. En ce qui concerne l'étendue de la responsabilité civile de l'occupant à l'égard du propriétaire, l'existence d'un **bail** permet une action sur le fondement des articles 1733 et 1734 du Code civil.

■ Il en est de même pour le **sous-locataire** vis-à-vis du propriétaire. La sous-location n'est possible **qu'avec l'accord du bailleur**. Le locataire reste seul responsable vis-à-vis du bailleur, mais la jurisprudence admet le recours direct d'un propriétaire contre le sous-locataire : ce dernier encourt alors les mêmes responsabilités qu'un locataire normal et doit s'assurer dans les mêmes conditions. En effet, dans l'hypothèse où le propriétaire choisit de mettre en cause la responsabilité du locataire, ce dernier a la possibilité de se retourner contre son sous-locataire.

■ À défaut de bail entre le propriétaire et l'occupant, l'action directe du propriétaire ne peut être fondée que sur l'article 1242 alinéa 2 du Code civil qui exige la **preuve d'une faute de l'occupant**.

B. Les responsabilités des locataires ou occupants

1. Le locataire unique

> **LA LOI**
>
> • « *Il (le preneur) répond des dégradations ou des pertes qui arrivent pendant sa jouissance, à moins qu'il ne prouve qu'elles ont eu lieu sans sa faute.* » (art. 1732 C. civ.)
>
> • « *Il (le locataire) répond de l'incendie, à moins qu'il ne prouve que l'incendie est arrivé par cas fortuit ou force majeure ou par vice de construction, ou que le feu a été communiqué par une maison voisine.* » (art. 1733 C. civ.)

■ Le locataire est présumé **responsable des dommages causés au propriétaire** par une explosion. Il ne peut s'exonérer qu'en établissant que les dégradations ont été commises sans sa faute.

■ Présumé responsable des dommages causés par un incendie, le locataire ne peut s'exonérer de sa responsabilité qu'en invoquant l'un des **trois cas d'exonération** énumérés :

- le **cas fortuit ou la force majeure** : il se définit comme un événement extérieur à l'assuré tel que défini au contrat, imprévisible et irrésistible (la chute de la foudre, la malveillance d'un tiers dont l'assuré en outre n'est pas civilement responsable, l'incendie criminel qui répond aux trois critères sont des cas d'exonération) ;
- le **vice de construction** : le défaut d'entretien caché est assimilé à un vice de construction. En revanche, s'il est apparent, le locataire doit avoir informé son propriétaire avec mise en demeure de remettre en conformité (une malfaçon dans la cheminée, une électricité vétuste peuvent, sous conditions donc, permettre d'exonérer le locataire) ;
- la **communication d'incendie par une maison voisine** : en présence de partage des locaux par le propriétaire et le locataire, la présomption de responsabilité est écartée. La responsabilité du locataire est étendue aux dégradations et pertes qui arrivent du fait des personnes de sa maison ou de ses sous-locataires suite à incendie et explosions (art. 1735 C. civ.). Le recours peut aussi être exercé par l'assureur subrogé dans les droits du locataire. La seule possibilité pour un locataire de se dégager de sa responsabilité est de prouver que les désordres sont dus à des personnes dont il ne répond pas, donc à des tiers (art. 1735 C. civ.).

2. Le locataire partiel

■ En cas d'explosion, sa responsabilité est fondée sur l'article 1732 du Code civil.

> **LA LOI**
>
> L'incendie est régi par l'article 1734 du Code civil, qui précise :
>
> « *S'il y a plusieurs locataires, tous sont responsables de l'incendie, proportionnellement à la valeur locative de la partie de l'immeuble qu'ils occupent. À moins qu'ils ne prouvent que l'incendie a commencé dans l'habitation de l'un d'eux, auquel cas celui-là seul en est tenu ; ou que quelques-uns ne prouvent que l'incendie n'a pu commencer chez eux, auquel cas ceux-là n'en sont pas tenus.* »

■ Pour s'exonérer de sa responsabilité, le locataire dispose donc des trois moyens d'exonération prévus à l'article 1733 du Code civil [mentionnés précédemment] et des deux moyens figurant à l'article 1734 du Code civil :
- **le feu a commencé chez un autre locataire** : c'est ce locataire qui prend en charge la totalité des conséquences ;
- **le feu n'a pas pu prendre naissance chez lui** : ce sont les autres locataires qui se partagent la prise en charge du sinistre.

3. L'occupant à titre gratuit

Il n'a généralement pas signé de contrat avec le propriétaire. L'occupant à titre gratuit ne peut s'exonérer de l'incendie comme de l'explosion ayant provoqué des dommages aux biens qu'il occupe qu'en prouvant le cas fortuit ou de force majeure. L'occupation peut aussi être gérée par les articles 1880 à 1887 du Code civil, le locataire étant alors considéré comme emprunteur du bien qu'il occupe.

4. Le locataire en meublé

La situation du locataire en meublé varie selon le degré de cette jouissance du bien qui lui est confié. Il est considéré comme un locataire s'il occupe en exclusivité le bien [art. 1733, 1734 et 1735 C. civ.]. En revanche, il n'est pas considéré comme un locataire, et n'est donc pas soumis à l'obligation d'assurance, s'il n'a pas la possession exclusive des clés [logement partagé par des collègues...].

5. Le voyageur en hôtel

Il n'est pas assimilé à un locataire dans la mesure où il n'a pas la possession exclusive des clés. Seuls les articles 1240 et suivants du Code civil peuvent s'appliquer le cas échéant.

6. L'usufruitier

L'usufruitier a le droit de jouir des choses dont un autre a la propriété, comme le propriétaire lui-même, mais il a la charge d'en conserver la substance » [art. 578 C. civ.]. Sa responsabilité est reprise par l'article 1302 du Code civil et peut être recherchée si le nu-propriétaire prouve que le dommage provient d'un défaut d'entretien par l'usufruitier.

2 Les assurances de responsabilités du locataire vis-à-vis du propriétaire

A. Les risques locatifs

■ La garantie des risques locatifs incendie ou explosions couvre la responsabilité du locataire vis-à-vis du propriétaire suivant les articles 1732 à 1735 et 1302 du Code civil.

■ Obligatoire depuis 1982, confirmée en 1986 pour tous les immeubles à usage d'habitation ou mixte, elle concerne aussi les risques locatifs dégâts des eaux. **L'absence d'assurance peut entraîner la rupture du bail.**

■ La garantie des risques locatifs comprend :
- les **risques locatifs ordinaires [RLO]** qui correspondent à la valeur de la partie de l'immeuble occupée par l'assuré ;
- les **risques locatifs supplémentaires [RLS]** qui correspondent à la valeur totale de l'immeuble, déduction faite des RLO.

- Le taux tarifaire est beaucoup moins élevé pour les RLS que pour les RLO. Il est primordial de **garantir la totalité des risques locatifs**, soit la valeur totale de l'immeuble dans le cas où un seul locataire serait responsable de la totalité du sinistre.

- La jurisprudence veut que l'immeuble soit pris en charge en valeur de reconstruction au titre de la responsabilité locative, même si la garantie dommages prévoit une indemnisation vétusté déduite. L'assureur subrogé peut réclamer l'abattement pour vétusté au responsable ou à son assureur.

B. La responsabilité perte des loyers

- Le locataire responsable d'un sinistre a l'**obligation de continuer à payer son loyer** à son propriétaire, ainsi que ceux des autres locataires dont il prive le propriétaire. Lui-même, s'il demeure dans l'immeuble, peut subir une privation de jouissance du fait du sinistre qui reste aussi à sa charge (art. 1722 C. civ.).

- Le locataire non responsable n'est plus tenu au paiement de son loyer, ce qui peut entraîner une perte pour son propriétaire. Le propriétaire peut alors se retourner auprès du locataire responsable pour récupérer la perte financière subie (art. 1760 C. civ.).

- Le contrat d'assurance prend en charge ces pertes au titre de la **garantie responsabilité pour perte des loyers**.

C. La privation de jouissance

Cette garantie permet d'indemniser le préjudice subi par les autres locataires non responsables, principalement en raison de la non-occupation de leurs locaux suite au sinistre. Là encore, le propriétaire qui a pris en charge ce préjudice peut se retourner contre le locataire responsable (art. 1719 et 1721 C. civ.).

D. Cas particuliers

Les occupants d'un meublé ou d'un hôtel n'ayant pas l'exclusivité des clés peuvent être garantis uniquement par une responsabilité civile générale.

E. La loi ALUR

Votée le 26 mars 2014, elle dispose notamment que le propriétaire non occupant peut souscrire une assurance des risques locatifs pour le compte de son locataire négligent. Par ailleurs, le copropriétaire non occupant a l'obligation de couvrir l'ensemble de ses responsabilités vis-à-vis des voisins et des tiers.

Fiche 25

L'INCENDIE

La responsabilité du propriétaire vis-à-vis du locataire

Le propriétaire ou copropriétaire peut voir sa responsabilité engagée suivant les articles 1719,1721 et 1725 du Code civil, quelle que soit la nature de l'occupation. L'assureur a répondu par la création de deux garanties spécifiques.

1 Le fondement des responsabilités

LA LOI

- « *Le bailleur est obligé, par la nature du contrat, et sans qu'il soit besoin d'aucune stipulation particulière, de délivrer au preneur la chose louée, d'entretenir cette chose en état de servir à l'usage pour lequel elle a été louée, d'en faire jouir paisiblement le preneur pendant la durée du bail.* » (art. 1719 C. civ.)
- « *Il est dû garantie au preneur pour tous les vices ou défauts de la chose louée qui en empêchent l'usage, quand même le bailleur ne les aurait pas connus lors du bail. S'il résulte de ces vices ou défauts quelque perte pour le preneur, le bailleur est tenu de l'indemniser.* » (art. 1721 C. civ.)
- « *Le bailleur n'est pas tenu de garantir le preneur du trouble que des tiers apportent par voie de fait à sa jouissance, sans prétendre d'ailleurs aucun droit sur la chose louée ; sauf au preneur à les poursuivre en son nom personnel.* » (art. 1725 C. civ.)

Le propriétaire doit **prendre en charge tous les dommages causés à ses locataires non responsables** suite à un vice de construction ou un défaut d'entretien. Il répond aussi des préjudices subis par les autres locataires du fait d'un ou plusieurs autres locataires. En revanche, le fait d'un tiers est **exonératoire**.

2 Les garanties d'assurance correspondantes

■ Le **recours des locataires** garantit la **responsabilité contractuelle du propriétaire** vis-à-vis de ses locataires en vertu de l'article 1721 du Code civil. La garantie prend en charge les **pertes financières** liées au déplacement et relogement du locataire, ainsi que les **dommages** subis par les biens mobiliers.

■ La **perte de jouissance** garantit le recours des locataires contre le propriétaire suite au trouble qu'ils subissent dans la jouissance de leurs locaux du fait de colocataires, en vertu des articles 1719 et 1725 du Code civil. Les deux garanties sont intégrées soit dans un contrat séparé, soit dans un contrat établi par le syndic de copropriété dans le cas d'un copropriétaire non occupant. Il est toutefois indispensable que le copropriétaire soit certain de la souscription et de la validité d'un tel contrat. À défaut, là aussi, un contrat séparé peut être envisagé.

3 La renonciation réciproque à recours au bail et assurances

A. Le principe

- Le législateur a prévu que les dispositions juridiques traitées par le Code civil pouvaient, dans le cadre de contrats de location, être écartées par une clause figurant dans le bail, prévoyant la **renonciation à recours**. Ceci ne concerne que les **biens à usage professionnel**.
- Il existe différentes clauses :
  - **à titre unilatéral** soit du locataire vis-à-vis du propriétaire, soit du propriétaire vis-à-vis de son locataire ;
  - **à titre réciproque**.
- La présence de **clauses de renonciation à recours** supprime le besoin des garanties de responsabilités « recours des locataires » pour le propriétaire, et « risques locatifs » pour le locataire, voire les deux. Attention, **ces clauses ne bénéficient pas au sous-locataire**.

B. Les conséquences

Il est **impératif** que l'assuré déclare la présence de telles clauses sous peine de l'application d'une **règle proportionnelle de prime** et que l'assureur ait connaissance du bail afin de calquer le(s) contrat(s) d'assurances sur les clauses prévues. Le recours est alors effectué dans les conditions et limites du contrat de bail et du contrat d'assurance.

- **Le bail sans renonciation à recours** :
  - contrat du propriétaire ou bailleur : biens immobiliers et recours des locataires ;
  - contrat du preneur : biens mobiliers et risques locatifs.
- **Le bail avec renonciation à recours du preneur** :
  - contrat du bailleur : biens immobiliers ;
  - contrat du preneur : biens mobiliers et risques locatifs.
- **Le bail avec renonciation réciproque à recours** :
  - contrat du bailleur : biens immobiliers.
  - contrat du preneur : biens mobiliers.
- Le bail peut prévoir aussi l'obligation pour le preneur d'assurer pour le compte du bailleur le bâtiment. En l'absence de recours du bailleur vis-à-vis du preneur, le tarif du bâtiment est en général majoré de 25 %.

EXEMPLES

Quelques clauses

· **Dans le contrat de bail** : « *Les parties (bailleur et preneur) renoncent réciproquement à recours en cas de dommages atteignant leurs biens respectifs et de dommages immatériels consécutifs. Afin que cette renonciation bénéficie également aux assureurs, les parties s'engagent à obtenir de ces derniers une renonciation à recours ayant les mêmes effets.* »

· **Dans les contrats d'assurance souscrits par chacun des cocontractants** : « *Lorsque l'assuré renonce à recours contre un tiers, l'assureur renonce également à recours contre l'assureur de ce dernier.* »

Fiche 26

L'INCENDIE

La responsabilité civile vis-à-vis des voisins et des tiers (RCVT)

Tant les propriétaires que les locataires peuvent être mis en cause par les voisins ou les tiers. Les assureurs ont donc intégré dans leur contrat une extension RCVT.

1 Le fondement de la responsabilité RCVT

LA LOI

La RCVT se définit comme une **responsabilité délictuelle** ou **quasi délictuelle** réglementée par les articles suivants du Code civil : art. 1240 et 1241, responsabilité du fait personnel ; art. 1242, alinéa 1, responsabilité du fait des choses ou du fait d'autrui ; art. 1242, alinéa 2, communication d'incendie ; art. 1242, alinéa 4, responsabilité des parents du fait des enfants mineurs ; art. 1242, alinéa 5, responsabilité des commettants du fait des préposés ; art. 1242, alinéa 6, responsabilité des artisans du fait des apprentis.

• L'article 1242 alinéa 2 du Code civil complète l'alinéa 1 général : « *Celui qui détient, à un titre quelconque, tout ou partie de l'immeuble ou des biens mobiliers dans lesquels un incendie a pris naissance ne sera responsable, vis-à-vis des tiers, des dommages causés par cet incendie que s'il est prouvé qu'il doit être attribué à sa faute ou à la faute des personnes dont il est responsable.* »

De ce fait, lorsqu'un incendie débute dans les biens appartenant ou détenus par la personne dont on recherche la mise en cause, la **garantie incendie** s'applique. Dans les autres cas, c'est la **responsabilité civile** qui est recherchée au titre des autres articles précités avec une charge de la preuve différente en fonction de l'article avancé :

- **la victime doit prouver l'existence d'une faute** à l'origine et d'un lien de causalité entre le dommage et la faute (art. 1240 et 1241 C. civ.) ;
- **l'auteur est présumé responsable** : c'est à lui de se dégager en avançant notamment le fait d'un tiers, le fait de la victime ou le cas fortuit ou de force majeure suivant la nature de la présomption (art. 1242 autres alinéas C. civ.) ;
- la **loi du 5 juillet 1985** s'applique lorsqu'il y a communication d'un incendie par un véhicule terrestre à moteur (VTM) tel que défini dans l'article 1. Il appartient toutefois à la victime de prouver que le VTM est impliqué dans le sinistre pour prétendre droit à réparation.

2 L'assurance de la RCVT

Dénommée « Recours des voisins et des tiers », la garantie prend en charge les dommages causés sur le fondement de l'article 1242 alinéa 2 du Code civil. Dans les autres situations, l'assurance responsabilité civile générale (vie privée, d'exploitation, etc.) joue.

L'INCENDIE

Les dommages immatériels

Les assureurs ont mis au point des garanties complémentaires qui permettent de prendre en charge les pertes financières supplémentaires s'ajoutant aux dommages matériels directs : les dommages immatériels et les frais afférents.

1 Les frais de déplacement et le relogement

Cette garantie permet la **prise en charge à dire d'expert** dans un délai généralement de 1 an et dans la limite du plafond prévu au contrat :

- les frais de déplacement, transport, garde-meubles des biens mobiliers sauvegardés ;
- le loyer que doit acquitter le locataire responsable pour se reloger en plus de celui de son logement endommagé qui, lui, peut être pris en charge au titre de la responsabilité pour perte de loyers.

2 Les frais de démolition et de déblais

Cette garantie, destinée tant au propriétaire qu'au locataire, permet la **prise en charge des frais** de démolition des ruines éventuelles, de déblais, de dépollution de certains matériaux. Certaines de ces dépenses peuvent s'avérer très élevées soit en fonction du lieu du risque, difficile à accéder, soit en fonction des matériaux ou biens mobiliers dangereux.

3 La perte d'usage ou privation de jouissance

Souscrite pour le propriétaire, elle prend en charge la **perte liée à l'impossibilité d'occuper les locaux assurés**. Elle lui permet de se reloger dans des conditions similaires à ce dont il disposait avant le sinistre. L'indemnité est là aussi plafonnée généralement à 1 an et correspond à l'équivalence de la valeur locative de ses locaux.

4 La perte des loyers

Le locataire non responsable d'un sinistre n'a plus à s'acquitter de son loyer auprès du propriétaire. Cette garantie permet au propriétaire de continuer à percevoir le loyer dont son locataire s'est trouvé exonéré. Là encore, la durée maximale est en général fixée à dire d'expert, dans la limite de 1 an.

5 Les honoraires d'expert

■ Cette garantie peut être proposée tant aux propriétaires qu'aux locataires. Elle permet de prendre en charge les frais et honoraires de l'expert désigné par l'assuré. En cas de désaccord, elle étend sa prise en charge sur la moitié des honoraires du troisième expert.

■ La limite est souvent fixée à 5 % des dommages directs, mais le barème peut être plus souple, notamment dans le cadre d'un contrat professionnel dans lequel il est parfois retenu le barème de l'Union professionnelle des experts en matière d'évaluations industrielles et commerciales (UPEMEIC).

6 Le remboursement de la prime dommages-ouvrage

Tout maître d'ouvrage a l'obligation de souscrire une assurance dommages-ouvrage pour garantir les travaux de construction ou de rénovation, conformément à la **loi Spinetta de 1978**. Cette garantie permet de prendre en charge la cotisation de dommages-ouvrage nécessaire pour des travaux touchant les éléments constitutifs des locaux ou leurs éléments indissociables.

7 Les honoraires de décorateurs, de bureaux d'études, de contrôle technique et d'ingénierie

Certains travaux de reconstruction ou rénovation peuvent nécessiter l'intervention de maîtres d'œuvre, techniques ou décorateurs. Cette garantie permet de prendre en charge les honoraires de ces intervenants sous réserve d'aval de l'expert.

8 La mise en conformité

La garantie prend en charge les coûts supplémentaires liés à la nécessite d'adapter les matériaux ou les techniques de rénovation suite à une modification de la législation, en évolution permanente, notamment pour la sécurité des personnes. Cela concerne aussi les contraintes liées à une redéfinition des zones constructibles.

9 Les pertes financières

Sont prises en charges les pertes subies par le locataire ou l'occupant suite à la destruction des embellissements ou des agencements qu'il a réalisés et qui sont censés devenir la propriété du bailleur en fin de bail, au fur à mesure des travaux ou en cas de résiliation de ce dernier. En effet, le propriétaire peut soit refuser de recréer les aménagements préexistants avant le sinistre, soit résilier le bail.

10 Les pertes indirectes ou frais supplémentaires

■ Cette garantie concerne les propriétaires et les locataires. Elle était accordée autrefois de façon forfaitaire sur la base de 10 % des dommages directs, voire 20 % en l'absence d'une extension valeur à neuf, et ceci afin de financer tous les frais complémentaires.

■ Certains assureurs prévoient maintenant leur financement sur justificatifs. Les contrats prévoient que cette indemnité ne peut pas compenser un abattement pour franchise ou règle proportionnelle.

11 La perte d'exploitation

A. L'objet

■ L'assurance perte d'exploitation compense les conséquences de la perte temporaire d'activité consécutive à un sinistre garanti, de façon à replacer l'entreprise dans la situation qu'elle aurait dû connaître si le sinistre n'était pas survenu. En effet, le chiffre d'affaires peut baisser considérablement alors que certaines charges, fixes, sont inchangées.

■ L'indemnité couvre donc la perte de bénéfice et les charges fixes, c'est-à-dire la perte de marge brute, dans la limite du préjudice subi, l'assurance répondant au principe indemnitaire. Toutefois, pour certaines activités, il est prévu des indemnités journalières forfaitaires jusqu'à la reprise.

■ Les **événements principaux** qui peuvent être garantis d'office ou sur option sont :
- l'incendie et les risques annexes dont les catastrophes naturelles ;
- les dommages aux appareils électriques et aux machines ;
- les dégâts des eaux ;
- les actes de vandalisme ;
- le vol de matériels et de marchandises.

B. Les assurances

■ L'**assurance de base** se limite à la prise en charge de la perte consécutive à la baisse du chiffre d'affaires. L'indemnisation des frais supplémentaires comme un surcoût du loyer, des frais de communication pour annoncer la reprise d'activité, des heures supplémentaires pour accélérer cette reprise, etc. sont pris en charge sur accord de l'assureur.

■ Concernant les honoraires d'expert, cette garantie finance, dans la limite contractuelle, les honoraires du contre-expert ou expert de l'assuré.

■ Les **assurances complémentaires** sont :
- les pénalités de retard ;
- les frais supplémentaires additionnels afin que l'entreprise puisse continuer à proposer ses produits ou services.

C. Les extensions de garantie

- La carence d'un fournisseur suite à un sinistre.
- L'interdiction d'accès aux locaux suite à un sinistre.
- Le décès, l'invalidité ou l'indisponibilité d'un collaborateur.

D. La franchise

Elle peut être exprimée en montant (fixe ou pourcentage de la marge brute ou de l'indemnité), voire en nombre de jours (par exemple, 3 jours au titre de la franchise légale en catastrophes naturelles). Les deux peuvent se cumuler.

E. La période d'indemnisation

Elle correspond à la période accordée par l'expert, dans la limite contractuelle qui peut aller de 12 à 36 mois suivant le contrat. Il est donc impératif d'analyser les besoins de l'assuré pour fixer la durée maximale. Cette durée doit tenir compte du délai d'expertise, du temps utile pour les déblaiements, la préparation de la reconstruction, la durée de la construction, la période de réinstallation et enfin le temps de retour de la clientèle.

F. Les limitations

Il est possible de prévoir contractuellement un plafond d'indemnité qui est inférieur à la marge brute réelle de l'entreprise, notamment lorsque celle-ci dispose de plusieurs locaux d'exploitation et qu'elle peut déplacer son activité sur un autre lieu. Elle peut se proposer aussi lorsque l'assuré a la certitude que son activité sera inférieure à 12 mois..., ce qui est plus difficile à prouver.

G. Les exclusions

Ce sont les amendes, les plus-values, les décisions unilatérales de l'assuré qui peuvent accroître le coût du sinistre.

H. L'assurance de la perte d'exploitation

■ La garantie est souvent intégrée dans les contrats « multirisques professionnel ». Peut s'y retrouver une formule « simplifiée » pour un chiffre d'affaires ne dépassant pas un certain plafond prévu par l'assureur (en multiple d'un indice contractuel généralement). Le tarif tient compte de l'activité et du chiffre d'affaires déclaré ou de la marge brute. L'assuré doit, au terme de chaque exercice comptable, fournir à l'assureur le montant du chiffre d'affaires, ou de la marge brute, ceci afin d'éviter une règle proportionnelle de capitaux en cas de sous-assurance.

■ Pour éviter une sanction trop forte, les assureurs proposent :
- soit une **clause d'ajustabilité** qui prévoit une tolérance de majoration de 20 % de la marge brute, l'assuré devant malgré tout déclarer ses résultats dès qu'il en a ;
- soit un **abandon à la règle proportionnelle de capitaux** en contrepartie d'une surprime.

I. La cotisation

■ Elle est établie en deux temps. Tout d'abord une quittance provisionnelle en fonction d'un plancher prévu contractuellement, et des éléments déclaratifs de l'année précédente avec ou sans tendance d'augmentation. Puis, dans un second temps, une quittance ou un remboursement de révision, qui tient compte des derniers éléments connus au compte d'exploitation. À chaque activité correspond un taux de marge brute prédéfini par l'assureur qui donne un taux appliqué au chiffre d'affaires.

■ Pour les contrats « classiques », il est tenu compte des données comptables précises, des perspectives d'évolution, des frais supplémentaires éventuels.

12 La perte de la valeur vénale

A. Définition

La valeur vénale du fonds est la valeur marchande de ses éléments incorporels tels que droit au bail, pas-de-porte, clientèle, achalandage, enseigne, marque, etc. Elle concerne tant les locataires que les propriétaires.

B. L'objet de la garantie

Une fermeture prolongée liée à des travaux importants ou une cessation totale d'activité, consécutive à un sinistre garanti, entraînent une baisse voire une perte totale de la valeur vénale du commerce. Cette garantie permet de financer la perte.

C. La perte totale

- L'assuré ne peut pas, de façon absolue et définitive, poursuivre l'exploitation de l'établissement ou le transférer ailleurs sans perdre la totalité de sa clientèle.
- La perte peut être provoquée :
  - **pour le locataire**, par la résiliation du bail par le propriétaire (art. 1722 C. civ.), par le refus de ce dernier de reconstruire ou de remettre en état les bâtiments où se situait l'exploitation ;
  - **pour le propriétaire**, par un refus administratif de reconstruction dans les mêmes lieux ;
  - **pour un copropriétaire**, par un refus des autres copropriétaires de reconstruire le bâtiment. L'indemnité correspond à la valeur totale du fonds, dans la limite du montant garanti au contrat.

D. La perte partielle

Elle correspond à la **dépréciation définitive de la valeur du fonds** et peut résulter notamment de la diminution de la surface des locaux, de la diminution définitive de la clientèle qui a pris d'autres habitudes d'achat, de l'obligation de déplacer son entreprise dans un autre lieu.

À SAVOIR

L'indemnité correspond à la différence entre la valeur vénale totale du fonds au jour du sinistre et la valeur vénale après sinistre, fixée par les experts.

E. L'obligation en cas de réinstallation

Si l'assuré reprend une activité, dans un délai de 2 ans après le sinistre et ceci dans un court rayon, fixé au contrat, il est amené à reverser à l'assureur une partie des sommes qu'il a perçues.

Fiche 28

L'INCENDIE

Le contrat d'assurance et la tarification

La méthodologie pour la proposition d'un contrat incendie se résume en cinq points : découvrir le risque, hiérarchiser les endroits les plus sensibles, préconiser des préventions, éliminer certains postes et enfin assurer les risques subsistants.

1 Le but du contrat

Il s'agit d'un contrat d'indemnité dont le but est de garantir les dommages occasionnés par l'incendie ou un risque annexe. Le contrat peut regrouper **trois types de garanties** :

- les **assurances de biens immobiliers ou mobiliers** garantissent les biens appartenant à l'assuré (ou aux personnes habitant sous son toit), à l'adresse définie au contrat ;
- les **assurances de responsabilités** couvrent les dommages causés à des biens appartenant à des tiers et engageant les différentes responsabilités de l'assuré ;
- les **assurances de dommages immatériels** (ou indirects) concernent les préjudices financiers consécutifs à un sinistre garanti.

2 L'assurance pour compte

Un assuré peut souscrire un contrat pour le compte d'un autre (art. L112.1 C. assur.). Il peut également l'être pour le compte de qui il appartient. Cette assurance est généralement assortie d'une surprime lorsque les assurés sont des personnes distinctes. En revanche, aucune majoration n'est retenue s'il y a identité d'intérêts entre les assurés.

3 Les organismes officiels de référence

A. La commission plénière des assurances de biens et de responsabilité

Anciennement APSAD, qui regroupait l'APSAIRD et le GTA, cette commission a pour missions principales :

- des **études statistiques, techniques et juridiques** dans le domaine des assurances IARD ;
- l'**analyse des moyens de prévention et de protection** avec la mise en place de règles techniques, certification, qualification et agrément de matériels et matériaux ;
- la **mise en place de clauses**, conditions générales type, annexes, etc. ;
- la **gestion de la coassurance**.

#info
France assureurs
foucherconnect.fr/23vassur12

B. Le Centre national de prévention et de protection (CNPP)

Le CNPP, expert en prévention et en maîtrise des risques, a pour vocation de développer, diffuser et évaluer les connaissances et savoir-faire en sécurité des personnes, du patrimoine matériel et immatériel et de l'environnement, dans toutes les activités et tous les milieux. Le CNPP est l'**organisme certificateur de l'assurance** pour les marques APSAD et A2P. Par ailleurs, il met à disposition de tous publics de nombreuses études.

4 L'approche technique des risques

A. Les risques simples (polices forfaitaires)

■ Ce sont principalement les habitations, les professions libérales, les entreprises dont le montant du contenu est inférieur ou égal à 150 fois la valeur en euros de l'indice des risques industriels (RI), les bureaux, sauf si la hauteur des bâtiments dépasse 28 m ou si les immeubles sont supérieurs à 10 étages (considérés comme des immeubles de grande hauteur – IGH) ou si la superficie développée excède 20 000 m^2.

■ Le tarif de référence est le tarif des risques simples. Les principaux éléments de ce tarif sont repris dans les fiches spécifiques à chaque produit.

B. Les risques d'entreprise (polices à capitaux)

Il s'agit de tous les risques qui ne rentrent pas dans la catégorie des risques simples. Ce sont notamment les IGH, les parkings et les parcs de stationnement dont la superficie développée excède 6 000 m^2, les centres commerciaux d'une superficie développée supérieure à 3 000 m^2, les stocks importants de produits inflammables (liquides ou gazeux) et d'alcools alimentaires. Le tarif de référence est le tarif des risques d'entreprise.

5 L'approche tarifaire d'un risque à garantir

A. Le tarif de base

■ La prime d'assurance tient compte des éléments de tarification déterminés à partir du traité concerné et du taux retenu par l'assureur en fonction des déclarations, du risque et des garanties. À chaque usage, pour des critères de base, correspond un taux en L de la valeur à garantir qui représente la cotisation nette, cotisation à laquelle il faut ajouter les frais ou accessoires et surtout les taxes qui diffèrent en fonction de la garantie.

■ L'assureur doit analyser tous les éléments qui constituent la construction : le clos désigné sous le terme « risque » et le couvert, désigné comme la « classe » en passant par l'ossature et la charpente. Il tient compte du nombre de niveaux, leur qualité ainsi que les moyens de communication existants.

FOCUS

Les éléments de construction

· **Murs extérieurs** : il s'agit des éléments qui assurent le clos du bâtiment. Ils peuvent être constitués de matériaux de maçonnerie liés ou de panneaux posés sur une ossature, sous la forme de bardage. Ce dernier est plus sensible en cas d'incendie, ce qui entraîne une cotisation plus élevée alors que le prix de revient est moins élevé pour le maître d'ouvrage.

· **Couverture** : une toiture en panneaux métalliques s'effondre beaucoup plus rapidement qu'une toiture en tuiles en matériaux traditionnels.

· **Ossature et charpente** : c'est un critère à part entière car le bois, même s'il est combustible contrairement au fer, ne s'effondre pas et maintient sa fonction de portance plus longtemps, encore faut-il que les poutres soient assez grosses. Les assureurs préfèrent une ossature en béton.

· **Plancher et nombre de niveaux** : le feu se propage de façon verticale plus qu'horizontale et les bâtiments comprenant plusieurs niveaux présentent plus de risques, surtout si chaque étage comporte des éléments combustibles. Le plancher en béton, posé sur des poutres en béton, est le meilleur élément de construction (le bois brûle et le fer se déforme).

· **Éléments de communication** : le meilleur plancher coupe-feu s'avère inefficace en présence d'une communication directe, d'un étage à l'autre, ne faisant pas obstacle à l'incendie. Une communication encagée (présence d'une cage d'escalier avec portes à chaque palier) offre la meilleure protection. Dans les établissements recevant du public, ce mode de communication est désormais imposé.

· **Aménagements et revêtements intérieurs** : ils sont exposés en premier à l'incendie, aussi leur résistance au feu peut être déterminante pour le développement de celui-ci. Les matériaux les plus résistants au feu sont des isolants en matières minérales (fibre de roche, laine de verre). Les isolants en matières chimiques sont très inflammables. Des contraintes techniques imposent parfois tel ou tel matériau.

B. Les majorations de tarif

■ Les **majorations liées à la nature de l'occupation** : lorsqu'il y a communauté de risques sous un même toit, soit horizontale, soit verticale, l'ensemble des occupants cotise pour le **taux du risque le plus aggravé**. Toutefois, **la règle du quart prévoit deux exceptions** :

- lorsqu'un ou plusieurs risques aggravants occupent en volume moins du quart de l'immeuble, l'immeuble lui-même et les autres occupants restent passibles de leur taux propre non aggravé, le risque aggravant lui-même paye son taux propre aggravé sur tous les postes qui le concernent ;
- lorsque plusieurs risques aggravants occupent ensemble plus du quart en volume d'un immeuble mais que chacun d'eux pris séparément occupe moins du quart, l'immeuble lui-même et les autres occupants paient le taux du risque le moins aggravant, chaque risque aggravant payant son propre taux sur chaque poste qui le concerne.

■ Les **majorations liées à la nature de la construction** : des majorations sont prévues lorsque les éléments de construction sont constitués de plus de 25 % de matériaux « légers ».

■ Les **majorations liées à la contiguïté** : sont appelés « bâtiments contigus » des bâtiments qui sont séparés par un mur et sous toitures distincts, qu'ils soient avec ou sans communication. Plusieurs critères liés à la communication et à la nature de la séparation entre les deux bâtiments peuvent entraîner la majoration du taux de base.

■ Les **majorations liées au voisinage** : elles sont prévues lorsque la distance entre le risque aggravant et celui à garantir est de moins de 5 m. Elles sont réduites lorsque la distance est entre 5 et 10 m et supprimées au-delà de 10 m, à condition qu'aucun stockage ne se situe entre les deux risques, ni tunnel ou moyen de communication qui encouragerait la propagation de l'incendie.

■ Les **majorations liées à la présence de produits dangereux** : il appartient de connaître la nature des produits, la quantité, le lieu de stockage. Les ateliers d'application de peintures et vernis font l'objet d'exigences spécifiques liées à la situation du local, au mode d'application des produits, au système de ventilation...

■ Les **majorations liées au stockage de grande hauteur** : la hauteur maximum tolérée pour ne pas subir de majoration est de 7,20 m. Au-delà, il est prouvé que les moyens de secours sont moins efficaces.

■ Les **majorations liées au mode de chauffage et de séchage** : lorsqu'il présente une aggravation du risque d'incendie ou d'explosion, il est prévu une majoration tarifaire. Il est donc important de savoir s'il existe une propulsion d'air, ou s'il s'agit d'une installation à circulation d'eau chaude ou de vapeur. Il faut rechercher si le générateur ou la chaudière peuvent, eux aussi, présenter des risques aggravants.

6 Les réductions de tarif

Elles sont liées à une démarche de protection ou à une démarche de prévention.

A. Les systèmes pouvant ou devant être mis en place

■ Tous les systèmes de protection et de prévention sont pris en compte par l'assureur et peuvent influer sur le **taux de prime** dans des proportions parfois importantes. Il est tenu compte dans un premier temps des moyens de premiers secours, tels que les extincteurs qui doivent être contrôlés annuellement, l'installation de robinets d'incendie armés (RIA), le service de sécurité, le détecteur automatique d'incendie (chaleur, gaz ou fumées), les systèmes d'évacuation de fumées, les installations d'extinction automatique à eau (appelée Grinnel ou sprinklers), les installations d'extinction automatique à gaz carbonique ou autres.

■ En parallèle, il peut être prévu une surveillance physique, un audit régulier, ce qui permet là aussi de prévoir une réduction de tarification.

B. Le contrôle des installations électriques

Une installation électrique vérifiée annuellement par un organisme agréé peut éventuellement entraîner une **réduction de cotisation**. L'assuré s'engage à fournir une attestation en ce sens tous les ans à l'assureur et doit, bien entendu, remettre en état ou en conformité toute défaillance signalée.

> **INFO** Pratiquement 1 incendie sur 5 est dû à la défaillance d'un circuit électrique

7 Synthèse

■ Si le risque à garantir présente au moins un élément différent du risque « de base », l'assureur doit adapter le **taux de base** en analysant :
- la construction et la couverture ;
- les aggravations intérieures et extérieures ;
- les moyens de secours et de prévention.

■ À partir du taux de base, il convient d'appliquer soit des **majorations**, soit éventuellement des **réductions**. La majoration pour proximité de risque aggravant s'ajoute en dernier.

Fiche 29

L'INCENDIE

Le règlement de sinistre

L'incendie et les risques annexes sont des garanties qui répondent au principe indemnitaire, ce qui engage l'assureur à verser une prestation qui ne peut pas être supérieure au préjudice subi ni au montant garanti. La procédure d'indemnisation en tient donc compte.

1 La détermination des dommages

A. La déclaration du sinistre

L'assuré doit, sous peine de déchéance, **déclarer le sinistre dans les délais prévus** au contrat, prendre les mesures de sauvegarde pour éviter l'aggravation du préjudice et fournir les pièces qui lui sont réclamées, dans la limite des délais fixés par la prescription.

B. La déclaration de l'état des pertes

Sa remise par l'assuré vaut déclaration.

C. L'estimation du préjudice

Elle peut se présenter sous deux, voire trois formes :

- pour les **sinistres de faible montant**, l'évaluation peut se faire **de gré à gré** entre l'assureur et l'assuré ;
- **en cas de désaccord** ou **si le montant est supérieur au seuil prévu** par l'assureur, celui-ci mandate un expert pour une **expertise amiable contradictoire**. L'assuré peut mandater son expert (ses honoraires peuvent être partiellement ou totalement pris en charge au titre de la garantie « honoraires d'expert ») ;
- **en cas de désaccord entre les deux experts sur l'indemnité**, un troisième expert peut être adjoint, choisi conjointement par les parties ou désigné par le tribunal d'instance ou de commerce. À défaut d'accord à ce niveau, le dossier est porté devant le tribunal concerné. La phase devient alors judiciaire et le président du tribunal peut désigner un **expert judiciaire**.

D. Le délai de dépôt de l'offre

Si, dans les 3 mois qui suivent le dépôt de l'état des pertes, l'expertise n'est pas terminée, l'assuré peut réclamer des **intérêts de retard** (art. L122.2 du Code des assurances).

2 La détermination du montant de l'indemnité

■ En assurance de dommages, l'indemnité est limitée aux montants fixés au contrat (article 1134 du Code civil) qui diffèrent suivant la catégorie du risque concerné et bien entendu à la valeur de la chose au jour du sinistre.

■ En responsabilité civile, l'indemnité est calculée suivant les règles du droit commun. Il convient de remettre la victime dans la situation qui aurait été la sienne si le sinistre n'avait pas existé.

3 La TVA

L'assuré et/ou le bénéficiaire ne pouvant pas faire de bénéfice, il ne perçoit la TVA de l'assureur que s'il ne peut pas la récupérer. En revanche, s'il n'est pas assujetti, il doit la percevoir s'il ne fait pas effectuer les travaux de remise en état des biens.

4 Les sanctions

Si l'assureur justifie que l'assuré **n'a pas respecté ses obligations**, il peut avancer les sanctions qu'il a prévues contractuellement en caractères très apparents :

- **fausse déclaration** ou **non-déclaration d'une aggravation du risque** : nullité de contrat ou règle proportionnelle de prime ;
- **sous-assurance** : règle proportionnelle de capitaux ;
- **sur-assurance volontaire ou assurance cumulative intentionnelle** : nullité du contrat ;
- **non-respect des obligations exigées** : déchéance, exclusions ou franchise.

5 Le droit des créanciers hypothécaires ou privilégiés

LA LOI

Article L121.13 du Code des assurances

« Les indemnités dues par suite d'assurance contre l'incendie, contre la grêle, contre la mortalité du bétail, ou les autres risques, sont attribuées sans qu'il y ait besoin de délégation expresse, aux créanciers privilégiés ou hypothécaires, suivant leur rang. Néanmoins, les paiements faits de bonne foi avant opposition sont valables. »

Pour que cette créance soit valable et enregistrée, il est impératif que l'organisme financier ait envoyé une notification d'opposition à l'assureur. Cette notification rappelle le **montant de la créance**, le **bénéficiaire** et enfin la **durée de l'engagement**. L'assureur à qui est adressée cette notification, le plus souvent par le notaire qui a fait la vente, doit enregistrer cette créance hypothécaire. Si l'assuré change d'assureur avant le terme de son engagement, il doit prévenir son nouvel assureur de la créance pour qu'elle soit validée.

6 La subrogation légale de l'assureur

L'assureur qui est intervenu contractuellement et a indemnisé son assuré a le droit de se retourner contre l'assureur du responsable afin de récupérer les sommes qu'il a effectivement versées (article L121.12 du Code des assurances).

7 La fiscalité des prestations d'assurance

Si l'assuré qui perçoit une indemnité bénéficie d'une plus-value conséquente, il peut échelonner sur plusieurs années ce bénéfice, dans la limite de 15 ans. Par ailleurs, une indemnité versée pour un bien qui ne peut pas être reconstruit est intégrée dans la somme à déclarer à l'ISF.

Entraînement

L'assurance de dommages : biens et responsabilités – L'incendie

Vous travaillez au sein du service de gestion de sinistres de la société d'assurances JASSURE. Vous devez gérer le dossier de votre assuré M. DUBOIS qui déclare le 7 mai 2023 qu'un sinistre incendie est survenu dans les locaux de son entreprise, pendant sa fermeture hier soir. Les dégâts sont importants, tant pour le bâtiment que pour ses machines et les produits finis. L'activité est totalement arrêtée.

PREMIER TRAVAIL **Indemnisation de l'assuré M. DUBOIS**

1.1. Suite à l'incendie survenu le 7 mai 2023, justifiez les garanties mises en jeu pour l'indemnisation de l'assuré M. DUBOIS.

1.2. Calculez l'indemnité due à votre assuré pour ses dommages aux biens et pour ses pertes d'exploitation.

DEUXIÈME TRAVAIL **Indemnisation du propriétaire des locaux et du voisin**

2.1. Analysez les responsabilités de M. DUBOIS à l'égard de son propriétaire et de son voisin lors du sinistre du 7 mai 2023.

2.2. Précisez les garanties du contrat de M. DUBOIS mises en jeu et indiquez les indemnités dues au propriétaire et au voisin.

LE DOSSIER

Rapport d'expertise

M. DUBOIS agit en qualité de locataire total d'un bâtiment appartenant à M. PAUL. Le bail ne stipule aucune renonciation au regard des responsabilités.

DESCRIPTION DU BÂTIMENT

Le bâtiment est de construction traditionnelle. Ce bâtiment est constitué d'un atelier d'usinage de métaux, d'un local de stockage de produits finis, de quatre bureaux et de sanitaires.

CAUSES ET CIRCONSTANCES

Le 07/05/2023, vers 20 heures, M. JEAN, salarié, chargé d'inspecter le bâtiment lors de la fermeture, a détecté une forte odeur de plastique brûlé provenant de la machine n° 4. Il a ensuite très vite constaté un début d'incendie qui s'est propagé. Les pompiers sont intervenus 15 minutes après l'appel, mais l'incendie s'était déjà étendu à la maison mitoyenne.

Par ailleurs, M. MAX, opérateur sur cette machine, avait observé le jour même, à plusieurs reprises, des dysfonctionnements électriques. M. DUBOIS a contacté la société de maintenance qui devait intervenir le 08/05/2023. L'analyse technique réalisée sur cette machine révèle qu'un fil électrique dénudé a causé un court-circuit à l'intérieur de la machine à l'origine de ce sinistre.

DOMMAGES

Dommages au bâtiment

Les dommages immobiliers sont de 325 000 €. Ils correspondent à la réclamation de M. PAUL.

Dommages aux biens des Ets Dubois

Les cinq machines identiques identifiées sous les numéros de 1 à 5 ont été totalement détruites par le sinistre. Le montant unitaire HT se monte à 15 000 €, la vétusté est de 20 %.

Le stock de produits usinés est intégralement impropre à la vente en raison de leur corrosion causée lors de l'extinction du feu par les pompiers. La perte est évaluée à 32 000 € HT.

Dommages d'exploitation

Le sinistre a généré une inactivité totale de 2 mois. Le coût est à déterminer selon les documents comptables de l'entreprise. En l'absence de sinistre, l'augmentation prévisionnelle du chiffre d'affaires entre 2022 et 2023 a été évaluée à 15 %.

Dommages au voisin

Les dommages aux biens immobiliers s'élèvent à 18 000 € TTC et à 6 200 € TTC pour le mobilier. Les valeurs assurées sont conformes aux valeurs réelles des biens.

Enfin, il est à noter que cette entreprise est assujettie à la TVA.

Exercice comptable 2022 des établissements DUBOIS

Voici les éléments comptables synthétiques issus du compte de résultat de M. DUBOIS. Je tiens à votre disposition le compte de résultat complet.

C.A. 4 237 000 €

CHARGES FIXES 2 728 400 €

CHARGES VARIABLES 1 443 400 €

Par ailleurs, je vous confirme que :

- la production est uniforme tout au long de l'année ;
- la perte d'exploitation totale a été exactement de 2 mois.

Fiche de situation - 01/01/2022

ASSURÉ : ETS DUBOIS (historique des contrats et des garanties)

NATURE	CONTRAT	EFFET	FIN
MULTIRISQUE	794 862		
INCENDIE		01/01/2011	
PERTES EXPLOITATION		01/01/2011	

Extraits des conditions particulières du contrat n° 794862 au 01/01/2011 • Incendie et risques annexes

Biens, frais et pertes, responsabilité

Capitaux en €

Risques locatifs « bâtiment » : 800 000

Matériel et mobilier (en vétusté déduite) : 600 000

Marchandises : 120 000

Frais et pertes, y compris les pertes indirectes justifiées : 100 000

Recours des voisins et des tiers : 500 000

ÉVÉNEMENTS	GARANTIES	FRANCHISE EN €
Incendie et risque divers – Attentat et actes de terrorisme	Oui	2 000 Pour les risques locatifs : sans franchise
Accident d'origine électrique	Non	

Conventions et déclarations (extraits)

DESCRIPTIF GÉNÉRAL

L'assuré est locataire d'un bâtiment industriel à usage de travail des métaux comportant notamment un atelier et un magasin de stockage.

Le bâtiment est contigu, sans communication et sous toiture distincte avec une maison d'habitation.

• Pertes d'exploitation

Nature des garanties	Montants en €
Marge brute	3 800 000

Période d'indemnisation : 12 mois

Franchise : 1 000 € sauf catastrophes naturelles franchise légale

• Autres informations importantes

TAXE SUR LA VALEUR AJOUTÉE (TVA)

L'indemnisation sera effectuée hors TVA sauf lorsque celle ci aura été comprise dans les capitaux déclarés et que l'assuré n'est pas assujetti à la récupération de la TVA.

Extraits des conditions générales du contrat n° 794862

CHAPITRE I Incendie et risques annexes

TITRE I. Les biens, frais et pertes, responsabilités assurables

Peuvent être assurés dans la limite des capitaux indiqués aux conditions particulières, à la suite d'un événement garanti, et sous réserve des exclusions :

1. Les biens

1.2 Le matériel et le mobilier

Les objets, instruments, outillage, machines, meubles, appartenant à l'assuré et utilisés pour les besoins de l'entreprise ainsi que les vêtements et outillage du personnel.

1.4 Les marchandises (ou stocks)

Les objets ou produits destinés à être transformés (matières premières, produits semi-ouvrés, produits finis) ainsi que les approvisionnements, matériels publicitaires, emballages, appartenant à l'assuré et se rapportant à son activité.

2. Les frais de pertes

Définis ci-après, et supportés par l'assuré dans la limite du capital global indiqué aux conditions particulières. La règle proportionnelle de capitaux n'est pas applicable.

2.11 La perte d'exploitation

Nous garantissons les conséquences financières de l'interruption totale ou partielle de l'activité suite à la destruction, la détérioration de l'outil de production dans le cadre d'un sinistre garanti au contrat. Nous indemnisons la perte de marge brute.

La marge brute se calcule par différence entre le chiffre d'affaires et les charges variables.

3. Les responsabilités

Définies ci-après et découlant des textes légaux ou réglementaires dans la mesure où elles résultent exclusivement d'un incendie, d'une explosion ou d'un dégât des eaux atteignant les biens assurés. Les responsabilités sont garanties à hauteur des sommes choisies par l'assuré et figurant aux conditions particulières. Elles ne peuvent donner lieu à l'application de la règle proportionnelle de capitaux, sauf celles concernant les risques locatifs bâtiments, matériel et mobilier.

3.1 Responsabilités du locataire ou de l'occupant à l'égard du propriétaire des biens

3.1.1 Risques locatifs « bâtiment »

Responsabilité du locataire ou de l'occupant à l'égard du propriétaire pour les dommages matériels exclusivement affectant les bâtiments loués ou confiés (articles 1302, 1732 à 1735 du Code civil).

3.1.2 Risques locatifs « matériel et mobilier » [...]
Responsabilités du propriétaire à l'égard du locataire
3.2.1 Recours des locataires
Responsabilité du propriétaire à l'égard des locataires pour les dommages matériels causés à leurs biens et les dommages immatériels qui leur sont consécutifs par suite de vice de construction ou de défaut d'entretien de l'immeuble (article 1721 du Code civil). Cette garantie s'étend aux frais de déplacement et de relogement, que seraient amenés à exposer les locataires atteints par le sinistre.
3.3 Responsabilité de l'assuré à l'égard des tiers
Responsabilité que l'assuré peut encourir en raison de dommages matériels causés aux biens de tiers et pour les dommages immatériels qui leur sont consécutifs (articles 1240 à 1242 du Code civil).
TITRE II. Les événements assurables
Peuvent être assurés, s'il en est fait mention aux conditions particulières, les dommages matériels directs subis par les biens assurés provoqués par les événements suivants.
1. L'incendie et les risques divers
1.1 L'incendie
C'est la combustion avec flammes en dehors d'un foyer normal.
Disposition commune aux événements ci-dessus.
La garantie est étendue aux dégâts occasionnés par les secours et les mesures de sauvetage.
2. Les accidents d'ordre électrique
Phénomène d'ordre électrique, y compris celui provoqué par la chute de la foudre ou l'électricité atmosphérique affectant :
- les parties électriques et/ou électroniques du matériel. [.]

#corrigé
Corrigé de l'entraînement partie 2.2
foucherconnect.fr/23vassur55

Fiche 30

LES AUTRES GARANTIES DOMMAGES AUX BIENS

Le dégât des eaux

Bien qu'incluse dans la plupart des contrats, la garantie responsabilité locative dégâts des eaux a fait l'objet d'une obligation d'assurance comme la garantie des risques locatifs incendie. Cette garantie est donc une assurance tant de dommages que de responsabilités

1 Les événements garantis

A. Les garanties de base

■ Sont garantis les **dommages matériels** directement causés aux biens assurés et survenus dans les circonstances limitativement prévues au contrat. Il s'agit principalement des **conséquences de fuites ou d'infiltrations d'eau** accidentelles provenant :

- des conduites non enterrées d'adduction ou d'évacuation des eaux ménagères ou de vidange ;
- de tous appareils fixes à effet d'eau ou de vapeur ou de chauffage ;
- de la rupture ou de l'engorgement des chéneaux, ou des conduites d'évacuation des eaux pluviales ;
- des infiltrations au travers des toitures, terrasses, balcons ou ciels vitrés.

■ Il peut aussi s'agir de renversements ou débordements de récipients ou d'objets à effet d'eau définis par tout appareil ayant une entrée et une sortie d'eau.

B. Les frais de recherche de fuite

Sont pris en charge les frais occasionnés pour la recherche de fuite ayant provoqué des **dommages directs garantis**. La réparation de la fuite en elle-même n'est pas prise en charge, d'où la nécessité d'obtenir une facture détaillant les deux postes. Lorsque la canalisation en cause est encastrée, les assureurs acceptent, afin de réduire le coût de la recherche, de prendre en charge, partiellement ou totalement, la mise en apparent de cette canalisation.

C. L'étendue de la garantie gel

■ Les dommages matériels causés aux biens assurés sont garantis si la fuite d'eau à l'origine du sinistre est consécutive à un gel, à la condition que les dommages surviennent à l'intérieur d'un bâtiment normalement chauffé. En outre, sont pris en charge les dommages subis par les appareils fixes à effet d'eau ou de vapeur ou de chauffage et ceci si les mesures de prévention ont été respectées.

■ Il est donc exigé, en cas d'absence au cours de période « à risque », de protéger les installations en conservant une température hors gel, en vidangeant les canalisations ou en introduisant du produit antigel.

■ À défaut de respect d'une de ces conditions prévues au contrat, l'assureur peut soit **refuser la prise en charge**, soit **prévoir une franchise fixe ou proportionnelle** qui intervient en complément de la franchise contractuelle. Il appartient à l'assureur de prouver que les mesures de prévention n'ont pas été respectées.

2 Les postes garantis

A. Les dommages aux biens

La garantie porte sur les mêmes biens que l'incendie dans la limite des montants prévus au contrat. Les franchises sont souvent identiques.

B. Les assurances de responsabilités

Il s'agit des mêmes postes qu'en incendie. L'assurance des risques locatifs en dégâts des eaux est aussi **obligatoire pour tout locataire** qui peut rester son propre assureur pour son mobilier. Le bail peut être interrompu hors échéance en l'absence de cette garantie.

C. Les dommages immatériels

Ces dommages couverts en incendie peuvent aussi l'être suite à un dégât des eaux.

3 Les exclusions spécifiques à la garantie dégâts des eaux

Elles s'ajoutent aux exclusions légales telles que le fait intentionnel [article L113.1 du Code des assurances], les dommages corporels, etc. Sont généralement prévus les événements ou dommages suivants :

- les dommages subis par les installations elles-mêmes [sauf gel] ;
- les infiltrations à travers des murs et des façades et toutes entrées d'eau par les portes, fenêtres ou balcons. Certains contrats prévoient toutefois maintenant l'extension « infiltrations par façade » ;
- les dommages provoqués par la condensation, la buée ou l'humidité, liés souvent à un manque d'aération ou à l'obturation de bouches d'aération ;
- les infiltrations provoquées suite à un défaut d'entretien [absence de joint, vitre brisée non remplacée...] ;
- sauf extension, les conséquences de débordements d''gouts, les eaux de ruissellement ;
- les conséquences d'inondations et tout autre événement climatique pouvant toutefois être pris en charge au titre de la garantie « catastrophes naturelles » en présence d'un arrêté au *Journal officiel* ;
- le remplacement des vitres pris en charge au titre de la garantie « bris de glaces » ;
- les dommages causés par un autre liquide que l'eau, qui peuvent eux être garantis par un contrat « bris de machines » ou « coulage » ;
- les dommages subis par les marchandises non mises « hors d'eau » ou surélevées d'au moins 10 cm du sol ;
- les dommages subis par les archives, modèles, dessins, billets de banque ;
- la perte d'eau, sauf extension spécifique.

4 Le sinistre : la prise en charge contractuelle

A. La déclaration

Elle doit être faite dans les **délais prévus** au contrat. L'assuré doit justifier que le sinistre est survenu dans les **circonstances garanties** (1353 al. 1 du Code civil). En revanche, l'assureur qui avance une exclusion doit le justifier (alinéa 2 dudit article).

B. Le règlement

Sur présentation de l'état de perte, chaque assureur a la possibilité de proposer une indemnité de gré à gré ou peut avoir recours à une expertise. Le seuil d'expertise diffère suivant l'assureur et les délégations de l'intermédiaire.

C. L'indemnisation

La garantie valeur à neuf est souvent prévue au moins pour les dommages immobiliers, ce qui entraîne une indemnisation en deux temps :

- **indemnité immédiate dès acceptation de l'offre**, vétusté et éventuelle franchise déduites ;
- **indemnité différée sur présentation des factures** dans la limite de 25 % de l'abattement pour vétusté, si les travaux sont effectués dans un délai de 24 mois au même endroit et pour un usage similaire.

D. Le recours

■ Le **recours subrogatoire** peut être fait au titre de l'article L121.12 du Code des assurances, dans la limite des sommes effectivement versées, auprès du responsable ou de son assureur au titre de l'action directe.

■ Le **recours pour le compte de l'assuré** est fait au titre de la garantie défense recours prévue au contrat, pour les préjudices non indemnisés contractuellement (franchise, règle proportionnelle, limite de garantie...).

INFO
Se reporter à la fiche 35 pour la convention d'indemnisation

■ Le **recours conventionnel** : la nature et le montant sont définis dans le cadre des conventions établies entre assureurs.

LES AUTRES GARANTIES DOMMAGES ET BIENS

Le vol et le vandalisme

L'assurance vol se réfère à la législation figurant aux articles 311-1 et suivants, 313-1,314-1, 132-73 du Code pénal. La garantie vol pouvant être proposée par contrat spécifique, elle peut être intégrée dans un contrat multirisques habitation, professionnelle ou immeuble.

1 Les garanties

A. Les biens garantis

■ Sont pris en charge dans la limite des plafonds prévus au contrat les **dommages subis par les biens immobiliers ou mobiliers** situés dans les locaux désignés aux conditions particulières, les frais de gardiennage, les frais de remise en état de l'alarme ou des moyens de prévention.

■ Dans le cadre d'un contrat habitation, les **objets de valeur (OV)** ou **objets précieux (OP)** sont pris en charge à hauteur d'un pourcentage des biens mobiliers prévus au contrat (par exemple, OV 30 % du contenu et OP 10 % des OV).

■ Les fonds et valeurs sont eux aussi limités, avec des plafonds différents en fonction de l'endroit où ils sont situés (tiroir fermé à clé, coffre-fort, sur la personne en transport de fonds).

B. Les circonstances garanties

■ Le vol est défini contractuellement et reprend un certain nombre de **circonstances** limitativement énoncées, dont l'effraction, l'escalade, l'usage de fausses clés, les actes commis après menaces ou agressions physiques, l'introduction ou le maintien dans les locaux de façon clandestine, la perte ou le détournement par des salariés de l'entreprise.

■ Les assureurs suspendent leur garantie au bout d'une certaine **période d'inhabitation**, en général de 90 jours pour l'habitation, mais qui peut être réduite pour le risque professionnel. L'inoccupation est définie en fonction du nombre de jours d'absence cumulés dans une année, sachant que, en général, deux seuls jours consécutifs ne sont pas comptés, mais qu'une absence prolongée interrompue par une réintégration des locaux de moins de trois jours n'écourte pas cette période.

■ La garantie vol peut être totalement supprimée pour l'ensemble des biens ou uniquement pour les objets de valeur ou précieux tels que définis au contrat.

C. Les dommages garantis

La garantie vol couvre la **destruction**, la **détérioration** et la **disparition** des biens assurés résultant de vol ou de la tentative de vol, ou de vandalisme.

D. Les extensions

Peuvent être garantis moyennant surprime et dans la limite prévue au contrat les biens confiés à l'assuré, les supports d'information, les honoraires d'expert, la perte d'usage suite à détériorations immobilières, les vols en devanture, les biens mobiliers situés dans les dépendances, dans un véhicule terrestre à moteur, dans un lieu de villégiature.

2 Les exclusions

A. Les exclusions légales

■ Prévues par le législateur, elles moralise principalement le risque, tels que les **dommages causés intentionnellement** par l'assuré, avec sa complicité ou celle d'un des membres de sa famille, par les employés ou préposés, lorsque le vol a eu lieu sur le temps de travail, ou enfin par les personnes habitant sous son toit. Ils peuvent, dans certains cas, être pris en charge par l'assurance de la responsabilité civile de l'employeur (vol par un salarié).

■ Sont aussi exclus mais peuvent être pris en charge par d'autres garanties contractuelles :
- les dommages corporels (assurance responsabilité civile, garantie des accidents de la vie) ;
- les vols causés à l'occasion d'une explosion, d'une catastrophe naturelle, sauf s'il s'agit d'un vol garanti par le contrat ;
- le bris des glaces (assurance bris de glaces).

B. Les exclusions conventionnelles

■ Elles peuvent concerner la **nature des biens** (objets précieux par exemple ou biens à l'extérieur des bâtiments) ou si les conditions de prévention exigées ne sont pas respectées. Toutefois, dans ce cas, une clause peut être stipulée au contrat prévoyant une réduction proportionnelle de l'indemnité.

■ En cas de **vandalisme** sont exclus les dommages causés à l'extérieur des locaux (tags, boîtes aux lettres...) ou lorsqu'ils ne sont pas liés à un vol ou une tentative de vol.

3 La prévention

■ Les moyens de prévention préconisés ou exigés par les assureurs sont classifiés en fonction de leur **résistance** à l'introduction dans les locaux sous la norme A2P ou APSAD. Il est souhaitable, voire indispensable, que l'assureur ou l'intermédiaire accomplisse une visite du risque pour **contrôler l'ensemble des moyens de prévention** existants sur tous les accès de l'ensemble des locaux. Il lui appartient de préconiser, voire d'exiger, des **systèmes de protection** tels que :
- la **protection physique** (gardiennage), mécanique qui retarde ou interdit l'introduction (volets, grilles, barreaux, porte blindée, verrous de sécurité, etc.) ;
- la **surveillance électronique** qui a pour but de déclencher une alarme sonore ou visuelle. Cette alarme peut être :

- **périphérique** : surveillance extérieure du bâtiment ;
- **périmétrique** : reliée à des détecteurs d'ouverture ;
- **volumétrique** : détectant les déplacements anormaux.

- L'information peut se décliner sous trois types :
  - la **téléalarme**, qui informe un organisme ou une personne désignée ;
  - la **télésurveillance** reliée à une centrale de télésurveillance ;
  - la **télésécurité**, qui prévoit en plus l'intervention d'un personnel de sécurité.

4 La tarification

- Le nombre des vols étant en augmentation, les assureurs sont de plus exigeants, surtout pour **certains risques professionnels**. Ils tiennent compte de tous les éléments suivants :
  - la **zone géographique**, par référence à une nomenclature regroupant les communes françaises ;
  - l'**isolement du risque** ;
  - la **nature de l'activité** : les risques sont répertoriés en cinq classes en fonction de leur sensibilité au vol ;
  - la **valeur des biens en fonction des protections existantes** ;
  - les **antécédents en vol** ;
  - les **protections** déjà installées ou exigées en fonction des critères précités.

- Ils peuvent, par ailleurs, exiger ou majorer des franchises afin de moraliser le risque et ont toujours la possibilité de refuser un risque qui ne rentrerait pas dans leurs critères de sélection.

5 La responsabilité civile dépositaire

L'engagement du dépositaire est rappelé dans les articles 1915 et suivants du Code civil. Cela peut concerner notamment le coiffeur, le club de sports, le pressing, le transporteur. L'hôtelier est responsable de la disparition des biens ou des dommages subis par eux dans la chambre d'hôtel à hauteur de 100 fois la journée d'hébergement (articles 1952 et 1953 du Code civil) et dans le véhicule en stationnement sur le parking privé de l'hôtel à hauteur de 50 fois ladite journée (article 1954 du Code civil).

6 Le sinistre

A. La déclaration

La déclaration auprès des forces de l'ordre et de l'assureur doit être faite dans les délais prévus au contrat, délais qui ne peuvent pas être inférieurs à 2 jours ouvrés à partir du moment où l'assuré en a connaissance. L'assuré doit remettre le procès-verbal de dépôt de plainte.

B. La charge de la preuve

1. Sur les faits

- L'assuré doit prouver que le sinistre est survenu dans les circonstances prévues au contrat (article 1353 al. 1 du Code civil). Si l'assureur a prévu des conditions de garanties liées à une protection spécifique, l'assuré doit justifier que ce moyen de prévention était en service.

■ À l'opposé, l'assureur qui avance une exclusion doit justifier son refus [article 1353 al. 2 du Code civil]. Par exemple, le contrat prévoit en exclusion les dommages causés lorsque les volets ne sont pas fermés ; l'assureur doit prouver que ceux-ci étaient ouverts au moment du sinistre.

2. Sur la réclamation

L'assuré doit justifier l'existence des objets volés et leur valeur, par tout moyen en sa possession. Certains moyens de preuves prévalent sur d'autres, tels que la facture d'achat, l'expertise préalable. À défaut, l'assuré peut remettre le bon de garantie, des photos, des attestations de témoins mais qui ne prouvent que l'existence du bien.

C. L'indemnisation

Une expertise est généralement diligentée par l'assureur. L'indemnisation se fait pour les biens immobiliers suivant le coût des réparations, et pour les biens mobiliers, valeur de remplacement à l'identique, vétusté déduite. Certains contrats prévoient l'option valeur à neuf pour des catégories de biens. La TVA est prise en charge dès lors que l'assuré peut justifier qu'il ne peut pas la récupérer.

INFO
Se reporter à la fiche 35 pour la convention d'indemnisation

FOCUS

La spécificité de l'assurance vol

Que se passe-t-il si les objets sont retrouvés ?

· **1re situation : les objets sont retrouvés avant l'indemnisation.**

L'assuré récupère les objets et l'indemnisation tient compte de la remise en état des dégradations et des frais de récupération.

· **2e situation : les objets sont retrouvés après l'indemnisation.**

L'assuré a la possibilité :

- soit de récupérer les objets et il restitue alors l'indemnité déduction faite des dégradations et des frais de récupération ;
- soit de conserver l'indemnité. Dans ce cas, les objets appartiennent alors à l'assureur.

Recours auprès des voleurs : l'assureur qui a indemnisé contractuellement son assuré peut exercer son recours subrogatoire auprès des auteurs du vol mais ne peut pas se porter comme plaignant lors d'une procédure pénale.

LES AUTRES GARANTIES DOMMAGES AUX BIENS

Le bris de glaces, les archives

Pouvant malgré tout être proposée dans un contrat séparé pour des risques bien spécifiques, la garantie bris de glaces peut intégrer les contrats « multirisques » habitation, professionnelle, immeuble... De son côté, la garantie reconstitution des archives peut s'avérer indispensable pour certaines professions.

1 Le bris de glaces

A. La garantie

Il s'agit généralement d'une garantie « tous risques sauf », ce qui signifie que tous les risques tels que définis sont pris en charge, sauf dans le cadre des **exceptions mentionnées**.

B. Les objets garantis

- Ce sont les glaces, verres, miroirs et marbres. Par extension peuvent être aussi garantis les appareils sanitaires fixés, les enseignes lumineuses, les parcloses, les capteurs solaires, etc. Les objets en plastique peuvent bénéficier de la garantie sous certaines conditions.
- Certains contrats garantissent les glaces sur les meubles en limitant parfois à la notion de glaces ou vitres fixées verticalement.

C. Les événements garantis

Le bris **doit être accidentel**. Il peut venir du fait non intentionnel de l'assuré (courant d'air), du fait de tiers (jet de pierre), d'un vol ou d'une tentative de vol, de grêle et variation de température, du franchissement du mur du son, si ce dernier n'est plus mentionné en extension à la garantie incendie, d'une catastrophe naturelle, d'un attentat, d'une tempête, d'un ouragan ou d'un cyclone, le tassement ou le vice de construction de l'immeuble.

D. Les extensions possibles

- Sont pris en charge, moyennant **surprime** dans la plupart des contrats : les frais de clôture provisoire voire de gardiennage, les frais de gravage, de peintures notamment pour les vitrines ou les marbres de façade, les dommages subis par les enchâssements, les vérandas, les frais supplémentaires de pose (location matériel de levage, nacelle, etc.), les dommages subis par les marchandises.
- De nombreux contrats professionnels peuvent intégrer une **clause de renonciation à recours** contre les clients qui pourraient être reconnus responsables, sauf si le responsable du bris est assuré ou s'il s'agit d'un acte de malveillance.

E. Les exclusions

1. Les exclusions liées aux circonstances

Sont exclus les bris occasionnés :
- intentionnellement par l'assuré, par la guerre civile ou étrangère, lors d'une catastrophe naturelle ;
- du fait du vice propre de la chose ;
- lors de dépose, repose ou tous travaux effectués sur les objets assurés ;
- lors d'un incendie ou d'une explosion (ce sont ces garanties qui interviennent) ;
- par la vétusté ou le défaut d'entretien des enchâssements.

2. Les exclusions liées à la nature des dommages

Sont exclus les dommages suivants :
- les rayures, ébréchures, écaillements et détériorations de peinture ;
- les dommages corporels ou matériels causés à des tiers par ou suite au bris de la glace ;
- les accidents corporels ou les dommages matériels causés par la chute de bris ;
- les dommages immatériels, sauf exception prévue au contrat.

F. La tarification

1. Le risque habitation

Le tarif tient compte en général soit du nombre de pièces telles que définies au contrat, soit de la surface développée de l'immeuble. Il est important que l'assuré déclare la présence d'une véranda existante pour éviter une règle proportionnelle de prime liée au nombre de pièces et une exclusion du bris de glaces.

2. Le risque professionnel

■ Le tarif dépend tout d'abord de l'**activité professionnelle**, car certaines professions sont plus sensibles au vol, donc à l'effraction et au bris de la vitrine ou de la porte d'entrée vitrée. Il dépend aussi de la nature des produits verriers, de la surface ou de la longueur cumulée des vitrines et entrées vitrées exprimée en mètre linéaire, de leur situation, enchâssement et épaisseur.

■ Dans ce cas, l'assureur peut prendre en charge la **valeur de remplacement à l'identique**. Il peut aussi prévoir un **plafond de garantie forfaitaire** choisi par l'assuré. Les enseignes peuvent également être garanties dans la limite d'un plafond correspondant à un pourcentage de la valeur du contenu ou évalué en « nombre d'indices ».

■ En parallèle, des **réductions** peuvent être accordées en présence de protections spécifiques qui permettent de dissuader toute tentative d'effraction. Une réduction est également possible si l'assuré accepte une franchise ou une franchise plus importante. Ces franchises peuvent être fixes ou proportionnelles avec mini et maxi et varier en fonction de l'indice. D'autres contrats prévoient un seuil de surface de vitrage pour l'intervention.

G. Le sinistre

■ L'assuré est obligé de déclarer le sinistre dans les délais prévus au contrat qui ne peuvent pas être inférieurs à 5 jours ouvrés à partir du moment où il en a connaissance, délai ramené à 48 heures en cas de vol. Il doit, en outre, prendre toutes les mesures de sauvegarde.

- L'assureur prend en charge, éventuellement après l'expertise des dommages, le remplacement à l'identique soit en prestations en nature avec un paiement direct à l'entreprise, soit en prestations en espèces à l'assuré.
- Le règlement de la TVA dépend de l'assujettissement de l'assuré à la TVA pour les biens endommagés.

2 Les frais de reconstitution des archives

A. L'objet de la garantie

Elle prend en charge la reconstitution des archives de toute nature, relatives à l'activité déclarée et de leurs supports, dans la limite du plafond prévu au contrat. Ce plafond se calcule souvent en **nombre d'indices**. Lorsqu'il s'agit de biens confiés à un professionnel, cette prise en charge s'effectue au titre de la responsabilité civile dépositaire.

B. Les événements garantis

Sont pris en charge les conséquences d'un dommage garanti par le contrat (incendie, explosion et risques annexes, dégâts des eaux, ainsi qu'en bris de machines ou tous risques informatiques). Pour ces derniers, seuls les frais de remplacement des supports et des frais de duplication d'informations détruites sont pris en charge, d'où la nécessité de posséder une sauvegarde mise à jour régulièrement dans un autre lieu. La durée de la validité de la sauvegarde figure au contrat.

C. Les risques garantis

Sont concernés tous les supports d'informations quels qu'ils soient, papier (archives, dessins, photos, plans, modèles, etc.), fichiers sur supports informatiques ou non.

D. Les exclusions

Elles concernent les dommages consécutifs à une erreur de manipulation de l'appareil ou à l'effacement du programme ainsi que ceux causés par les virus.

E. La tarification

Un taux en « pour mille » s'applique à la valeur garantie. Ce taux dépend notamment de la zone géographique dans laquelle se situe le risque.

Fiche 33

Le bris de machines (BDM) et tous risques informatiques (TRI)

Les machines bénéficient des garanties de dommages à l'intérieur des contrats multirisques, mais l'indemnisation est parfois soit bien insuffisante en raison notamment de la vétusté appliquée, soit absente dans certaines circonstances. Les assureurs ont donc mis en place une garantie afin de compenser ces insuffisances. Avec l'évolution constante et rapide des moyens de production ou de communication, des garanties ont aussi été mises au point pour tous les matériels informatiques et de bureautique.

1 Le bris de machines

A. L'objet de la garantie

1. Définition des machines

■ Les biens font l'objet d'une **désignation au contrat** avec notamment le modèle, le numéro de série, la date d'achat ou de fabrication et la valeur de remplacement à neuf tous frais compris et sans tenir compte d'un rabais éventuel.

■ L'assuré doit déclarer **toute adjonction ou tout retrait de machines** en cours de contrat, ce qui entraîne l'établissement d'un avenant et d'une pièce comptable.

■ En présence d'un parc de machines, l'assureur prévoit généralement une tolérance de mouvements en plafonnant l'augmentation à un taux. Toutefois, une mise à jour est faite au moins à chaque échéance. L'assuré a cependant l'obligation de déclarer l'adjonction d'une machine ne rentrant pas dans ces critères sous peine de règle proportionnelle.

> **À SAVOIR**
> Les machines sont tous les types d'appareils et d'installations sis à l'adresse désignée au contrat ou sur les chantiers exploités par l'assuré, après réception et essais.

2. La valeur assurée

Elle correspond à la **valeur de remplacement à neuf**, tous frais compris, sans tenir compte d'une remise éventuelle. Les contrats sont indexés en fonction de l'indice bris de machines, ce qui permet de réévaluer automatiquement et régulièrement la valeur des biens assurés.

> **À SAVOIR**
> Lorsque les machines sont en leasing ou location avec option d'achat, il est important de prévoir une clause spécifique précisant les bases de l'indemnisation des frais financiers existants.

B. Les événements garantis

■ Le bris est un dommage qui porte atteinte à la structure ou à la substance de la chose, survenant de manière soudaine et imprévue.

■ La garantie prend en charge les dommages consécutifs à des risques de fonctionnement des machines garanties suite à des événements précisés contractuellement tels que des :
- **causes internes** : erreur de conception, défauts de montage, incendie ou explosion d'origine non électrique, etc. ;
- **causes externes** : introduction de corps étrangers, chute ou choc ou effondrement partiel ou total de bâtiment ;
- **phénomènes électriques** : court-circuit, surtension ou sous-tension, surintensité, foudre, électricité statique, incendie d'origine électrique... ;
- **phénomènes naturels** : tempête, grêle, gel, pluie ;
- **incidents d'exploitation** : déréglage, desserrage de pièces, force centrifuge, survitesse, échauffement mécanique, coup d'eau, de bélier ou de feu dans les appareils à eau chaude ou autres liquides, défaillance des appareils de contrôle ou de sécurité, manque d'eau ;
- **causes humaines** : fausse manœuvre, malveillance, émeutes.

C. Les extensions moyennant surprime

■ La **reconstitution des médias** prend en charge, dans la limite du plafond garanti, la reconstitution des informations contenues sur les supports informatiques, ainsi que du remplacement de ces supports. L'assureur exige en général un contrat de maintenance pour les appareils et une sauvegarde des données à une adresse différente.

■ Les **frais supplémentaires d'exploitation et perte d'exploitation** correspondent aux pertes financières liées à l'immobilisation de machines suite à un dommage garanti. Le contrat intervient dans la limite du plafond prévu et pendant une période précisée au contrat. Une franchise est généralement applicable.

■ La **perte de marchandises en chambre froide** : l'extension prend en charge les pertes ou frais supplémentaires subis par la perte des marchandises en chambre réfrigérée, ou la coupure de l'installation frigorifique suite à un sinistre garanti. Cette extension joue aussi en cas d'interruption accidentelle du courant liée à une panne d'EDF ou à un acte de malveillance.

■ Les **mesures de sauvetage** et les **frais de déblais** : l'extension peut prendre en charge les mesures de sauvetage et les frais de déblais.

D. Les exclusions

1. Les exclusions liées à la machine

L'assureur définit une limite d'âge au-delà de laquelle la prise en charge est refusée. Sont par ailleurs exclus les dommages résultant d'un défaut antérieur à la souscription, les dommages relevant de la garantie légale du constructeur ou autres professionnels devant garantie, ceux causés aux pièces d'usure, aux produits consommables, les dommages esthétiques.

2. Les exclusions liées aux circonstances

■ Sont exclus les dommages causés par une utilisation non conforme aux directives du fabricant, les aggravations liées à l'utilisation d'une machine endommagée mais non réparée en totalité, la mise au point et la mise en conformité de la machine, les dommages occasionnés au cours du transport, hormis les engins de chantier.

■ Sont aussi exclus les dommages consécutifs à des risques pouvant être garantis par un contrat de dommages aux biens, comme la chute d'appareils de navigation aérienne, l'incendie, l'explosion ou la chute de la foudre, le vol, le dégât des eaux qui est la conséquence d'une cause externe à la machine. Ces dommages peuvent toutefois être garantis par extension au contrat.

E. La tarification

Chaque assureur dispose de ses propres tarifs mais ils tiennent tous compte des mêmes critères.

CRITÈRES LIÉS À LA MACHINE	Le tarif peut tenir compte de l'âge de la machine, de l'état, de l'entretien et notamment de la présence d'un contrat de maintenance, de la valeur.
CRITÈRES LIÉS À L'USAGE	La nature de l'activité, la technicité des utilisateurs et notamment des éventuelles formations assurées en amont et par la suite sont aussi des éléments tarifaires.
AUTRES CRITÈRES	L'assureur retient un taux pour mille qu'il applique à la valeur des machines à garantir. Il peut majorer en fonction des antécédents et de la présence d'une franchise. La franchise indexée est souvent proportionnelle avec un minimum et un maximum.

F. Les sinistres

1. La déclaration

L'assuré dispose du délai figurant au contrat qui ne peut pas être inférieur à 5 jours ouvrés à partir du moment où il en a connaissance.

2. L'indemnisation

Les réparations nécessaires sont indemnisées sans aucune application de vétusté, même si la machine est ancienne. Cette indemnisation est limitée à la valeur vénale de la machine qui correspond à la valeur de remplacement à neuf, déduction faite de la vétusté.

3. Le sinistre total

L'indemnité est limitée à la valeur vénale de la machine, déduction faite éventuellement de la valeur de sauvetage.

4. Le sinistre partiel

■ Est pris en charge le coût des réparations au jour du sinistre comprenant le montant des pièces de rechange et des fournitures, les frais de transport, les frais de main-d'œuvre, les droits de douane et les taxes non récupérables dans la mesure où ils sont inclus dans les sommes fixées aux conditions particulières.

■ Les pièces sont indemnisées en valeur de remplacement à neuf, il n'est pas appliqué de vétusté sur la main-d'œuvre et le transport.

2 La garantie tous risques informatiques

A. L'objet de la garantie

Il s'agit de contrats dits « tous risques sauf », ce qui signifie que tous les matériels définis sont garantis dans toutes les circonstances, sauf exclusions prévues au contrat.

1. Les machines garanties

La garantie porte sur les matériels informatiques, de bureautique ainsi que les équipements fixes de services dédiés aux biens informatiques (onduleurs, batteries, groupes électrogènes, logiciels de base...). Ils doivent se situer dans les locaux définis au contrat et être utilisés dans le cadre de l'activité déclarée. Ils doivent être en parfait état. Les références, valeur et usage figurent au contrat.

2. La valeur assurée

Elle se définit sous la même forme qu'au titre des contrats bris de machines.

3. Les événements garantis

- Sont généralement couverts les dommages d'origine interne, les dommages d'ordre électrique, ainsi que les conséquences du bris, de la destruction ou de la détérioration des matériels garantis, résultant d'un événement accidentel.
- Sont pris en charge les frais nécessaires à la réparation ou au remplacement du *hardware*, ainsi que les frais de reconstitution des archives informatiques.
- Cette garantie est souvent conditionnée à un contrat de maintenance et à une sauvegarde des données dans un lieu différent du lieu d'exploitation.

B. Les extensions possibles (moyennant surprime)

- Les **coûts supplémentaires** peuvent être nécessaires pour les travaux de réparation en dehors des heures normales de travail, les débours suite à l'appel d'un technicien étranger ou les frais de transport accéléré et aussi inclure les coûts de déblaiement, d'élimination des déchets et de prestations en matière de construction.
- La garantie des pertes financières prend en charge les dommages immatériels consécutifs à un dommage garanti.

C. Les exclusions

- Les **exclusions liées aux machines** concernent :
  - les appareils de plus de 10 ans (âge de vie couramment retenu par les assureurs) ;
  - les machines d'exposition, de démonstration, les portables.
- Les **exclusions liées aux circonstances** sont identiques à celles retenues pour les contrats bris de machines auxquelles s'ajoutent les frais consécutifs à la perte d'informations provenant de l'influence d'un champ magnétique ou d'une erreur d'exploitation ou de programmation.

D. La tarification et la souscription

Les conditions sont similaires à la garantie bris de machines. Diffèrent bien entendu les taux qui, malgré tout, s'expriment en euro pour mille appliqué à la valeur des matériels. Le taux peut être aménagé en présence d'une franchise et aussi en présence d'un système de prévention et/ou de maintenance.

E. Le sinistre

La gestion est identique à celle des sinistres bris de machines.

Fiche 34

LES AUTRES GARANTIES DOMMAGES AUX BIENS

Les marchandises

Les marchandises sont garanties dans le cadre des biens mobiliers. Toutefois, certains événements ne permettent pas de prendre en charge leur destruction. Les assureurs ont ainsi prévu leur prise en charge dans deux situations : lorsqu'ils périssent en chambre froide et lorsqu'ils sont transportés par un véhicule.

1 Les marchandises en chambre froide

A. L'objet du contrat

■ Cette garantie prend en charge les conséquences de la variation de la température **accidentelle** à l'intérieur des équipements frigorifiques tels que chambre froide, chambre d'affinage, réfrigérateur, congélateur ou banque réfrigérée.

■ Cette interruption peut provenir d'une panne ou d'une rupture de fourniture de l'énergie.

■ Sont aussi prises en charge les pertes de marchandises en contact avec les fluides de refroidissement suite à une fuite accidentelle sur le circuit.

B. Les garanties acquises

La prise en charge se fait dans la limite du plafond fixé au contrat. Elle concerne :
- les **dommages subis par les produits stockés** qui ne peuvent plus être utilisés ou commercialisés ;
- les **frais entraînés pour le sauvetage des produits** tels que le transfert vers un autre appareil.

C. Les extensions moyennant surprime

Cette garantie peut être accordée pour un particulier dans le cadre d'un contrat multirisque habitation, en complément de la garantie dommages électriques.

D. Les exclusions

■ Les **exclusions liées aux produits** concernent :
- les dommages subis par des produits ayant dépassé la date limite de vente ou de consommation le jour du sinistre ;
- le vice propre des produits ou de leurs emballages.

■ Les **exclusions liées aux circonstances** concernent :
- la rupture de l'alimentation électrique suite à une grève soit du personnel de l'établissement, soit du fournisseur de l'énergie ;
- l'inobservation des instructions techniques correspondant aux installations ou le défaut d'entretien des appareils ;
- les dommages lorsque les locaux sont inoccupés au-delà d'une durée prévue.

E. La tarification

- Le tarif forfaitaire tient compte du plafond choisi par l'assuré.
- Lorsque le volume de la chambre réfrigérée est très important, certains assureurs prévoient un tarif sur mesure.
- Les besoins de l'assuré peuvent évoluer en fonction de l'année notamment à l'approche des fêtes. Il est donc important de contrôler si les capitaux sont suffisants ou de prévoir une clause d'adaptation automatique des montants.

F. Le sinistre

- L'assuré doit déclarer le sinistre dans le délai prévu aux conditions générales qui ne peut pas être inférieur à 5 jours ouvrés à partir du moment où il en a connaissance.
- Il doit prendre les mesures de sauvetage, comme déplacer les produits non endommagés notamment pour minimiser les coûts.
- L'indemnité tient compte de la nature des marchandises.

2 Les marchandises ou matériels transportés

A. L'objet du contrat

La garantie prend en charge, dans la limite du plafond prévu au contrat, les dommages causés aux matériels et marchandises transportés pour le compte de l'assuré.

B. Les biens garantis

- Ce sont les matériels et marchandises transportés dans le véhicule de l'assuré dans le cadre des activités professionnelles déclarées au contrat. Peuvent donc être pris en charge les biens confiés par des tiers notamment pour réparation.
- Les compagnies limitent le nombre de véhicules utilisés lorsque la garantie est accordée dans le cadre d'un contrat multirisque professionnelle.

C. Les événements garantis

Sont couvertes les conséquences d'un accident caractérisé tel que :
- accident de la route, chute, choc, renversement ;
- incendie, explosion et risques annexes ;
- éboulement, glissement de terrain, affaissement de la route, effondrement d'un pont ou autre moyen d'accès ;
- rupture de barrage, inondation, avalanche, tempête ;
- naufrage ou échouement du bateau transportant le véhicule.

D. Les extensions

Peuvent être prises en charge les conséquences de vols, sous conditions de garanties fixées contractuellement (circonstances, horaires, conditions de surveillance, etc.).

E. Les exclusions

■ Les **exclusions liées aux biens garantis** concernent :
- les objets de valeur, titres et espèces ;
- les effets personnels [garantie proposée dans le contrat du véhicule] ;
- les aménagements du véhicule [garantie proposée dans le contrat du véhicule].

■ Les **exclusions liées aux circonstances** concernent :
- les transports à titre onéreux ;
- si les protections contre le vol ne sont pas respectées ;
- les dommages causés lors du chargement ou du déchargement, suite à un défaut d'emballage ou d'arrimage ou enfin lorsque le véhicule n'est pas entièrement bâché pour les dommages de mouille ;
- le vice propre de la chose ;
- les dommages subis lorsque le véhicule est en surcharge ou lorsque le conducteur est sous l'emprise de l'alcool ou en cas de conduite sous stupéfiants.

F. La tarification

■ Intégrée dans le cadre d'un contrat multirisque professionnelle, la garantie est standard et ne peut pas être modifiée. Si la formule ne convient pas au risque, il est impératif de prévoir un **contrat spécifique**.

■ La cotisation forfaitaire tient compte de la classification de l'activité qui dépend de la sensibilité au vol d'une part et du plafond garanti d'autre part.

■ Une franchise est généralement prévue. Sa majoration peut entraîner une réduction de cotisation.

LES AUTRES GARANTIES DOMMAGES AUX BIENS

Les conventions

Les assureurs ont mis en place des conventions afin d'unifier les procédures et surtout d'éviter toute action judiciaire. Ces accords évoluent régulièrement afin de s'adapter à la réglementation. La dernière, mise en place en juin 2018, doit permettre de gérer la majorité des sinistres dégâts des eaux et incendie.

1 Le but des conventions

Comme de nombreux sinistres dégâts des eaux mettent en cause deux parties distinctes, la majorité des compagnies d'assurance de dommages ont mis en place **plusieurs conventions afin de minimiser les coûts de gestion** en : indemnisant plus rapidement la victime ; désignant le ou les experts devant intervenir ; uniformisant les procédures de règlement ; limitant les recours.

À SAVOIR

Ces conventions sont uniquement opposables à leurs signataires et aucunement aux assurés.

2 La convention de renonciation à recours

Alors que la jurisprudence, depuis un arrêt du 25 avril 1975, autorise au lésé à récupérer auprès du responsable l'intégralité de son dommage, c'est-à-dire en valeur à neuf, une convention entre les assureurs prévoit que certains postes feront l'objet d'un abandon de recours entre eux. Il s'agit de garanties proposées contractuellement comme l'indemnité de valeur à neuf, les honoraires d'expert et les pertes indirectes.

3 La convention d'expertise amiable

- L'assureur de dommages aux biens doit missionner son expert. Celui-ci adresse une convocation au responsable mis en cause, à défaut de connaître l'identité de son assureur.
- Sauf urgence nécessitée par la nature du sinistre, la réunion d'expertise doit être fixée dans un délai compris entre 20 et 30 jours calendaires. En cas d'impossibilité d'une des parties, la date peut être repoussée dans un délai maximal de 10 jours. L'assureur mis en cause peut toutefois accepter les conclusions de l'expert qui l'a convoqué.
- La convention prévoit que, pour tout sinistre dont le montant est inférieur à 32 000 euros HT, les conclusions sont opposables à l'assureur mis en cause.

4 La convention d'indemnisation directe et de recours (CIDRE)

Créée en 1970, elle a subi plusieurs modifications. La dernière version a été remodelée en 2002 puis en 2010 avant d'être remplacée le 1er juin 2018 par la **convention IRSI**. Elle a mis en place le constat amiable dégâts des eaux qui sert d'appui à la gestion des dossiers.

5 La convention d'indemnisation et de recours des sinistres immeuble (IRSI)

A. Le champ d'application

■ Elle concerne **tous les sinistres incendie ou dégâts des eaux** survenus dans un immeuble locatif, en pleine propriété, copropriété ou en indivision, occupé à titre quelconque, situé en France métropolitaine, dans les départements, régions et collectivités d'outre-mer ou à Monaco, que l'origine se situe dans l'immeuble ou dans un immeuble voisin.

REMARQUE

Suite à des difficultés de traitement, une modification de la convention IRSI a été mise en place à compter du 1er juin 2020, avec la réécriture du titre 3 traitant de la recherche de fuite.

■ La convention s'applique quelle que soit la cause, sauf celles expressément prévues à l'article 1.1.1. Toutefois, lorsque dans une succession d'événements l'un n'est pas spécifié, la convention ne s'applique pas.

■ Le sinistre doit mettre en cause deux assureurs adhérents à la convention, l'un en assurances de choses, l'autre en assurances de responsabilité. Le responsable peut être un tiers, un particulier ou un professionnel. En cas de non-assurance d'une des parties, l'assureur de l'immeuble intervient à titre subsidiaire.

■ Les dommages par local ne doivent pas dépasser le plafond prévu, avec deux tranches :
- **1re** : montant des dommages matériels et afférents inférieur ou égal à 1 600 € HT ;
- **2e** : montant des dommages matériels et afférents compris entre 1 600 et 5 000 € HT.
  Sont exclus les locaux à **usage autre qu'habitation**.

■ Pour les locaux à **usage mixte**, la convention est applicable si le sinistre prend naissance dans la partie habitation ou dans les parties communes de l'immeuble et n'affecte pas les parties à usage professionnel. Les chambres d'hôtels et les chambres d'hôtes sont exclues de la convention.

■ Les frais afférents sont limitativement définis. Ils correspondent aux dommages immatériels consécutifs aux dommages directs. Les embellissements sont eux aussi limitativement définis en fonction de la qualité de l'assuré (copropriétaire occupant ou non, locataire ou autre).

INFO

Des tableaux à lecture directe simplifiant la gestion sont réunis dans le Carnet professionnel numérique.

B. Le principe

■ Les franchises, règles proportionnelles de primes, plafonds et conditions de garantie, quels que soient leurs montants, sont **inopposables** pour les **dommages matériels et les frais afférents**. L'assureur gestionnaire est confirmé dans le tableau de l'article 2.1.3 de la convention.

OCCUPATION DU LOCAL PRIVATIF	ASSUREUR GESTIONNAIRE
1. (Co)propriétaire occupant assuré	Assureur du (co)propriétaire
2. (Co)propriétaire occupant non personnellement assuré 3. Occupant non propriétaire assuré	Assureur de l'immeuble par subsidiarité
	Assureur de l'occupant non propriétaire

OCCUPATION DU LOCAL PRIVATIF	ASSUREUR GESTIONNAIRE
4. Occupant non propriétaire non assuré	Assureur du (co)propriétaire non occupant
5. Occupant non propriétaire non assuré et copropriétaire non occupant non assuré	Assureur de l'immeuble par subsidiarité
6. Occupant non propriétaire en meublé ou saisonnier et/ou ayant donné ou reçu congé au plus tard au jour du sinistre	Assureur du (co)propriétaire non occupant
7. Occupant non propriétaire en meublé ou saisonnier et/ou + copropriétaire non occupant non assuré	Assureur de l'immeuble par subsidiarité
8. Vacant	Assureur du (co)propriétaire non occupant
9. Vacant + copropriétaire non occupant non assuré personnellement	Assureur de l'immeuble par subsidiarité

■ L'assureur de l'immeuble est chargé des locaux communs. Le gestionnaire :
- demande le constat à son assuré et vérifie la matérialité des faits ;
- réaliser un état des lieux des assureurs concernés ;
- effectue si nécessaire la recherche de fuite selon les modalités prévues au titre 3 ;
- invite la partie concernée à procéder à la réparation de la cause ;
- détermine l'assiette conventionnelle des dommages ;
- effectue le chiffrage des dommages selon les modalités prévues au titre 5.

■ L'expertise des dommages, qui peut se faire par tout moyen, est à la charge de l'assureur du gestionnaire. Elle est opposable aux tiers. Elle peut se faire par tout moyen. Toutefois, il doit prévoir une expertise contradictoire si un recours est prévu.

1. Les dossiers entrant dans le cadre de la tranche 1 (article 6.1)

La prise en charge incombe à l'assureur gestionnaire selon la nature des locaux, privatifs ou communs. La convention prévoit un abandon de recours, sauf en présence de sinistres répétitifs.

2. Les dossiers entrant dans le cadre de la tranche 2 (article 6.2)

■ La prise en charge incombe à l'assureur du propriétaire des biens sinistrés ou à l'assureur de l'immeuble alors qu'il n'est pas nécessairement l'assureur gestionnaire.

■ L'assureur peut, après indemnisation, exercer un recours à l'encontre de l'assureur conventionnellement désigné en application du barème figurant en annexe 1. 7.

■ Lorsqu'un même sinistre est imputable à plusieurs responsables conventionnels différents (causes multiples) : les dommages sont appréciés dans leur globalité (une seule assiette) ; le recours s'exerce en parts égales à l'égard des assureurs des responsables concernés et sans solidarité.

■ Les frais de recherche de fuite pris en charge par un autre assureur que l'assureur gestionnaire peuvent donner lieu à recours dès lors que leur montant est supérieur à 1 600 euros HT.

■ Le règlement est fait sans l'application de la franchise contractuelle et avec abandon de recours contre l'assureur du tiers responsable.

> **INFO** La mise en apparent n'est plus considérée comme une recherche de fuite.

3. Les cas particuliers

- En cas de congé donné ou reçu au plus tard le jour de la déclaration de l'aggravation, l'assureur gestionnaire est l'assureur du copropriétaire ou de l'immeuble à titre subsidiaire.
- Lorsqu'un assuré fait appel à un autre assureur que celui conventionnellement désigné, celui-ci s'engage, dans la mesure du possible, à diriger l'assuré vers l'assureur conventionnellement désigné afin de préserver le jeu conventionnel. Si, en dépit de ces diligences, cet assureur doit prendre en charge les dommages de l'assuré, il peut réclamer à l'assureur conventionnellement désigné le remboursement des indemnités versées sous réserve que cet assureur n'ait pas, préalablement à cette demande, indemnisé ces dommages (titre 9).
- Pour les sinistres de la tranche 2, l'assureur du copropriétaire occupant qui a procédé à l'indemnisation des parties immobilières privatives de son assuré peut récupérer cette indemnité auprès de l'assureur de l'immeuble lorsqu'aucun recours ne peut être exercé (titre 10).
- En cas de désaccord entre les parties, une procédure d'escalade est prévue.

6 La convention d'indemnisation dégâts des eaux dans la copropriété (CIDE-COP)

Mise en place le 1er janvier 1983, elle tient compte depuis 1992 des sinistres survenus du fait des locataires. Sa dernière version date de 2003.

A. Le champ d'application

Elle concerne **tous les sinistres dégâts des eaux survenus dans un immeuble en copropriété horizontale ou verticale**, et qui ne rentrent pas dans le champ de la convention IRSI. Le dégât des eaux doit entraîner des dommages aux embellissements et/ou au mobilier et/ou aux parties immobilières communes ou privatives. Sont exclus les dommages causés à des biens professionnels ou lorsqu'une entreprise est en cause.

B. Le principe

Des tableaux à lecture directe permettent de définir le lésé et donc les intervenants en fonction de la nature des biens endommagés. La convention permet de gérer les problèmes de cumul d'assurances.

7 La convention du 13 décembre 1993

A. Le champ d'application

Mise en place pour les immeubles en copropriété horizontale ou verticale à usage privé, elle gère les sinistres quelle qu'en soit la cause, hors CIDRE, IRSI et CIDE-COP, mettant en cause deux parties.

B. Le principe

Elle organise l'expertise, la prise en charge des dommages, par l'assureur du lésé, défini en fonction de la nature des biens endommagés. Le recours se fait suivant les règles du droit commun.

8 La convention « détériorations immobilières » en cas de vol ou tentative de vol

A. Le champ d'application

■ Réactualisée au 1er janvier 2007, elle a pour objet de **simplifier** et d'**accélérer la gestion des sinistres** dans l'intérêt des assurés. Elle s'applique dans tout immeuble occupé quel qu'en soit l'usage mettant en cause deux sociétés adhérentes garantissant chacune le risque détériorations immobilières suite à un vol ou une tentative de vol (article 1).

■ La convention concerne les embellissements et les parties immobilières privatives garantis par le propriétaire ou le copropriétaire non occupant ou la copropriété, et par l'occupant – qu'il soit propriétaire ou non – qui a couvert ses biens mobiliers en dommages.

B. Le principe

■ Lorsque les dommages en valeur à neuf sont inférieurs à 1 600 euros HTVA, il appartient à l'assureur de l'occupant de les prendre en charge, sans déduction d'une franchise contractuelle. Il ne bénéficie pas d'un droit à recours contre l'assureur de l'immeuble (article 2).

■ La gestion des sinistres dont le montant est supérieur à 1 600 euros HTVA est gérée par l'article 3 qui désigne l'assureur qui doit intervenir entre celui de l'immeuble et celui du copropriétaire. Les actions en remboursement sont, elles, précisées dans l'article 4 et dépendent de la nature des dommages indemnisés.

9 La commission consultative et d'arbitrage pour les membres de la FFA (convention CORAL)

A. Le champ d'application

Elle s'applique en présence d'un litige entre un assureur de responsabilité civile et un assureur de choses alors qu'aucune autre convention ne peut être appliquée.

B. Le principe

Chaque dossier entrant dans ce cadre doit trouver une solution amiable avec le traitement par échelon, rédacteur, chef de service, direction. À défaut de trouver un accord, le dossier est transmis à la Commission consultative ou d'arbitrage de la FFA qui adoptera une décision opposable aux parties

L'assurance de dommages : biens et responsabilités – Les autres garanties dommages aux biens

Vous êtes collaborateur(rice) du cabinet ALLEAU, agent général de SAGESSE ASSURANCE. Le 1er mars 2023, le dossier de Monsieur COULET vous est confié pour les travaux suivants.

TRAVAIL À EFFECTUER

1. Déterminez si, au regard du contrat souscrit, votre garantie est due pour le sinistre déclaré le 27 décembre 2022. Justifiez votre réponse.

2. Calculez l'indemnité à verser à votre assuré en cas de prise en charge.

LE DOSSIER

CONTRAT : EXTRAIT DES CONDITIONS PARTICULIÈRES

SAGESSE ASSURANCE
12 rue de Londres 75009 PARIS
Contrat n° 182.253
Conditions particulières « Multirisques Habitation »
Intermédiaire
Cabinet Philippe ALLEAU
Agent général 4 avenue de la Libération 88800 VITTEL
Assuré(es)
M. et Mme Jean COULET
5 rue de la Fontaine 88800 VITTEL
Risque
Résidence principale : 5 pièces principales
Surface des dépendances : inférieure à 50 m^2
Qualité du souscripteur : propriétaire occupant
Garanties souscrites
Incendie/explosion/foudre - Vol/vandalisme - Dégâts des eaux - Tempête /Grêle /Neige Catastrophes Naturelles / Technologiques
Terrorisme - attentat
Responsabilité civile
Vos biens sont garantis jusqu'à
Mobilier et objets usuels : 50 000 €
Objets de valeurs : 1 500 €
Franchise générale : 80 € par sinistre
Effet le 1er juillet 2008
Échéance anniversaire 1er juillet - Paiement annuel
Indice à la souscription : 829,10

CONTRAT : EXTRAITS DES CONDITIONS GÉNÉRALES

Article 2 - DÉFINITIONS
2.3 Déchéance
Perte de tout droit à garantie à la suite de la non-observation d'une obligation
2.4 Franchise

Entraînement

Somme restant toujours à votre charge, contractuellement déterminée, et déduite de l'indemnité.

2.6 Indice

Indice du coût de la construction du bâtiment dans la région parisienne (base 1 en 1941) publié par la Fédération Française du Bâtiment (FFB). Cet indice sert à faire évoluer le montant des garanties, des franchises et des cotisations.

Les montants de garanties mentionnés dans les présentes Conditions générales sont fixés sur la base de l'indice 829,10. Il faut entendre par ailleurs par :

Indice de souscription : la valeur connue lors de la signature du contrat.

Indice d'échéance : celui indiqué sur votre quittance de cotisation ou l'avis d'échéance.

2.18 Valeur à neuf

• **Biens immobiliers** : l'indemnité de base est estimée selon la valeur de reconstruction au jour du sinistre, déduction faite de la vétusté. Le versement de l'indemnité complémentaire, limitée à 25 % de la valeur de reconstruction au jour du sinistre) est subordonné à une reconstruction ou réparation dans un délai de deux ans à compter de l'accord sur le montant de l'indemnité, effectuée sans modification par rapport à sa destination initiale et entreprise sur le même terrain. Cette indemnité complémentaire vous est versée sur présentation de justificatifs.

• **Biens mobiliers** : l'indemnisation des biens mobiliers est effectuée sur la base de leur valeur de remplacement au jour du sinistre, ou de réparation si elle lui est inférieure, déduction faite de la vétusté. L'indemnité complémentaire en valeur à neuf est égale au montant de la vétusté, sans pouvoir excéder 25 % de la valeur de remplacement ou de réparation du mobilier au jour du sinistre. Cette indemnité est versée lors de l'achèvement des travaux ou du remplacement du mobilier, sur présentation des justificatifs.

L'indemnisation en valeur à neuf ne s'applique pas au linge et aux vêtements, ni aux objets de plus de 5 ans d'âge lorsqu'il s'agit d'appareils électriques, électroniques, de caméras, caméscopes ou appareils photographiques

Article 3 : GARANTIES (EXTRAITS)

GARANTIE DÉGÂTS DES EAUX ET GEL DES INSTALLATIONS

A - LA GARANTIE

Nous garantissons, dans les limites fixées au paragraphe D ci-après :

1. Les dommages matériels causés par l'eau aux locaux d'habitation, dépendances et vérandas, à leurs installations et aménagements, ainsi qu'à leur contenu respectif, résultant de l'un des événements suivants :

a) fuites, ruptures et débordements :

- de conduites non enterrées
- des installations de chauffage central
- des appareils à effet d'eau (est un appareil à effet d'eau tout récipient auquel est ajouté un élément quelconque devant permettre l'arrivée d'eau, son évacuation, son chauffage, son épuration ou son aération, créant ainsi un certain mouvement d'eau, même non continu). [...]

Sont également garantis les dommages matériels causés aux biens assurés par les opérations de secours et les mesures de sauvetage à l'occasion d'un dégât des eaux garanti.

2. Les dommages matériels causés par le gel aux conduites et à tous les appareils à effet d'eau, situés à l'intérieur des locaux d'habitation, ainsi qu'aux chaudières, même si elles sont situées dans les dépendances.

3. Les frais et pertes consécutifs à un événement garanti

4. Les frais de recherche de fuite, c'est-à-dire les frais engagés pour rechercher la fuite à l'origine du dégât des eaux garanti. [...]

B - OBLIGATION DE SÉCURITÉ

Lorsque vous n'utilisez pas votre habitation, plus de quatre jours consécutifs, vous devez, si les installations sont sous votre contrôle :

- arrêter la distribution d'eau ;

- pendant la période de gel, en cas d'arrêt du chauffage, vidanger les conduites et réservoirs ainsi que les installations de chauffage central non pourvues d'antigel en quantité suffisante.
Si vous ne respectez pas ces prescriptions, sauf cas de force majeure, et qu'un sinistre survient ou est aggravé de ce fait, l'indemnité due pour les dommages subis par vos biens et les frais et pertes consécutifs sera réduite de moitié.

C - EXCLUSIONS SPÉCIFIQUES

Nous ne garantissons pas :

1. Les dommages :

- résultant d'un défaut de réparation ou d'entretien apparent vous incombant tant avant qu'après sinistre,
- occasionnés par les inondations, marées, débordement de sources, cours d'eau, étendues d'eau naturelles ou artificielles et la remontée de nappes phréatiques.

2. La réparation :

- des biens à l'origine du sinistre, à l'exception des conduites, appareils à effet d'eau et chaudières endommagées par le gel) [...]

D - LES LIMITES DE LA GARANTIE (extrait)

OBJET DES GARANTIES	LIMITES DE LA GARANTIE
Dégâts des eaux	
Les biens immobiliers	Valeur de reconstruction « à neuf » sans pouvoir excéder 2 630 € multiplié par le nombre de m^2 de superficie développée pour les bâtiments à usage d'habitation 1 060 € multiplié par le nombre de m^2 de superficie développée pour les bâtiments à usage de dépendances
Les biens mobiliers	Valeur de remplacement « à neuf » dans la limite des capitaux fixés aux conditions particulières
Gel Dont chaudières	Limite globale 4 390 € Valeur de remplacement, vétusté déduite
Les frais et pertes Frais de recherches de fuite Frais de démolition et de déblais	1 760 € 10 % de l'indemnité due pour les biens assurés

GARANTIES DES CATASTROPHES NATURELLES

Nous garantissons conformément aux dispositions légales. La garantie ne peut être mise en jeu qu'après publication au Journal officiel.

OBJET DES GARANTIES	LIMITES DE LA GARANTIE
Les biens immobiliers	Valeur de reconstruction « à neuf » sans pouvoir excéder 2 630 € multiplié par le nombre de m^2 de superficie développée pour les bâtiments à usage d'habitation. 1 060 € multiplié par le nombre de m^2 de superficie développée pour les bâtiments à usage de dépendances
Les biens mobiliers	Valeur de remplacement « à neuf » dans la limite des capitaux fixés aux conditions particulières

Entraînement

Extrait du courrier de M. Jean COULET à M. ALLEAU le 27 décembre 2022

« Je suis assuré pour ma maison auprès de votre agence par le contrat 182253. Mon épouse et moi sommes partis pour une semaine de ski le 20 décembre 2022. Ce jour, 27 décembre au matin, en rentrant, nous avons remis la chaudière en marche. Au sous-sol, nous avons constaté rapidement l'éclatement d'un tuyau : la chaudière est hors d'état de marche et la buanderie complètement inondée. Nous nous permettons de vous contacter afin de savoir si vous pouvez intervenir pour ce sinistre. »

Extrait de notre réponse à M. COULET en date du 30 décembre 2022

« Nous accusons réception de votre déclaration de sinistre. Veuillez prendre note qu'il est enregistré sous la référence 17.12.152. Nous faisons appel au cabinet DOMEXPERT pour qu'il détermine précisément les circonstances du sinistre et qu'il procède à l'évaluation du préjudice.
En l'état actuel du dossier, nous restons réservés quant à la garantie. »

RAPPORT D'EXPERTISE CABINET DOMEXPERT (extraits)

Compagnie : SAGESSE ASSURANCE
Agence : Cabinet ALLEAU
Contrat n° 182253
Sinistre n° 27/12/2022 n°17.12.152
Assurés : M. et Mme COULET Jean
Qualité : propriétaires occupants
Adresse : 5 rue de la Fontaine 88800 VITTEL
• Circonstances du sinistre : Visite du risque : 5 janvier 2023
Maison individuelle d'une surface développée de 150 m^2 (5 pièces principales), située 5 rue de la Fontaine 88800 VITTEL. - dépendances de moins de 50 m^2.
Indice FFB échéance de 2022 : 965,60.
Nous avons constaté un éclatement du tuyau principal de la chaudière suite aux grands froids de décembre. Les conduits n'avaient pas été vidangés avant l'arrêt et la chaudière était ancienne et sans système d'antigel.
M. et Mme COULET déclarent ne pas récupérer la TVA.
Dommages
Chaudière « chauffetout 1970 » à remplacer. Vétusté 80 ; valeur à neuf : 3 400 € TTC.
Recherche de fuites annexes : 400

#corrigé
Corrigé de l'entraînement partie 2.3
foucherconnect.fr/23vassur56

Fiche 36

Les fondements de la responsabilité

La notion de responsabilité est très large puisqu'elle peut être attribuée à quatre domaines distincts. La réglementation relative à la responsabilité civile a été précisée dans le Code civil en 1804. Elle définit le cadre de sa mise en place. La législation a été revisitée en 2016 dans le cadre du droit du contrat et fait l'objet d'une nouvelle réflexion pour la décennie à venir.

1 Les différentes responsabilités

A. La responsabilité pénale

■ Elle correspond au non-respect par une personne physique ou morale, de droit privé ou de droit public, d'une règle de droit imposée par le législateur et rappelée dans le Code pénal. Elle entraîne une sanction pénale qui peut aller jusqu'à l'emprisonnement.

■ L'**assurabilité** : la responsabilité pénale **n'est pas assurable**. En revanche, il est possible de garantir la défense pénale de l'assuré au titre d'une garantie défense recours, ou protection juridique prévue dans les contrats d'assurance. Certaines exclusions sont prévues notamment pour moraliser le risque tels que le fait intentionnel, la conduite sous alcoolémie, les activités illicites, etc.

B. La responsabilité morale

■ Elle correspond au ressenti personnel de chacun suite à une faute et à l'analyse des conséquences. Il s'agit d'une réaction subjective, car elle dépend de l'individu fautif (suivant l'éducation, la religion, la sensibilité, etc.).

■ L'**assurabilité** : la responsabilité morale **n'est pas assurable**, hormis l'assistance psychologique dans certaines circonstances dramatiques.

C. La responsabilité civile

■ Elle impose l'obligation de réparer les dommages causés à autrui. Elle trouve son origine dans un acte ou un fait juridique.

■ L'**assurabilité** : la responsabilité civile peut faire l'objet d'une assurance. Des contrats garantissent diverses hypothèses de responsabilité civile, sous conditions de faisabilité.

D. La responsabilité administrative

■ Il s'agit de la responsabilité encourue par une personne de droit public, ou par une personne physique ou morale de droit privé qui participe à une mission de service public, en raison de dommages causés à autrui.

■ L'**assurabilité** : elle peut être couverte dans le cadre d'un contrat souscrit par toute collectivité locale ou association.

2 Les fondements de la responsabilité civile

A. Définition

■ La responsabilité civile se définit par l'obligation qui incombe à une personne de réparer les dommages causés à autrui, que ceux-ci aient été causés par son fait, le fait des personnes dont elle répond ou par les choses dont elle a la garde.

■ On distingue deux formes :
- la **responsabilité délictuelle ou quasi-délictuelle** ;
- la **responsabilité civile contractuelle**.

B. Les principes du droit à réparation

Le législateur impose nécessairement **trois éléments cumulatifs**. Celui qui réclame une réparation doit justifier la preuve de chacune de ces conditions.

1. L'existence d'un dommage

■ Celui-ci peut être :
- **corporel** : dommages liés à l'atteinte corporelle ; ils peuvent être patrimoniaux ou extrapatrimoniaux ; ils sont repris sous la nomenclature Dintilhac qui a généralisé leur classification ;
- **matériel** : il concerne les biens, immobiliers ou mobiliers, personnels ou professionnels ;
- **immatériel** : il prend en compte la perte financière consécutive à des dommages matériels ou corporels ;
- **moral** : il appartient aux postes « préjudices personnels » de la nomenclature Dintilhac. Il s'agit notamment du *pretium affectionnis* en cas de décès, de la souffrance morale des proches suite à un dommage corporel conséquent pour la victime.

■ Le dommage doit en outre être **certain**, **personnel** et **direct** et sa réparation ne peut pas être contraire à l'ordre public.

2. Un fait générateur ou la faute de l'auteur mis en cause ou un manquement à une obligation contractuelle

La preuve à rapporter par la victime dépend du régime de responsabilités.

■ **La responsabilité pour faute prouvée :** la victime doit prouver que le responsable qu'elle met en cause a commis une faute à l'origine du dommage.

■ **La responsabilité pour faute présumée :** l'auteur est d'office responsable et c'est à lui de se dégager de sa responsabilité. L'échelle de la présomption dépend de la nature des obligations de l'auteur présumé. En cas de présomption simple, il peut s'exonérer par toute preuve contraire ; en cas de présomption irréfragable, elle ne peut pas être contestée.

■ **La responsabilité objective :** la victime doit prouver que celui dont elle recherche la responsabilité a, par un fait quelconque, causé le dommage subi, qu'il soit fautif ou non. L'auteur présumé peut s'exonérer par la force majeure ou la faute de la victime.

3. Un lien de causalité entre le fait générateur et le dommage

La victime doit justifier que le dommage qu'elle réclame est bien la conséquence directe et exclusive de la faute commise par l'auteur qu'elle met en cause.

C. Les cas d'exonération

Dans la plupart des situations, l'auteur dispose de **trois possibilités d'exonération**, qui sont précisées dans les articles du Code civil.

1. Cas fortuit ou de force majeure

■ Cette exonération doit présenter **trois éléments cumulatifs** pour être retenue. Le fait doit être :
- irrésistible ou inévitable ou insurmontable ;
- imprévisible ;
- extérieur.

■ La foudre, la tempête, l'attentat... en sont des exemples.

2. Fait de la victime

La victime a eu un comportement qui a provoqué le dommage. Par exemple, la victime n'a pas respecté une interdiction d'entrer.

3. Fait d'un tiers

Un tiers a provoqué le dommage. Par exemple, un tiers bouscule l'auteur mis en cause, ce qui provoque le dommage.

ATTENTION
Les trois cas d'exonération ne concernent pas les sinistres impliquant un véhicule terrestre à moteur qui est géré au titre de la loi Badinter.

LA RESPONSABILITÉ ET SON ASSURANCE

La responsabilité civile

La responsabilité délictuelle ou quasi délictuelle s'applique lorsque le préjudice subi n'est pas la conséquence de la mauvaise exécution ou de l'inexécution d'un contrat. Il existe cinq régimes de responsabilité civile délictuelle ou quasi-délictuelle, repris par le Code civil sous les articles 1240 à 1244. La responsabilité civile contractuelle a pour principal but de protéger le consommateur. Le droit du contrat a été remanié en octobre 2016, ce qui a entraîné une nouvelle numérotation des articles.

1 La responsabilité civile délictuelle et quasi-délictuelle

A. La responsabilité du fait personnel

1. Le champ d'application

Elle est reprise par l'article 1240 du Code civil qui traite le délit, donc la faute intentionnelle ou le fait d'avoir commis l'acte volontairement, et par l'article 1241 qui traite le quasi-délit, soit le dommage causé par négligence, maladresse ou imprudence, par omission, abstention ou commission, sans la volonté de nuire. Il importe peu que l'auteur ait la capacité de discerner les conséquences de ses actes ou non du fait de son âge ou de son état mental [art. 489-2 C. civ.].

2. La charge de la preuve

Il s'agit d'une **faute à prouver** : la victime doit justifier la présence des trois éléments cumulatifs définissant la responsabilité civile, et la personne mise en cause ne peut s'exonérer que par les trois cas légalement prévus : **cas fortuit ou de force majeure**, **fait d'un tiers** ou **faute de la victime**.

B. La responsabilité du fait d'autrui

1. Le champ d'application

Cette responsabilité est posée par l'article 1242 du Code civil. Depuis 1991, la jurisprudence a confirmé qu'il était possible de retenir la responsabilité de personnes investies de certains pouvoirs à l'égard d'autres personnes à raison de dommages causés par ces dernières. Lorsque des personnes, des associations sportives, des organismes, sont chargés d'organiser, de diriger ou de contrôler le mode de vie ou l'activité d'autres personnes, ils peuvent être jugés responsables du fait dommageable causé par ces personnes qu'ils ont sous leur garde.

2. La charge de la preuve

Il s'agit d'une présomption de responsabilité dont l'auteur présumé ne peut s'exonérer qu'en avançant la force majeure, le fait d'un tiers ou de la victime.

3. La responsabilité des parents du fait de leurs enfants mineurs

Le champ d'application

L'article 1242 al.4 du Code civil revu en 2002 qualifie la responsabilité des parents du fait de leurs enfants mineurs. Le législateur a adapté l'article précité suite à une évolution de la jurisprudence qui retient la notion d'autorité parentale et non plus de garde que l'enfant soit chez un parent ou l'autre. Les enfants majeurs ou émancipés en revanche dépendent des articles 1240 et 1241 du Code civil.

La charge de la preuve

Il s'agit d'une présomption de responsabilité de plein droit. L'auteur présumé ne peut se dégager de sa responsabilité que s'il prouve le cas de force majeure ou le fait de la victime. Le défaut de surveillance n'est plus un cas exonératoire.

4. La responsabilité des commettants du fait de leurs préposés

Le champ d'application

Selon l'article 1242 al. 5, les commettants ou employeurs ou donneurs d'ordres sont responsables des dommages causés par le destinataire de l'ordre. Cette responsabilité s'applique sous **trois conditions à apporter par la victime** :

- justifier le lien de subordination ;
- le dommage doit être causé par le préposé ;
- la faute doit avoir été commise dans l'exercice des fonctions du préposé.

La charge de la preuve

Le commettant ne peut se décharger de sa responsabilité qu'en démontrant que le dommage est dû à un cas de force majeure, au fait d'un tiers ou au fait de la victime. Il peut aussi avancer l'abus de fonction qui se traduit par le rôle du préposé en dehors de ses fonctions, sans autorisation et hors mission.

5. La responsabilité des artisans vis-à-vis de leurs apprentis

Le champ d'application

Selon l'article 1242 al. 6, l'artisan a une **obligation de surveillance** à l'égard de ses apprentis. Il pèse sur lui une présomption simple de faute car l'apprenti a causé un dommage. Pour que sa responsabilité soit recherchée, il faut :

- que l'apprenti reçoive un enseignement professionnel ;
- qu'il habite chez l'artisan ;
- qu'il y ait un rapport entre l'apprentissage et le dommage causé ;
- que l'apprenti ait commis une faute.

La charge de la preuve

Il s'agit d'une présomption de responsabilité et l'artisan peut s'exonérer de sa responsabilité s'il prouve que le dommage est dû à une cause étrangère et qu'il n'a pas commis de faute.

6. La responsabilité des instituteurs

Le champ d'application

L'article 1242 al. 6 prévoit aussi que les instituteurs sont responsables des dommages causés par leurs élèves pendant le temps où ils sont sous leur surveillance. Est concerné tout enseignant, hormis le professeur de l'enseignement supérieur.

■ **La charge de la preuve**

La faute de l'instituteur doit être prouvée. Si celui-ci dépend d'un organisme national, l'État se substitue à lui pour indemniser la victime.

C. La responsabilité du fait des choses

Elle est prévue à l'article 1242 al. 1 qui a été érigé en principe général. On est responsable notamment du « dommage causé par le fait des choses que l'on a sous sa garde ».

1. Le champ d'application

■ Il s'agit de toute chose, meuble ou immeuble, en mouvement, actionnée ou non. Il faut que la responsabilité soit appropriée. Ne sont pas concernés les animaux (art. 1243), les bâtiments (art. 1244), les véhicules terrestres à moteur impliqués (loi Badinter du 5 juillet 85). Toutefois, lorsque ceux-ci ont un rôle d'engin de chantier au moment du sinistre, l'article 1242 al. 1 peut s'appliquer.

■ Selon la jurisprudence, est gardien celui qui a l'usage, la direction et le contrôle de la chose. En général, c'est le propriétaire qui est présumé être le gardien, il peut échapper à sa responsabilité en prouvant qu'il n'avait plus la garde de la chose. Il perd la garde lorsqu'elle est transférée à un tiers, soit volontairement (locataire), soit involontairement (vol).

■ La chose doit avoir joué un rôle actif dans la production du dommage. Le gardien d'une chose inerte peut être mis en cause si la chose était placée à un endroit anormal ou si son comportement n'était pas normal. Il en est de même en cas d'absence de contact.

2. La charge de la preuve

La victime doit prouver le rôle actif de la chose. Il y a présomption en cas de contact matériel ou lorsque la chose est en mouvement. Le gardien ne peut s'exonérer qu'en prouvant le cas de force majeure, le fait exclusif d'un tiers ou la faute de la victime.

D. La responsabilité en cas de communication d'incendie

L'article 1242 al. 2 précise que le détenteur d'un bien mobilier ou immobilier, même partiellement, n'est responsable de l'incendie qui a pris naissance dans son bien que si lui ou une personne dont il répond a commis une faute. Il faut qu'il y ait communication du bien vers le bien voisin. L'explosion, elle, concerne la présomption de responsabilité. L'article 1242 al. 3 confirme que la responsabilité civile incendie entre locataire et propriétaire, donc contractuelle, est gérée par les articles 1733 et 1734 du Code civil (voir fiche 24).

E. La responsabilité civile du fait des animaux

1. Le champ d'application

LA LOI

Article 1243 du Code civil

« Le propriétaire d'un animal, ou celui qui s'en sert pendant qu'il est à son usage, est responsable du dommage que l'animal a causé, que l'animal fût sous sa garde, soit qu'il fût égaré ou échappé. »

Il doit être approprié, ce qui exclut par exemple les animaux sauvages déplacés de leur territoire lors d'une battue. Une association de chasse peut être alors mise en cause. Cette responsabilité n'entraîne pas nécessairement la propriété de l'animal mais toute personne qui l'utilise. Depuis 2008, le législateur a durci la réglementation relative aux animaux dits « dangereux » en imposant un certain nombre de contraintes pour le propriétaire.

2. La charge de la preuve

Il s'agit d'une présomption de responsabilité que l'auteur mis en cause ne peut réfuter qu'en prouvant le cas de force majeure, la faute de la victime ou le fait d'un tiers.

F. La responsabilité civile des propriétaires de bâtiment

1. Le champ d'application

LA LOI

Article 1244 du Code civil

« Le propriétaire d'un bâtiment est responsable du dommage causé par sa ruine, lorsqu'elle est arrivée par une suite du défaut d'entretien ou par le vice de sa construction. »

Sont uniquement concernés les bâtiments arrimés au sol pour une durée conséquente pour l'humain et tous les équipements qui y sont rattachés.

- Les copropriétaires sont solidairement responsables des parties communes.
- La victime doit prouver que la ruine a pour cause un vice de construction ou un défaut d'entretien et que le dommage en résulte directement.
- Le gardien de l'immeuble est concerné par l'article 1242 al. 1 du Code civil.

2. La charge de la preuve

Il s'agit d'une responsabilité présumée. La victime doit juste prouver que le dommage provient de la ruine provoquée par un vice de construction ou un défaut d'entretien. L'auteur ne peut s'exonérer qu'en invoquant le cas de force majeure, la faute de la victime ou le fait d'un tiers.

2 La responsabilité civile contractuelle

A. Les règles de base

LA LOI

L'article 1231.1 du Code civil gère les principes de la responsabilité 1 civile contractuelle. Il dispose que : « Le débiteur est condamné, s'il y a lieu, au paiement de dommages et intérêts, soit à raison de l'inexécution de l'obligation, soit à raison du retard dans l'exécution, s'il ne justifie pas que l'exécution a été empêchée par la force majeure ». La notion de cause étrangère a été remplacée par la force majeure réduisant les possibilités d'exonération à un événement qui reprend les trois mentions définissant la force majeure.

B. La charge de la preuve

Pour que la réclamation de la victime soit recevable, il est impératif qu'elle prouve les quatre éléments cumulatifs suivants :

- la **validité du contrat** : le contrat doit être juridiquement recevable (objet licite, contractants capables), mais pas nécessairement écrit (vente de pain, par exemple) ;
- la **preuve de la faute** : elle se définit en fonction de la nature du contrat et de l'obligation qui en résulte ;

- l'**existence d'un dommage** : selon les articles 1231.1 et suivants du Code civil, il doit être la conséquence directe de la responsabilité civile. Il est prévisible et prévu au contrat, sauf en cas de dol entraînant l'inexécution du contrat. Il s'agit d'une perte ou d'un manque de gain. Dans certains cas, la prestation peut se faire en nature (reconstruction d'immeuble, par exemple) ;
- la **preuve d'un lien de causalité** : c'est le justificatif que le dommage est bien la conséquence de la mauvaise exécution ou de l'inexécution de l'obligation prévue.

C. Les différentes obligations

■ Tout contrat peut entraîner une des deux obligations prévues par la loi. De ce fait, la **charge de la preuve** sera de nature différente aussi :

- une **obligation de résultat** : il s'agit d'une responsabilité présumée : il suffit à la victime de prouver que l'engagement qui était prévu n'a pas été respecté ou mal tant dans la qualité que dans les délais. Le débiteur ne peut s'exonérer que par le cas de force majeure, la faute exclusive de la victime ou le fait d'un tiers ;
- une **obligation de moyens**. : l'article 1197 du Code civil reprend la notion de personne raisonnable qui a remplacé l'expression « bon père de famille » figurant dans l'ancien article. Le débiteur s'engage à utiliser tous les moyens à sa disposition et à sa connaissance pour essayer d'obtenir le résultat escompté (ex. : le médecin vis-à-vis de son patient, le coiffeur vis-à-vis de son client...). Il s'agit d'une faute à prouver, dont la victime doit apporter la preuve.

■ La **convention d'assistance** résulte de l'aide apportée à un tiers. L'assisté doit une obligation de sécurité et de résultat vis-à-vis de l'assistant, sauf en cas de faute de ce dernier.

■ L'**obligation de sécurité** peut s'avérer comme une obligation de résultat dans les transports et en présence d'un aléa absolu, mais parfois comme une obligation de moyens lorsque le créancier est amené à participer au contrat (ex. : activités sportives, locaux ouverts au public, etc.).

■ L'**obligation d'information et de conseil** revient au professionnel qui doit permettre au cocontractant de décider de contracter en toute objectivité. Cette obligation est de plus en plus réglementée dans le domaine des assurances et fait l'objet d'un contrôle visé par l'ACPR. Elle s'applique aussi à de nombreuses professions libérales : les notaires, les avocats, le monde médical qui lui a l'obligation d'informer les patients sur tous les risques encourus en cas de traitement ou les conséquences d'une intervention chirurgicale.

■ L'**obligation de renseignement** se traduit notamment par la mise à disposition de notices pour permettre au cocontractant de connaître toutes les informations sur les risques que présente par exemple un produit (article 1602 du Code civil).

■ Le **contrat de bail** : le législateur a prévu des obligations spécifiques reprises dans les articles 1732 et suivants du Code civil. Il intervient régulièrement dans le but de protéger le consommateur, ce qui ajoute un encadrement plus serré des obligations du débiteur.

■ Les **autres contrats dits « nommés »** : chacun est réglementé par le Code civil : contrat de vente, article 1582 ; contrat de louage de choses, article 1709 ; contrat de louage d'ouvrage, article 1710 ; contrat de dépôt, article 1915 et suivants ; contrat de prêt, articles 1875 et 1876 ; responsabilité des vices cachés, articles 1602 et 1603.

Fiche 38

Les assurances responsabilité civile

Les assurances de responsabilité civile ont pour but de protéger le patrimoine de l'assuré afin qu'il ne prélève pas sur ses biens propres pour indemniser la victime. Le législateur est intervenu à de nombreuses reprises pour protéger la victime en réglementant un certain nombre d'assurances dont plus d'une centaine sont obligatoires.

1 Les principes généraux de l'assurance responsabilité civile

A. Définition

L'assurance responsabilité civile (RC) est traditionnellement définie comme la garantie, par l'assureur, de l'**obligation de réparer** qui incombe à l'assuré responsable d'un dommage causé à un tiers, la victime.

B. L'objet du contrat d'assurance RC

Il est de garantir les conséquences pécuniaires de la responsabilité encourue par l'assuré, dont il est reconnu responsable soit à raison d'une **faute** (que la victime doit prouver ou qui est présumée), soit du **fait d'une chose ou d'autrui** dont l'assuré répond. L'assurance RC couvre par extension les dépenses et les frais engagés pour la défense de l'assuré contre toute action en recherche de responsabilité qui serait dirigée contre lui, quelle que soit l'issue ultérieure de cette action, qu'il soit effectivement reconnu responsable ou non du dommage.

C. Les conditions d'application

■ L'assurance de RC ne peut être mise en jeu que dans le cas où **la responsabilité** del'assuré **est engagée vis-à-vis d'un tiers**.

LA LOI

Article L. 124-1 du Code des assurances

« Dans les assurances de responsabilité, l'assureur n'est tenu que si, à la suite du fait dommageable prévu au contrat, une réclamation amiable ou judiciaire est faite à l'assuré par le tiers lésé. » Il n'y a donc pas de sinistre s'il n'y a pas réclamation de la part de la victime.

■ Lorsqu'un sinistre met en cause solidairement plusieurs auteurs, chaque co-auteur est tenu pour la totalité du préjudice avec possibilité ultérieure d'un recours contre les coauteurs. L'assureur peut toutefois prévoir, dans les contrats d'assurance de responsabilité civile non soumis à une obligation d'assurance, une clause excluant les conséquences d'une condamnation *in solidum*. Dans ce cas, l'assureur n'est tenu qu'à la part contributive du dommage due par son assuré.

■ Toutefois, pour les contrats de particuliers, l'assurance au moment du fait dommageable s'applique. La loi impose aux assureurs de prévoir contractuellement leur position en présence d'assureurs différents successifs et cumulatifs. Cette information est d'ailleurs obligatoire lors de la remise du projet à un prospect (article L112.2 du Code des assurances).

G. Les extensions

■ Il s'agit d'exclusions conventionnelles qui sont rachetées moyennant surprime. Pour un contrat de particulier, elles peuvent concerner :

- la définition de l'assuré (concubin, enfant majeur, colocataire…) ;
- des risques étendus (chiens dangereux, équins, ovins, caprins) ;
- une activité spécifique ou un loisir (apiculture ou garde d'enfants, radio modélisme, tondeuse autoportée, trottinette électrique) ;
- un loisir (radio modélisme).

■ Pour un professionnel, elles sont reprises dans la fiche 39.

H. Les exclusions

1. Les personnes exclues du bénéfice de l'indemnité

L'assuré et le tiers sont définis au contrat. Sont exclus les dommages causés : à l'assuré lui-même, et à ses biens ou animaux en propriété ou confiés, celui-ci ne pouvant pas être son propre tiers ; au conjoint ou partenaire pacsé, aux ascendants, descendants de l'assuré ; aux préposés dans l'exercice de leur fonction (art. L451.1 CSS).

2. Les exclusions liées à l'événement

■ Le contrat étant aléatoire (article 1964 du Code civil), le risque à garantir doit être aléatoire, futur et incertain. Sont donc exclus :

- les conséquences de la faute intentionnelle ou dolosive de l'assuré, qu'il s'agisse d'une personne physique ou morale (art. L113-1 al. 2). La faute intentionnelle se définit comme « la volonté par l'assuré de l'action ou l'omission à l'origine du dommage et le dommage lui-même ». Les dommages qui ne sont pas causés volontairement doivent, eux, être pris en charge, même s'ils sont la conséquence de l'acte volontaire. Par ailleurs, l'article L.121.2 du Code des assurances prévoit que l'assureur ne peut pas exclure les conséquences de la faute intentionnelle des personnes dont l'assuré répond en application de l'article 1242 (relations parents-enfants ou commettants-préposés, sauf pour ces derniers en cas d'abus de fonction) ;
- les sinistres dont l'assuré avait connaissance lors de la souscription du contrat, malgré la garantie « reprise du passé ».

■ Certaines circonstances peuvent être exclues dans la mesure où elles n'enlèvent pas la substance du contrat, comme les dommages consécutifs à une rixe ou à un pari.

I. La tarification du risque particulier

■ La garantie responsabilité civile peut être proposée seule pour une cotisation forfaitaire ou intégrée dans un contrat multirisque habitation.

■ La cotisation est majorée forfaitairement pour chaque extension retenue.

■ Une franchise fixe et indexée peut permettre de réduire la cotisation.

3 Les assurances obligatoires en responsabilité civile

Principalement imposées aux professionnels, certaines assurances peuvent concerner les particuliers du fait d'un usage ou d'une activité. Cela concerne notamment :

- l'assurance des véhicules terrestres à moteur en 1958 ;
- l'assurance des chasseurs en 1955 qui garantit le chasseur et son chien pendant les actes de chasse ou de destruction des nuisibles ;
- les risques locatifs en 1982, assurance confirmée en 1986 ;
- l'assurance des associations sportives en 1984, qui impose notamment une garantie RC à tous les adhérents, une garantie corporelle pour tous ceux qui participent à des compétitions, et qui impose aux clubs de mettre à disposition une garantie corporelle à tous les adhérents ;
- l'assurance construction en 1978.

4 Le sinistre

A. Rappel

L'article L 124.1 du Code des assurances prévoit que « dans les assurances de responsabilité, l'assureur n'est tenu que si, à la suite du fait dommageable prévu au contrat, une réclamation amiable ou judiciaire est faite à l'assuré par le tiers lésé ». C'est la réclamation qui déclenche le sinistre. L'assureur du responsable n'est tenu à aucune démarche préalable.

B. Les spécificités de l'assurance responsabilité civile

1. L'inopposabilité des reconnaissances de RC

L'article L124.3 dispose que « l'assureur peut stipuler qu'aucune reconnaissance de responsabilité, aucune transaction, intervenues en dehors de lui, ne lui sont opposables. L'aveu de la matérialité d'un fait ne peut être assimilé à la reconnaissance d'une responsabilité ». Il en est de même lorsqu'un assuré déclare qu'il décline toute responsabilité en fonction d'un événement. Seul le droit civil ou les tribunaux peuvent décider de la mise en jeu de la RC ou non.

2. L'inopposabilité des déchéances

La déchéance étant une sanction liée au comportement de l'assuré, elle est inopposable à la victime. L'assureur intervient et récupère l'indemnité auprès de son assuré.

3. L'inopposabilité des franchises

Comme précisé ci-dessus, les franchises appliquées pour une garantie responsabilité civile obligatoire sont inopposables vis-à-vis de la victime.

4. L'action directe de la victime

L'article L124.3 du Code des assurances autorise la victime à se retourner directement contre l'assureur de l'auteur pour obtenir réparation de son préjudice.

La responsabilité civile du professionnel

Souvent imposée par le législateur, elle est encadrée par le Code civil, le Code de la consommation et le Code des assurances. Elle couvre la responsabilité civile contractuelle de l'assuré mais peut aussi prendre en charge la responsabilité délictuelle ou quasi-délictuelle liée à une activité professionnelle. Découlent ensuite des garanties dépendant du secteur professionnel.

1 La responsabilité civile professionnelle

A. L'objet de la garantie

■ L'assurance prend en charge les **responsabilités contractuelles liées à l'activité de l'assuré** conformément aux articles 1231 et suivants du Code civil. Elle garantit les dommages lorsque la responsabilité des entreprises du secteur tertiaire est mise en cause.

■ Cela concerne les professions libérales et les prestataires de services qui sont amenés à vendre des produits. La RC des produits livrés est analysée dans la fiche 40.

B. Les événements garantis

Dans le cadre d'une obligation contractuelle, il s'agit la plupart du temps :
- d'une erreur, principalement de conseil ;
- d'une omission ou de la négligence.

C. Le dommage

Il s'agit toujours d'une perte financière. Le plafond peut être imposé par le législateur dans le cadre d'une assurance responsabilité civile obligatoire.

D. La tarification

■ Elle est souvent définie en fonction :
- de l'**activité professionnelle** ;
- des **antécédents de l'entreprise** ;
- du **nombre de salariés ou non-salariés** participant à l'activité de l'entreprise ;
- de **critères variables** avec l'émission d'une quittance prévisionnelle à l'échéance et d'une quittance (ou un remboursement) de révision lors de la fourniture des données définitives par l'assuré. Il peut s'agir du chiffre d'affaires, de la masse salariale...

■ Une franchise souvent proportionnelle avec minimum et maximum est prévue au contrat.

E. Les exclusions spécifiques

Elles concernent les conséquences d'un sinistre survenu hors du cadre de l'activité déclaré de l'assuré.

2 La responsabilité civile exploitation

A. L'objet de la garantie

■ Elle couvre la **responsabilité civile délictuelle et quasi-délictuelle** de l'assuré relevant des articles 1240 à 1244 du Code civil, que celui-ci soit une personne physique ou une personne morale, dans le cadre des activités déclarées, au cours de l'exploitation des locaux ou pendant l'exécution des travaux. Elle couvre aussi celle des préposés.

■ Elle garantit notamment les dommages causés du fait de ses bâtiments, installations, machines, équipements, matériaux, produits stockés ou en cours de traitement (avant livraison) et interventions en dehors de ses locaux (avant réception).

B. Les extensions

Sont accordées d'office les **garanties** suivantes :

- les dommages causés aux biens confiés par le client à l'assuré (art. 1915 CC) ;
- les dommages résultant d'une atteinte accidentelle à l'environnement. Ne sont pas garantis toutefois les dommages causés par les installations classées ICPE garanties par un pool spécifique ASSURPOL ;
- la responsabilité civile des animaux sous la garde de l'assuré ;
- le risque fonctionnement des engins de manutention ou de chantier ;
- les conséquences corporelles d'un incendie, d'une explosion ou d'un dégât des eaux provenant d'un local sous la garde de l'assuré ;
- l'intoxication alimentaire dans le restaurant mis à la disposition exclusive des salariés ;
- les responsabilités qui peuvent découler du cahier des charges de l'assuré ;
- la responsabilité du fait des sous-traitants ;
- les vols commis par les préposés ou imputables à la négligence de l'assuré. Dans le premier cas, il est souvent demandé un dépôt de plainte contre le salarié s'il est connu ;
- la faute inexcusable de l'employeur (art. L452.1 à L452.4 CSS). Elle prend en charge le supplément de la cotisation employeur et les préjudices non financés par le régime obligatoire. La faute inexcusable est définie par la jurisprudence comme « une faute d'une exceptionnelle gravité, dérivant d'un acte ou d'une omission volontaire, de la conscience que devait avoir son auteur du danger qui pouvait en résulter et de l'absence de toute cause justificative ». L'employeur est en effet tenu envers son salarié d'une obligation de sécurité de résultat, notamment en ce qui concerne les maladies professionnelles contractées du fait des produits fabriqués ou utilisés par l'entreprise. Le manquement à cette obligation a le caractère d'une faute inexcusable, au sens

À SAVOIR

Le législateur a, depuis 1987, permis de garantir la faute inexcusable de l'employeur. Le salarié ayant subi des dommages corporels alors qu'il est passager d'un véhicule conduit par l'employeur ou un autre proposé, dispose d'un droit de recours en droit commun pour l'ensemble de ses préjudices, au titre de la loi Badinter.

■ En parallèle, la loi dite Grenelle 2 a notamment confirmé que les fabricants, importateurs et distributeurs de produits présentant un risque pour l'environnement ou la santé publique sont assujettis à une obligation de collecte des déchets et de recyclage. Cela concerne notamment les bouteilles de gaz, les meubles et matériels électriques ou similaires, les pneumatiques, les produits dangereux...

3 La réglementation : les obligations du vendeur

La vente d'un objet est un contrat, régi par le Code civil. Le vendeur est soumis à « deux obligations principales, celle de délivrer et celle de garantir la chose qu'il vend » (article 1603 du Code civil). À celles-ci se rajoutent d'autres obligations d'information et de sécurité.

A. L'obligation de délivrer la chose vendue (art. 1604 et suivants C. civ.)

1. Le contenu de l'obligation

La délivrance se définit comme le transport de la chose vendue en la puissance et la possession de l'acheteur. Elle s'applique à une vente « parfaite » et une livraison totalement conforme à la commande tant dans l'objet de la vente que dans le délai de la délivrance.

2. La charge de la preuve et réclamation

Il s'agit d'une obligation de résultat et le débiteur ne peut s'exonérer qu'en prouvant la cause étrangère, irrésistible et extérieure. La réclamation ne peut être faite que par l'acquéreur ou le sous-acquéreur qui peut demander soit la résolution (annulation) de la vente, soit son exécution avec obtention de dommages et intérêts éventuels. La réclamation doit se faire dans un délai de 5 ans (article 2224 du Code civil) à compter du moment où l'acquéreur a eu connaissance du problème (article 2228).

B. L'obligation de garantir les vices cachés (art. 1641 et suivants C. civ.)

1. Le contenu de l'obligation

LA LOI

> « Le vendeur est tenu de la garantie à raison des défauts cachés de la chose vendue qui la rendent impropre à l'usage auquel on la destine, ou qui diminuent tellement cet usage que l'acheteur ne l'aurait pas acquise, ou n'en aurait donné qu'un moindre prix, s'il les avait connus. »

■ La garantie des vices cachés diffère de la garantie conventionnelle pouvant être accordée par un professionnel pour une durée limitée dans le temps (24 mois) pour tous les vices apparents ou non. Le vendeur peut s'exonérer en prouvant la force majeure ou la faute de l'acquéreur, liée à une mauvaise utilisation ou une négligence (non-respect de la notice d'utilisation).

■ La vente « en l'état » n'est pas reconnue par la jurisprudence, car il s'agit d'une clause non limitée et trop ambiguë.

2. Le recours en action directe

En parallèle, le vendeur a la possibilité de tenter une action contre son vendeur si le vice existait avant, ce qui permet si nécessaire de remonter la chaîne jusqu'au fabricant. La jurisprudence a par ailleurs accepté le recours au titre de l'action directe d'un sous-acquéreur contre tout maillon de la chaîne contractuelle qui compose la vente du produit.

3. La charge de la preuve

Il appartient à l'acquéreur seul d'effectuer une réclamation. Il doit prouver que le vice, c'est-à-dire un défaut, une altération objective de la chose la rendant impropre à l'usage, existait déjà avant la délivrance. Le vendeur peut s'exonérer en prouvant soit la faute d'un tiers (caractère irrésistible et extérieur) soit la faute de la victime en cas de non-respect du mode d'emploi par exemple. Cette obligation ne concerne pas les vices apparents à l'achat (article 1642 du Code civil).

4. La réclamation

Elle doit se faire « dans un délai de 2 ans à compter de la découverte du vice » (article 1648 du Code civil). « L'acheteur a le choix de rendre la chose et de se faire restituer le prix, ou de garder la chose et de se faire rendre une partie du prix, telle qu'elle sera arbitrée par experts » (article 1644 du Code civil). La réclamation relative à la vente d'animaux de toute catégorie est gérée par le Code rural qui liste les maladies et défauts pouvant entraîner une action rédhibitoire (articles L213.2 à L213.4, R 213.1 et R213.2).

C. L'obligation d'information

L'obligation repose sur deux postes : l'**obligation de conseil** pour la vente et l'**obligation de renseignement** sur le produit.

1. L'obligation de conseil

Elle doit permettre au futur consommateur d'acheter de façon objective le produit qui correspond à son attente. Il s'agit d'une obligation de moyens. La victime doit justifier que le vendeur n'a pas utilisé tous les moyens à sa disposition pour l'éclairer sur son choix.

2. L'obligation de renseignement sur le produit

Le client doit être informé sur l'utilisation du produit vendu et la garantie (articles L111.1 à L111.3, L211.5 et L211.20 du Code de la consommation). La notice doit être claire et mettre en avant toutes les précautions d'emploi. Le vendeur doit aussi indiquer la durée pendant laquelle les pièces de remplacement sont disponibles pour le produit acheté.

3. La charge de la preuve

Il s'agit d'une obligation présumée. Il appartient au vendeur de justifier qu'il a bien informé l'acheteur en amont et en aval de la vente (article L111.1.III du Code de la consommation). La faute, la négligence ou l'imprudence de l'acheteur peuvent réduire la responsabilité du vendeur.

4 L'assurance des produits livrés ou après livraison

A. L'objet (art. 1245-1 et suivants C. civ.)

- Elle garantit « la responsabilité civile pouvant incomber à l'assuré en raison des dommages causés aux tiers par les produits livrés par l'assuré, ceci, après leur livraison, c'est-à-dire leur transfert de garde ou le moment où l'acquéreur peut l'utiliser sans l'assistance de l'assuré ou de son représentant ».

■ Sont assurés tous les faits susceptibles d'entraîner la responsabilité de l'assuré tels que erreurs ou défauts de conception, vices de fabrication, de stockage, d'emballage, d'étiquetage, de préconisation d'usage ou la simple vente ou mise à disposition de produits défectueux, périmés ou mettant en péril la sécurité des personnes et des biens.

■ La réclamation peut se faire à compter du moment où la créance est née, jusqu'au délai légal de prescription prévu par le Code civil, soit :

- 5 ans pour les actions personnelles ou mobilières (art. 2224 C. civ.) ;
- 10 ans en cas de dommages corporels à compter de la consolidation (art. 2228) ;
- 30 ans en réparation de dommages de pollution à compter du fait générateur.

■ Les assureurs prévoient toutefois des limites temporelles.

B. Le contrat

■ L'assuré est défini au contrat. Il est primordial que l'assureur ait connaissance des engagements contractuels du vendeur vis-à-vis de son acheteur pour établir des clauses éventuelles adaptées (renonciation à recours, par exemple).

■ Il serait plus aisé d'avoir un contrat qui regroupe l'ensemble des responsabilités, tant **délictuelles** (exploitation et après livraison) que **contractuelles** (professionnelle).

C. Les extensions

Elles concernent :

- le **pacte pour garantie** (article L112.1 du Code des assurances) : l'assureur garantit la responsabilité civile « produits livrés » pour le compte de plusieurs intervenants ;
- les **frais de retrait des produits** peuvent avoir pour conséquence des dommages corporels, à la condition que ce retrait se fasse ou sur décision administrative ou sur celle de l'assureur. Celui-ci prend en charge les frais liés à la mise en garde du public *via* tout système de communication, les frais de recherche des produits, les frais de retrait voire de destruction si nécessaire. Cette garantie permet aux assureurs de minimiser des engagements importants en responsabilité civile après livraison en permettant d'éliminer l'origine à sa base ;
- les **frais de reconquête** de la clientèle après le retrait et le rappel des produits incriminés ;
- les **frais de dépose et repose** des produits défectueux ;
- les **dommages immatériels non consécutifs** à des dommages corporels ou matériels garantis.

D. Les exclusions légales ou conventionnelles

■ Les **exclusions liées au produit** sont :

- les dommages relevant des responsabilités de la construction ;
- les dommages suite à un défaut de performance ;
- les dommages causés par une activité non déclarée ;
- les produits illicites.

■ Les **exclusions liées aux circonstances** sont les dommages causés du fait d'une faute, d'une imprudence ou d'une négligence de la victime.

■ Les **exclusions liées aux conséquences** sont :
- les condamnations pénales ;
- les engagements contractuels qui dépassent le cadre de la loi ;
- les dommages subis par les produits eux-mêmes ;
- la perte financière subie par l'acquéreur.

E. La tarification

Elle tient compte d'un certain nombre de critères présentés ci-dessous de façon non exhaustive.

■ Les **critères relatifs à l'entreprise** sont :
- l'activité de l'assuré (fabricant total, partiel ou intermédiaire) ;
- le chiffre d'affaires de l'année précédente et le prévisionnel ;
- les intervenants éventuels assurant les contrôles, la pose, l'installation, le suivi et leurs assurances éventuelles ;
- le nombre de salariés, la masse salariale ;
- les antécédents d'assurance et de sinistres.

■ Les **critères relatifs au produit** sont :
- la nature précise des produits et leurs normes de qualification, leurs performances ;
- leur ancienneté d'existence, le projet possible d'ouverture à une autre utilisation ;
- leur lieu de stockage, leur conditionnement ;
- le contenu des contrats, des engagements ;
- la zone d'exportation éventuelle (les États-Unis et le Canada ne sont pas gérés par les contrats usuels) ;
- les moyens d'identifier les produits.

■ La **garantie** concerne :
- les plafonds souhaités en corporel, matériel et immatériel ;
- le montant de la franchise qui est proportionnelle avec un mini et un maxi ;
- les extensions souhaitées.

Fiche 41

LA RESPONSABILITÉ ET SON ASSURANCE

La protection juridique

Auparavant intégrée dans les contrats sous la garantie défense recours, la protection juridique est une garantie qui a évolué et s'est adaptée afin de répondre aux attentes des assurés, consommateurs avant tout.

1 La garantie « défense recours »

Pour éviter toute confusion avec la protection juridique étendue, elle est appelée « **défense pénale et recours suite à accident** » **(DPRSA)**. Cette garantie se retrouve principalement dans les contrats « multirisques » habitation, professionnelle et immeuble et aussi dans les contrats d'assurance automobile en complément d'une garantie responsabilité civile existante. Elle ne peut intervenir que si une garantie principale du contrat sur lequel elle est rattachée peut jouer, ce qui exclut notamment tout litige de consommation non lié à un sinistre.

A. La défense civile

La mise en œuvre de la défense civile suppose que la responsabilité civile de l'assuré soit recherchée par un tiers victime et que cette responsabilité civile soit garantie par un **contrat d'assurance**. L'assureur a donc tout intérêt à assurer la défense de son assuré. Il désigne un avocat qui représente les deux parties.

B. La défense pénale

L'assureur prend en charge, dans les limites contractuelles, les honoraires d'un avocat pour défendre son assuré poursuivi pénalement. Les garanties défense pénale et défense civile ne peuvent plus être insérées dans une même clause. Cette garantie est souvent assortie d'exclusions, comme l'alcool sur un contrat automobile.

C. Le recours

■ Le gestionnaire du dossier est chargé des démarches pour l'obtention du recours auprès du responsable, ou de son assureur, afin que son assuré soit indemnisé de la **totalité de ses préjudices** conformément au droit commun. L'assureur qui a indemnisé contractuellement son assuré dispose d'un **recours subrogatoire** auprès du responsable dans la limite des sommes effectivement réglées.

■ En parallèle, il réclame pour le compte de son assuré, au titre de la garantie recours, l'ensemble des postes non indemnisés ou des abattements effectués tels que la franchise, le plafond de garantie ou pour l'application de la règle proportionnelle.

2 La protection juridique étendue

La garantie est une opération d'assurance réglementée par les articles L127.1 et suivants du Code des assurances. Elle peut être commercialisée tant par les assureurs généralistes, sous une entité spécifique, que par des assureurs dédiés. Elle correspond à la branche 17. Elle est par ailleurs réglementée par plusieurs directives européennes depuis 1987, reprises par le législateur français.

A. L'objet

La garantie est accordée « en cas de litige opposant l'assuré à un tiers ». Elle permet d'assister l'assuré afin qu'il puisse se défendre à l'amiable ou devant les tribunaux.

B. Les personnes assurées

■ Le **contrat du particulier** : le souscripteur, son conjoint ou assimilé, ses enfants et généralement toute personne vivant régulièrement à son domicile. Les personnes assurées sont limitativement définies aux conditions générales.

■ Le **contrat du professionnel** : le souscripteur, l'établissement en tant que personne morale, les préposés.

C. Les risques assurés

1. Le contrat de particulier

L'assuré est couvert en vie privée pour les litiges relevant de différents droits :
- **droit de la consommation** (litiges lors d'achats de toute nature ou avec un prestataire de service, erreur médicale...) ;
- **droit civil** (litige avec des voisins) ;
- **droit du travail** (litige avec l'employeur) ;
- **droit immobilier** 'litige avec le propriétaire, locataire, syndic) ;
- **droit administratif** (contestation d'une expropriation) ;
- **droit fiscal** (redressement fiscal, pénalités non justifiées).

2. Le contrat de professionnel, associatif, ou collectivité locale

Outre les litiges relevant de l'activité professionnelle déclarée au contrat, et faisant références aux droits ci-dessus, l'assurance permet aussi de gérer ceux relatifs aux marques et brevets, d'informer l'assuré sur ses droits aux subventions.

D. Les prestations acquises

1. Les conditions

Les prestations sont prises en charge dans la limite d'un plafond, par an et/ou par sinistre, prévu au contrat. Les honoraires sont eux aussi plafonnés en fonction de la juridiction. L'ensemble des prestations et des limites est repris dans un tableau figurant au contrat. Les assureurs prévoient aussi un seuil d'intervention afin de sensibiliser l'assuré qui serait tenté de multiplier les sinistres. La zone géographique est elle aussi précisée : elle correspond généralement aux pays faisant partie de l'Union européenne.

2. La procédure

- L'assurance intervient à trois niveaux :
  - une **information téléphonique** ;
  - la **recherche d'une solution à l'amiable** : l'assureur effectue toutes les démarches pour obtenir une issue amiable au litige, pouvant demander conseil à un avocat spécialisé ou réclamer des éléments complémentaires ;
  - la **défense des intérêts devant les tribunaux** : l'assuré a le libre choix de l'avocat, l'assureur ne pouvant pas lui imposer le sien. Toutefois, et uniquement sur une demande écrite de son assuré, l'assureur peut lui donner les coordonnées d'avocats pouvant l'assister (articles L127.1 et L127.3 du Code des assurances).

- En cas de désaccord entre l'assureur et l'assuré sur les démarches à effectuer en cas de différend, une tierce personne peut être appelée (article L127.4 du Code des assurances).

3. La nature des prestations

- L'ensemble de ces prestations est repris dans le contrat. Il peut s'agir de :
  - **frais de procédure** ;
  - **frais et honoraires** (d'huissier pour constatation ; d'expert mandaté ; de l'avocat qui effectue des démarches en amont de toute opération judiciaire).

- Puis en cas de non-aboutissement de la procédure amiable peuvent s'ajouter :
  - les **frais de l'huissier** qui délivre l'assignation puis est chargé de l'exécution de la décision ;
  - les **frais et honoraires de l'avocat** et de l'**expert judiciaire**.

- Les frais peuvent se décliner sous deux catégories :
  - les **dépens**, qui comprennent les frais d'instruction, les émoluments des officiers publics ou ministériels, la rémunération réglementée des avocats et les droits de plaidoirie ;
  - les **frais irrépétibles** (article 700 du Nouveau code de procédure civile (NCPC)) qui sont les autres frais. L'assureur peut récupérer au titre de la subrogation légale les frais et honoraires qu'il a engagés lorsque le tribunal condamne le tiers à la prise en charge des frais irrépétibles. Il n'est toutefois désintéressé que lorsque l'assuré a récupéré les frais qu'il a dû lui-même débourser suite notamment à un dépassement du plafond prévu au contrat (article L.127.8 du Code des assurances).

E. Les extensions possibles moyennant surprime

Elles sont en perpétuelle évolution et s'adaptent à l'évolution des litiges qui apparaissent :
- le **contrat de particulier** : litiges liés à un divorce après une période d'attente, à une opération de construction ;
- le **contrat de professionnel** : extension aux risques de la vie privée du souscripteur ; litiges fiscaux, liés à un recouvrement de créances, loyers impayés…

F. Les exclusions des contrats

- Les **exclusions liées à la nature du litige** concernent :
  - l'événement objet du litige est antérieur à la date de prise d'effet du contrat ;
  - les litiges liés à des faits de guerre civile, émeutes ou mouvements populaires ou à un fait intentionnel de l'assuré (exclusions légales) ;

– la défense civile, qui doit être maintenant proposée avec la garantie responsabilité civile ;
– les litiges collectifs du travail ;
– les litiges liés à un problème lié à la construction si l'assuré n'a pas souscrit d'assurance dommages ouvrage.

■ Les **exclusions liées à la nature de la prestation** concernent :
– les dépens ;
– les frais irrépétibles lorsque l'assuré perd son procès ;
– les amendes pénales.

G. La tarification

■ L'assurance protection juridique étant proposée au particulier en extension d'un contrat existant, automobile ou multirisque habitation, les assureurs utilisent la pollicitation pour la commercialiser. Ils profitent de l'échéance du contrat pour adresser un appel de cotisation intégrant cette garantie avec la possibilité de la refuser en soustrayant le montant de la cotisation correspondant. La généralisation et la standardisation de ce contrat permettent de proposer des tarifs de base peu élevés.

■ Les contrats professionnels ou les options à un contrat de base entraînent une **personnalisation du risque** et ainsi une **cotisation** qui dépend de nombreux critères liés notamment à la spécificité de l'activité professionnelle, du chiffre d'affaires ou du nombre de salariés et de tout autre élément spécifique lié à l'extension prévue (zone géographique, nombre de logements loués, etc.). Dans ce cas, le contrat est indépendant et correspond au risque spécifique.

H. Le sinistre

1. La déclaration

■ L'assuré doit effectuer sa déclaration dans le délai figurant au contrat, délai qui ne peut pas être inférieur à 5 jours ouvrés à partir du moment où il en a eu connaissance.

> DÉFINITION
> **Sinistre** : refus opposé à une réclamation dont l'assuré est l'auteur ou le destinataire (art. L127.2.1 C. assur.).

■ Les consultations ou les actes de procédure réalisés avant la déclaration du sinistre ne peuvent plus être utilisés par l'assureur pour invoquer la déchéance de la garantie pour délais non respectés. Toute clause contraire est réputée non écrite. Ces frais ne sont toutefois pas pris en charge par l'assureur, sauf cas de force majeure liée à une démarche faite dans l'urgence (article L127.2.2 du Code des assurances).

2. Le règlement du litige

Les gestionnaires de sinistre de protection juridique doivent répondre à certaines conditions professionnelles, respecter le secret professionnel et s'interdire d'intervenir s'ils ont des intérêts communs avec la prestation servie. Ils doivent exposer à l'assuré les chances de succès de l'affaire. Celui-ci doit avoir accès au suivi de son dossier tout le long de la procédure. S'il désire porter son litige devant les tribunaux, il doit recevoir toutes les informations s'y afférant : estimation des chances, risque de condamnation, montant des sommes pouvant rester à charge.

Fiche 42

La responsabilité civile des mandataires sociaux (RCMS)

La responsabilité civile délictuelle oblige l'auteur à prendre en charge les dommages qu'il a causés à des tiers. L'assurance responsabilité civile souscrite peut être amenée à endosser les frais de défense, mais son intervention s'arrête ici. Les assureurs proposent une couverture complémentaire lorsque l'assuré est mis en cause pénalement : la RCMS. Cette garantie est de plus en plus nécessaire suite à la judiciarisation du monde actuel.

1 Présentation générale

La définition suivante est généralement reprise dans les contrats. La RCMS est désignée comme **tout manquement** d'un assuré à ses **obligations légales**, **réglementaires** ou **statutaires**, toute **faute de gestion** commise par imprudence, négligence, omission, déclaration inexacte, tout acte fautif réel ou allégué.

A. L'objet du contrat

L'assurance RCMS protège le patrimoine personnel des dirigeants mis en cause par des tiers sur le fondement de la responsabilité civile délictuelle. Elle prend en charge les **frais de défense** et d'éventuels **dommages et intérêts** à la suite de plaintes relatives à des actes ou des décisions liés à l'exercice de leurs fonctions.

B. Les conditions de mise en œuvre

1. Le risque civil

■ Le dirigeant peut commettre personnellement un certain nombre de fautes causant un préjudice à des tiers. Il peut s'agir :
- d'infractions aux dispositions légales et réglementaires ;
- de violation des statuts ;
- de faute dans la gestion de l'entreprise ou de l'association ;
- de faute de gestion dans l'entreprise en difficulté entraînant la liquidation ou le redressement judiciaire.

■ La responsabilité civile délictuelle repose sur la **preuve cumulative de la faute, du dommage et du lien de causalité**. L'indemnisation, c'est-à-dire les dommages et intérêts, est prise en charge par l'assurance responsabilité dirigeants.

2. Le risque pénal

Le dirigeant est responsable, sauf délégation de pouvoir, de la bonne application des règles de droit dans sa société ou dans son association. Il peut être mis en cause pour les mêmes raisons que ci-dessus. **La sanction pénale n'est pas assurable** ; le contrat RCMS couvre cependant les dépenses engagées pour la défense.

EXEMPLE

Exemples de mises en cause
- Non-respect des dispositions légales ou réglementaires, des délais de convocation.
- Violation des statuts.
- Commercialisation de produits sans autorisations.
- Erreurs dans la gestion comptable ou sociale.
- Non-respect de la convention collective.

2 Les intervenants concernés

■ Le contrat est souscrit par l'entreprise, l'association ou la collectivité territoriale pour l'ensemble de ses dirigeants, personnes physiques. Ils sont assurés de par leur fonction et non nominativement. La garantie est donc acquise pour tout nouveau dirigeant qui prend ses fonctions.

■ Les **dirigeants de droit** sont officiellement investis, par la loi, les statuts ou par délégation, d'une fonction de direction et de représentation ou de contrôle et surveillance.

■ Les **salariés** ou les **bénévoles** exercent une activité de gestion ou de direction en toute indépendance sans avoir été régulièrement investis comme dirigeant.

3 Les tiers

Ils dépendent du cadre d'intervention du dirigeant :
- le **dirigeant de société** : il peut s'agir, en fonction de la nature de la faute commise, d'un client, un fournisseur, un salarié, un actionnaire, un concurrent, un créancier, un autre dirigeant, ou une administration (fisc, Urssaf, douanes, fraudes, etc.).
- le **dirigeant associatif** : ce peut être aussi un adhérent, un autre club ou un comité, la fédération nationale...
- le **dirigeant élu local** : la mise en cause peut par ailleurs et entre autres provenir de tout concitoyen, président d'association, et toute administration locale ou étendue.

4 Les garanties de base

■ Le contrat prend en charge l'ensemble des frais de défense, c'est-à-dire les honoraires d'expert, d'avocat de procès..., ainsi que les dommages et intérêts à verser quelle que soit la faute invoquée, dans la limite du plafond.

■ La garantie peut intervenir à partir d'un seuil de réclamation ou de frais.

5 Les extensions

Elles peuvent être intégrées au contrat moyennant surprime ou accordées d'office par certains assureurs.

A. L'assurance des personnes morales

■ Les **sociétés cotées en bourse** : la garantie peut intervenir en cas de réclamation boursière après intervention de l'AMF.

■ La **faute non séparable** : lorsqu'il y a transfert de la responsabilité du dirigeant vers la société, et uniquement sous cette condition, la garantie prend en charge les frais et indemnités à la charge de la société.

■ La **personne morale administrateur** : elle intervient lorsqu'il y a représentation d'une filiale dans le conseil d'administration d'une autre société. Le contrat intervient alors pour l'entreprise et toutes ses filiales et garantit tous les dirigeants, mais dans la limite cumulée du plafond.

B. L'assurance dans le temps

Le contrat peut prévoir la reprise du « passé inconnu » ainsi qu'une garantie subséquente pour une durée limitée.

C. L'assistance

Certains assureurs proposent maintenant l'assistance immédiate après garde à vue afin de permettre à l'assuré et à ses proches de faire face à une situation d'urgence.

6 Les exclusions

Le risque étant « délicat », les assureurs ont voulu malgré tout le moraliser en prévoyant un certain nombre d'exclusions conformes à l'ordre public :

- la **faute intentionnelle de l'assuré** : elle doit être d'une particulière gravité et incompatible avec l'exercice normal de ses fonctions de dirigeant. L'assuré doit avoir volontairement commis l'acte et recherché le dommage ;
- les **actions réalisées dans un but d'enrichissement personnel** ou pour obtenir un avantage indu : cela concerne la fraude, les abus de biens sociaux, les délits d'initiés ;
- les **dommages corporels** : la prise en charge se limite aux frais financiers ;
- les **condamnations pénales** ;
- les **actions commises par des membres de la famille du dirigeant**.

7 La tarification

L'assureur a besoin d'un certain nombre d'éléments afin de proposer un tarif : le statut juridique ; le secteur d'activité et la zone d'exportation éventuelle ; le nombre de salariés ; le bilan depuis 2 ans au moins ; les antécédents d'assurance et de sinistres ; les plafonds de garantie ; les extensions éventuelles.

LES CLÉS POUR L'ORAL

Les techniques de l'approche commerciale

Contrat encore méconnu puisque moins de 30 % des entreprises en sont équipées, la RCMS s'avère **indispensable**. Il est aisé de faire comprendre au prospect qui souhaite une assurance responsabilité civile que toute « erreur » – sans employer le terme « faute » – peut mettre en danger son patrimoine personnel.

Cet argument est encore plus facile à utiliser pour tous les dirigeants bénévoles d'associations sportives ou non, qui donnent de leur temps sans compter, mais qui peuvent finalement se retrouver pénalisés personnellement. Les appels d'offre des collectivités locales prévoient directement cette couverture qu'il serait inconcevable de mettre de côté. Les médias relatent régulièrement les mises en cause de maires pour des accidents survenus dans leur commune.

Entraînement

L'assurance de dommages : biens et responsabilités – La responsabilité et son assurance

Vous êtes collaborateur(rice) du cabinet JASSUR, agent général de PRUDENCE ASSURANCE. Le dossier de Monsieur MONFILS vous est confié pour les travaux suivants.

TRAVAIL À EFFECTUER

1. Identifiez et présentez le fondement de la responsabilité civile de votre assuré à l'égard des propriétaires victimes.

2. Précisez la garantie de son contrat mise en œuvre au regard de cette responsabilité.

3. Indiquez si vous pouvez refuser votre garantie en invoquant la faute intentionnelle de Philippe.

LE DOSSIER

CONTRAT : EXTRAIT DES CONDITIONS PARTICULIÈRES

PRUDENCE ASSURANCE
3 rue de Lyon
75009 PARIS
Contrat n° 17.458
Conditions Particulières « Multirisques Habitation »
Intermédiaire : Cabinet JASSUR
Assuré(es) : M. et Mme Jean MONFILS
Situation
Mariés
2 enfants à charge
Philippe né le 14/11/2009
Catherine née le 14/11/2009
Risque
Résidence Principale : 6 pièces principales
Adresse : 15 allée de la Victoire 84000 AVIGNON
Surface des dépendances : inférieure à 50 m^2
Qualité du souscripteur : propriétaire occupant
Garanties souscrites [...]
Responsabilité civile vie privée
Vos biens sont garantis jusqu'à :
Mobilier et objets usuels : 150 000 € dont objets de valeurs 10 %
Franchise générale : 150 € par sinistre
Effet le 1er janvier 2000
Échéance anniversaire 1er janvier - Paiement annuel (à jour des cotisations)
Indice à la souscription : 585,00

Entraînement

CONTRAT : EXTRAITS DES CONDITIONS GÉNÉRALES

Article 2 : GARANTIES (EXTRAITS)
GARANTIE RESPONSABILITÉ VIE PRIVÉE
A - LES PERSONNES ASSURÉES
Vous-même et votre entourage [...]
B - LES TIERS
Les personnes qui ne sont pas définies comme « personnes assurées » [.]
C - CE QUE NOUS GARANTISSONS
Nous garantissons les conséquences pécuniaires de la responsabilité encourue par les personnes assurées si un dommage corporel, matériel ou immatériel est causé à un tiers dans le cadre de leur vie privée.
Ces dommages peuvent être causés par les personnes assurées notamment :
- à l'occasion de la vie de tous les jours
- lors de la pratiques de sports exercées à titre amateur [.]

DOCUMENT SINISTRE : extrait du courrier de M. Monfils au Cabinet JASSUR le 31 décembre 2022

« Je soussigné Jean Monfils, assuré chez vous par un contrat MULTIRISQUES HABITATION vous déclare par le présent courrier un sinistre qui s'est déroulé hier, le 30 décembre 2022.
Alors que mon épouse et moi étions en déplacement chez des amis pour les fêtes, nous avons été alertés de voir arriver notre fils Philippe et deux de ses camarades, vers 17 h, essoufflés, sales et apeurés. Peu de temps après, la gendarmerie est venue interroger mon fils et nous avons appris qu'il était le principal responsable d'un incendie volontaire qui venait de toucher une usine désaffectée des alentours. Philippe a expliqué devant les gendarmes que lui et ses camarades étaient allés là-bas pour allumer des pétards. Il avait un briquet. Après les pétards, mon fils a allumé un brin de paille qui pendait au plafond pour, a-t-il dit, « voir ce que ça faisait ». La paille enflammée est tombée sur un gros tas de paille, ce qui a mis le feu. Les deux camarades de mon fils ont voulu l'éteindre mais Philippe leur a demandé de laisser brûler pour « voir un grand feu ». Puis ils ont pris peur et sont partis un peu plus loin pour « regarder l'incendie » avant de venir nous rejoindre.
Croyez que je suis sincèrement désolé de ce regrettable incident et espère que vous pourrez intervenir au titre de mon contrat d'assurance. »

#corrigé
Corrigé de l'entraînement partie 2.4
foucherconnect.fr/23vassur57

Fiche 43

LES CONTRATS MULTIRISQUES

La multirisque habitation (MRH)

Que l'assuré soit locataire, propriétaire ou copropriétaire, occupant ou non, il peut souscrire un contrat regroupant l'ensemble des garanties qui lui sont nécessaires, soit parce que le législateur le lui impose, soit dans un souci de protection de son patrimoine, rôle de « l'assurance de dommages ». La multirisque habitation permet de proposer en dehors des garanties de base un certain nombre d'options ou packs qui évoluent au fur et à mesure des besoins.

1 Les garanties de base

Elles peuvent couvrir les biens mobiliers ou immobiliers, les responsabilités ainsi que les dommages immatériels. La base reste la garantie incendie-foudre-explosion à laquelle sont rajoutés généralement :

- le dégât des eaux ;
- le bris de glaces ;
- la responsabilité civile délictuelle ou quasi-délictuelle de l'assuré ;
- les dommages immatériels (ne sont pas concernées la perte d'exploitation et la valeur vénale du fonds).

> **INFO** Chacune de ces garanties fait l'objet d'une fiche (se reporter aux fiches 27 à 42 correspondantes).

2 Les extensions légales obligatoires

Si au moins une garantie dommages est prévue, sont intégrées les extensions légales obligatoires :

- catastrophes naturelles ;
- catastrophes technologiques ;
- attentats ;
- tempête-ouragan-cyclone.

3 Les extensions facultatives moyennant surprime

A. Les garanties générales

- Le vol-vandalisme, qui est en option chez certains assureurs.
- Les dommages électriques.
- Les dommages ménagers (garantie rarement commercialisée maintenant).
- Les biens en chambre réfrigérée.

B. Les garanties spécifiques

GARANTIES DE DOMMAGES	• Extension pour 1 ou 2 pièces occupées pour un usage professionnel, sans visite de client, intégrant du matériel professionnel dans la limite d'un plafond. • Équipements photovoltaïques ou autres, de piscine, de loisirs. • Cave à vin. • Véranda. • Objets divers (collections, vélo, instruments de musique...).
GARANTIES DE RESPONSABILITÉ CIVILE	• Possession d'un animal spécifique (ovin, caprin, équin, ruches... ou plus original encore). • Terrain d'une surface importante (la limite dépend de l'assureur). • Pierre tombale. • Présence d'une personne au domicile qui ne répond pas à la définition de l'assuré. • Activité de garde d'enfants. • Certains véhicules à moteur dont la puissance ou la cylindrée est inférieure à un plafond donné.
GARANTIES DE PERSONNES	• Individuelle accidents pour la famille. • Individuelle scolaire.
DIVERS	• Protection juridique étendue à tous les risques de la vie privée. • Rééquipement à neuf pour les appareils électriques. • Échange de maisons, colocation, indivision, viager, etc. qui font l'objet de clauses spécifiques.

Les assureurs proposent de plus en plus des options « tout compris » ou packs.

4 Les exclusions

Les exclusions sont écrites en **caractères très apparents**. Elles doivent être formelles et limitées. Elles sont précisées dans chacune des fiches précitées, garantie par garantie.

5 Les éléments de tarification

Il est impératif que le prospect réponde en toute bonne foi pour éviter les sanctions : soit la **règle proportionnelle de prime** en cas de fausse déclaration non intentionnelle [article L113.9 du Code des assurances], soit la **nullité du contrat** si l'assureur a réussi à prouver la mauvaise foi de l'assuré [article L113.8 du Code des assurances]. Celui-ci a l'obligation de déclarer sous 15 jours, à compter du moment où il en a connaissance, tout élément modifiant l'appréciation du risque par l'assureur.

A. Les éléments liés à la situation du risque

Le tarif dépend de **zones de tarification**. L'intégration de garanties attentat et catastrophes naturelles a été un critère déterminant pour les conditions de sélection du risque. Certaines zones sont régulièrement visées par des arrêtés de catastrophes naturelles et entraînent un refus de garantie. Le Bureau central de tarification joue aussi dans ce domaine un rôle pour permettre à un prospect de couvrir des risques obligatoires.

#info
Le Bureau central de tarification
foucherconnect.fr/23vassur13

B. Les éléments liés à la qualité de l'assuré

Il doit déclarer s'il est propriétaire/copropriétaire occupant ou non, locataire, colocataire, occupant à titre gratuit, nu-propriétaire/usufruitier. Il est possible de souscrire pour le compte d'autrui (article L112.1 du Code des assurances). La loi ALUR permet d'ailleurs au propriétaire de souscrire un contrat pour le compte de son locataire.

C. Les différents éléments liés au risque

1. Type de l'habitation

Les conditions générales définissent chacun des éléments. Les questions portent sur les critères suivants :

- **caractéristique du risque** : maison individuelle, appartement, mobile home, demeure historique ou classée, chalet ;
- **nombre de pièces principales** telles que définies par l'assureur ;
- usage professionnel ;
- présence d'une véranda et surface ;
- situation de l'appartement (rez-de-chaussée ou non) ;
- surface des dépendances (en général développées et non communicantes avec le risque principal) ;
- aménagements extérieurs (piscine, chalet, photovoltaïque, éolienne...).

À SAVOIR

Toute pièce à usage de buanderie, salle d'eau, WC, cuisine n'est pas prise en compte. Les pièces à vivre de plus de 30, 40 ou 50 m^2 sont à compter comme deux pièces principales, la surface d'une mezzanine s'ajoute à la surface de la pièce sur laquelle elle s'ouvre.

2. Mobilier

- Valeur du mobilier à garantir.
- Valeur ou pourcentage des objets de valeur et des objets
- Biens spécifiques.

3. Prévention

- Durée de l'inoccupation par an telle que définie au contrat.
- Moyens de prévention pour le vol (mécaniques ou alarmes).

4. Antécédents

L'assuré doit déclarer ses antécédents depuis 2 ans en général :

- s'il a déjà été assuré ;
- si son contrat a été résilié par son ancien assureur (non-paiement ou sinistres) ;
- s'il a déclaré des sinistres ainsi que leur nature et leur coût.

5. Divers

- Présence d'animaux.
- Nouveaux moyens de locomotion.

Ces éléments peuvent être complétés par toute information qui est nécessaire, notamment pour prévoir une clause spécifique ou une extension.

D. Le calcul du tarif

- En l'absence de programme informatique, des tableaux à lecture directe TTC tiennent compte de l'ensemble des critères précisés ci-dessus. À chaque nombre de pièces correspond généralement plusieurs plafonds pour garantir les biens mobiliers, au choix du prospect.

REMARQUE

Attention toutefois à ne délivrer une attestation que s'il y a certitude de paiement. Même si l'attestation est une présomption d'assurance, sa remise incite parfois à laisser les mensualités suivantes impayées... Il faut veiller aux prélèvements mensuels la première année pour ce type de contrat.

- Des surprimes forfaitaires peuvent être ajoutées en fonction des garanties ou options prévues. En parallèle, la cotisation peut être réduite par l'adjonction d'une franchise.
- Un grand groupe a mis en place une évolution de la cotisation à la baisse au fil des années pour récompenser la fidélité de ses clients.

6 L'indice

Les contrats multirisques habitation sont indexés pour la plupart en fonction de l'indice de la construction ou FNB. Évoluent proportionnellement à l'indice, la valeur du contenu, le montant de la cotisation ainsi que la franchise. Lors du sinistre, il peut être tenu compte soit de l'indice à la dernière échéance, soit de l'indice au jour du sinistre. Le calcul se fait comme suit, l'origine étant la date de souscription du contrat : (valeur d'origine * indice actualisé)/indice d'origine.

#info
L'indice FN
foucherconnect.fr/23vassur14

7 Les spécificités de la multirisque

Le mobilier constitue chez la plupart des assureurs un plafond de garantie et non une valeur des biens, ce qui entraîne une abrogation de la règle proportionnelle de capitaux en présence de sous-assurance. Certains assureurs prévoient uniquement la garantie des risques locatifs afin de répondre à l'obligation d'assurance. Cette garantie est complétée par la responsabilité civile vie privée et la garantie protection juridique. Dans ce cas, en l'absence de garantie dommages, les extensions légales obligatoires ne sont pas accordées.

LES CLÉS POUR L'ORAL

Les techniques de l'approche commerciale

- Le contrat multirisque habitation est relativement facile à vendre en raison de la diversité des options proposées sur le marché. Il s'achète compte tenu de l'obligation d'assurance pour les locataires. La souscription à distance s'est développée, comme la vente au guichet de la banque.
- En pratique, il faut se rappeler que l'obligation de conseil et d'information est là aussi présente. Dans un premier temps, il est important de bien découvrir le risque, et poser toutes les questions qui pourraient éviter une omission, et donc une sanction pour fausse déclaration. Bien maîtriser le contrat en amont permet de bien le vendre. Il faut connaître toutes les clauses qui peuvent se proposer, et elles sont nombreuses. Les informations obtenues permettront de proposer les garanties adaptées au risque. La valeur de remplacement à neuf pour le contenu, le pack piscine, la nécessité de renforcer les protections vol, etc.

Fiche 44

LES CONTRATS MULTIRISQUES

La multirisque professionnelle (MRP)

Cette formule est réservée aux artisans, commerçants, professions libérales et PME-PMI lorsque les critères n'imposent pas la nécessité de les classer en « tarif entreprise ».

1 Les garanties de base

Elles peuvent couvrir les biens mobiliers dont la définition est étendue puisqu'elle comprend les biens meublants, les marchandises, les machines et matériels. Elles portent aussi sur les biens immobiliers, les responsabilités et les dommages immatériels.

INFO

Chacune de ces garanties fait l'objet d'une fiche (se reporter aux fiches 27 à 42 correspondantes).

2 Les extensions légales

■ Si au moins une garantie « dommages » est prévue, sont intégrées les extensions légales obligatoires :

– catastrophes naturelles ;
– attentats ;
– tempête-ouragan-cyclone.

ATTENTION

La garantie des « catastrophes technologiques » ne bénéficie pas au risque professionnel.

3 Les extensions facultatives moyennant surprime

A. Les garanties pouvant concerner tous les professionnels

- Le bris de glaces et enseignes.
- Le dégât des eaux.
- Le vol-vandalisme.
- Les dommages électriques.
- Le bris de machines.
- La « tous risques » informatique.
- La reconstitution des archives.
- La perte d'exploitation ou indemnité journalière.
- La valeur vénale du fonds.
- La responsabilité civile vie privée.
- La responsabilité civile exploitation.
- La protection juridique étendue vie privée et vie professionnelle qui peut aussi être garantie par un contrat séparé notamment si des options sont prévues.

B. Les garanties spécifiques à certaines professions

GARANTIES DE DOMMAGES	• Les marchandises en chambre froide. • Les marchandises transportées.
GARANTIES DE RESPONSABILITÉ CIVILE	• Professionnelle, qui est la plupart du temps garantie par un contrat spécifique. • Produits livrés. • Dépositaire ou objets confiés. • Intoxications alimentaires. • Atteinte à l'environnement.
GARANTIES DE PERSONNES	La perte d'exploitation suite à l'arrêt de travail de l'assuré.
DIVERS	Activités qui font l'objet de clause spécifique et d'un aménagement du tarif : - les activités saisonnières ; - les activités à variation de stocks importante ; - les activités exercées en dehors des locaux.

4 Les exclusions

■ Les exclusions sont écrites en caractères très apparents. Elles doivent être formelles et limitées. Elles sont précisées dans chacune des fiches précitées, garantie par garantie.

■ Ne peuvent être garanties dans le cadre de la MRP la responsabilité civile réglementée de certaines professions (monde médical, construction, professions libérales...).

5 Les éléments de tarification

■ Il est impératif que le prospect réponde **en toute bonne foi** pour éviter toute sanction, soit la **règle proportionnelle de prime** en cas de fausse déclaration non intentionnelle (article L113.9 du Code des assurances), soit la **nullité du contrat** si l'assureur a réussi à prouver la mauvaise foi de l'assuré (article L113.8). Celui-ci a l'obligation de déclarer sous 15 jours, à compter du moment où il en a connaissance, tout élément modifiant l'appréciation du risque par l'assureur (article L113.2-3).

■ Il est d'ailleurs souhaitable, et dans certains cas obligatoire, que l'assureur réalise une **visite de risque** avant toute prise de garantie afin notamment de contrôler les critères aggravants en incendie, vol, voire dégâts des eaux. La visite par un inspecteur peut entraîner une clause d'incontestabilité des déclarations hormis en cas de modification du risque.

A. Les éléments liés à la situation du risque

Le tarif dépend de zones de tarification et la position géographique des biens à assurer (isolement, zone commerciale, artisanale ou industrielle, proximité de cours d'eau.).

B. Les éléments liés à la qualité de l'assuré

Il doit déclarer s'il est propriétaire/copropriétaire, locataire (si une clause de renonciation à recours figure dans le bail, il est impératif d'avoir communication de ce bail).

C. Les éléments liés à l'activité

Certains assureurs prévoient des intercalaires spécifiques par domaine d'activité, prévoyant des montants et des garanties adaptés :
- activité principale et éventuellement activités annexes ;
- activités de sous-traitance reçues ou données ;
- chiffre d'affaires pour chacune d'entre elles ou montant de la marge brute ;
- nombre de salariés et non-salariés participant à l'activité ;
- assujettissement à la TVA.

D. Les éléments liés au risque

1. Le type de local

- Nature des biens : il y a lieu de contrôler le pourcentage de matériaux dits légers dans les clôtures et couvertures.
- Surface développée, murs compris, des locaux à garantir. En fonction de la situation et de la surface, des informations complémentaires peuvent être demandées, notamment la présence d'éléments aggravants liés à du stockage de marchandises, la communication avec d'autres biens, le chauffage, etc.
- Longueur de la vitrine (si le tarif est en mètre linéaire).

2. Les biens mobiliers

- Valeur des meubles, matériels, machines.
- Valeur des marchandises en fonction des garanties prévues (incendie, vol, en chambre froide, marchandises transportées...).
- Valeur des machines et appareils électroniques.
- Valeur des embellissements ou pertes financières. Il faut connaître les clauses du bail faisant mention du devenir des embellissements en cas de destruction.
- Valeur des glaces ou vitres à garantir pour un premier risque.

3. La prévention

■ Il est impératif de connaître toutes les mesures de prévention aussi bien en incendie qu'en vol. De mauvais antécédents ou un risque sensible peuvent entraîner l'installation de mesures de prévention pour, là aussi, autoriser la garantie, augmenter le plafond ou réduire la franchise. Il est possible de demander le déplacement de matières dites « dangereuses » afin de les éloigner des locaux.

■ Par ailleurs, certaines activités peuvent demander des formations ou informations spécifiques afin de pouvoir garantir la responsabilité civile.

4. Les antécédents

En général, l'assuré doit déclarer ses antécédents depuis 2 ans :
- s'il a déjà été assuré ;
- si son contrat a été résilié par son ancien assureur (non-paiement, changement d'activité ou sinistres) ;
- s'il a déclaré des sinistres ainsi que la nature et le coût et les solutions apportées pour ne pas renouveler les sinistres.

5. La responsabilité civile

Il est primordial de connaître l'ensemble des activités de l'assuré et d'avoir communication de modèles de contrats de prestations ou de vente qu'il établit afin de contrôler les engagements pris vis-à-vis du client.

E. Les éléments divers

Ces éléments peuvent être complétés par toute information qui est nécessaire, notamment pour prévoir une clause spécifique ou une extension contractuelle.

F. Le calcul du tarif

Les tarifs sont la plupart du temps donnés par informatique, mais les assureurs mettent à disposition des intermédiaires, des tarifs à lecture directe, toutes taxes, hors taxe attentat. Le calcul s'opère garantie par garantie.

1. L'incendie, le « dégâts des eaux », le vol-vandalisme

- Les biens immobiliers sont tarifés en euro par m^2.
- Le contenu, lui, est tarifé en L de la valeur garantie.

2. Le bris de glaces

Le tarif correspond soit à un taux L notamment pour les produits verriers et les enseignes, soit un forfait par mètre linéaire réservé à la vitrine et la porte d'entrée. Le taux peut dépendre de la qualité du verre.

3. La responsabilité civile

Le tarif dépend de l'activité qui sert de base, puis d'un taux en fonction de l'effectif (forfait par personne travaillant) ou du chiffre d'affaires en direct ou en sous-traitance (taux L)...

4. La perte d'exploitation et la valeur vénale

Si la garantie est intégrée à un contrat MRP, il est tenu compte d'un taux L en fonction du chiffre d'affaires ou de la marge brute.

5. Les extensions diverses

Les tarifs dépendent de la garantie. Il peut s'agir de taux L ou de sommes forfaitaires.

6. Les majorations

Elles peuvent être prévues en fonction de risques aggravants principalement en incendie, et aussi pour de mauvais antécédents.

7. Les réductions

La cotisation peut être réduite :
- par l'installation de mesures de prévention incendie ou vol ;
- en présence de plusieurs garanties regroupées ;
- par l'adjonction d'une franchise ou sa majoration.

6 L'indice contractuel

■ Les contrats multirisques professionnels sont indexés pour la plupart en fonction de l'**indice de la construction ou FNB**. Évoluent proportionnellement à l'indice la valeur du contenu, le montant de la cotisation ainsi que la franchise.

#info
L'indice FN
foucherconnect.fr/23vassur14

■ Lors du sinistre, il peut être tenu compte soit de l'indice à la dernière échéance, soit de l'indice au jour du sinistre. Le calcul se fait comme suit, l'origine étant la date de souscription du contrat : (valeur d'origine * indice actualisé)/indice d'origine.

7 Les spécificités de la multirisque professionnelle

La valeur des biens figurant au contrat constitue chez la plupart des assureurs un plafond de garantie, ce qui entraîne une abrogation de la règle proportionnelle de capitaux en présence de sous-assurance.

LES CLÉS POUR L'ORAL

Les techniques de l'approche commerciale

• Le risque professionnel est un domaine technique où le conseil de l'assureur est primordial. Le chef d'entreprise, dirigeant, artisan ou commerçant ou profession libérale délègue souvent en toute confiance à son assureur la souscription des contrats d'assurance, principalement pour pallier sa méconnaissance de ses droits et de ses obligations.

• Bien connaître son interlocuteur est nécessaire. Un contrat MRP ne se fait pas en un clic. Il fait suite à de nombreux échanges et surtout à une visite du risque. Il y va de la survie d'une entreprise et de tout ce qui en découle.

• La souscription d'une MRP est également l'occasion de proposer un ensemble de garanties d'assurances de personnes et aussi de contrats de particuliers. Il faut regrouper le maximum de contrats afin d'être performant et aussi, bien entendu, fidéliser le client.

Fiche 45

LES CONTRATS MULTIRISQUES

La multirisque immeuble (AMI ou MRI)

Ce contrat a été mis en place pour garantir principalement les immeubles comportant plusieurs lots individuels et éviter la gestion lourde de contrats séparés. Il concerne notamment les copropriétés.

1 Les caractéristiques de la copropriété

A. Définition

Une copropriété est, en règle générale, un immeuble ou un ensemble d'immeubles (copropriété verticale) ou de maisons (copropriété horizontale) dont la propriété est répartie entre plusieurs personnes. Elle est divisée en parties :

- **parties privatives**, réservées à l'usage exclusif d'un seul copropriétaire : il en est seul propriétaire ;
- **parties communes**, affectées à l'usage de plusieurs ou de tous les copropriétaires.

B. Le fonctionnement

■ La copropriété est gérée le **syndicat des copropriétaires** représenté par le **conseil syndical**, élu. L'**assemblée générale**, constituée de tous les copropriétaires ou de leurs mandataires, est organisée tous les ans. S'y votent les lignes directrices de la copropriété.

■ La gestion est confiée à un **syndic**, qui gère la copropriété selon les décisions de l'assemblée. Il peut être bénévole pour les toutes petites copropriétés ou professionnel, qui, lui, est soumis à une assurance responsabilité professionnelle.

C. La réglementation

■ La loi du 10 juillet 1965, remaniée en 2000 puis en 2006, et en dernier lieu la loi ALUR réglementent le statut de la copropriété qui fixe l'ensemble des règles de gestion.

■ Ce statut est publié au service de la conservation des hypothèques ou chez un notaire, ce qui fait naître juridiquement la copropriété. Il précise les **droits et les obligations des copropriétaires**, et comporte un **état descriptif de chaque lot** en précisant son régime légal.

D. Les parties communes

■ Par définition, tout ce qui n'est pas considéré comme partie privative est une partie commune. Sont ainsi déclarées parties communes : le sol de l'immeuble, le gros œuvre des bâtiments ; les cours, parcs, jardins et voies d'accès ; les canalisations d'équipement collectif (l'eau, par exemple), même lorsqu'elles traversent les parties privatives ; les passages et les corridors ; les locaux de services communs (local des poubelles, de chaufferie).

■ Selon le règlement de copropriété, les fenêtres des logements peuvent être soit partie commune, soit partie privative. Il en est de même pour les radiateurs ou les balcons. À défaut de précisions sur la destination d'un bien dans le règlement de copropriété, l'article 3 de la loi de 1965 s'applique.

2 Les assurances de la copropriété

■ **Aucune loi n'exige une assurance collective**, mais les règlements de copropriété prévoient l'obligation de souscrire un **contrat global** pour garantir les responsabilités et les dommages causés aux parties communes (incendie, foudre, explosion, dégâts des eaux, bris de glaces). Il appartient au syndic qui est chargée de la conservation de l'immeuble de souscrire l'assurance. Il a l'obligation de vérifier la conformité du contrat, de veiller à ce que l'immeuble ne soit pas sans assurance après résiliation par exemple.

■ La cotisation est réglée par le syndic et répartie entre chaque propriétaire suivant sa quote-part exprimée en millièmes ou tantièmes.

■ Les assureurs proposent pour les risques dits simples des **contrats « multirisques »** standard. Les autres risques sont garantis par des contrats sur mesure.

A. L'objet du contrat collectif

Il permet de couvrir les dommages causés aux parties communes, les responsabilités délictuelles et quasi délictuelles des copropriétaires, les responsabilités contractuelles du propriétaire vis-à-vis du locataire.

B. Les garanties de base

1. Les garanties de dommages aux biens

■ Sont prévues les garanties : incendie et risques annexes ; dégâts des eaux, y compris la recherche de fuite, bien que la convention IRSI l'ait intégrée comme réputée garantie ; vol-vandalisme ; bris de glaces. Par extension, les garanties légales (catastrophes naturelles, tempête-ouragan-cyclone, attentat) et, pour les particuliers, les catastrophes technologiques.

■ La garantie est souvent accordée pour les biens immobiliers en **valeur de reconstruction** à neuf limité et à 25 % de vétusté ; l'indemnisation se fait en deux temps :
- indemnité immédiate correspondant à la valeur d'usage (valeur à neuf – vétusté) ;
- indemnité différée limitée à 25 % de remboursement pour la vétusté, sur présentation des factures dans les 2 ans pour un même usage et même lieu sauf cas de force majeure.

2. Les garanties de responsabilité civile (RC)

■ Elles concernent :
- la **RC de la copropriété**, donc de l'ensemble des copropriétaires à l'égard des tiers (articles 1240, 1241, 1242 al. 1 et al. 2 et 1244 du Code civil) ;
- la **RC personnelle de chaque copropriétaire** en cas de sinistre provoqué par les bâtiments suivant les articles 1719 et 1721 du Code civil (garantie recours des voisins et des tiers et garantie recours du locataire) ;
- la **RC des personnes affectées au service de l'immeuble** ;
- la **RC du syndicat des copropriétaires** vis-à-vis de chaque copropriétaire.

■ En outre, le contrat doit prévoir une clause de renonciation à recours de l'assureur contre le copropriétaire. En effet, les copropriétaires doivent être considérés comme des tiers entre eux en cas de dommages aux biens de l'un d'eux.

3. La garantie des dommages immatériels

Elle est en général intégrée au contrat, mais il est important de contrôler la suffisance des plafonds, notamment en ce qui concerne la garantie frais de déblais et démolition. La situation de l'immeuble et les matériaux de construction peuvent entraîner des coûts élevés.

C. Les extensions facultatives moyennant surprime

GARANTIES DE DOMMAGES AUX BIENS	· Les dommages électriques. · Le bris de machines pour les machineries, l'ascenseur, la climatisation, la pompe de la piscine... · La « tous risques informatique » pour le matériel de surveillance notamment. · La reconstitution des archives. · Les garanties souscrites sont étendues aux biens mobiliers appartenant à la collectivité tels que le matériel d'entretien, de chauffage, les meubles destinés aux préposés ou gardiens, les approvisionnements divers tels que le fuel.
GARANTIES DE RESPONSABILITÉ CIVILE	Le contrat prend en charge les conséquences : - de la responsabilité civile du syndicat des copropriétaires et du conseil syndical liée à l'immeuble et aux fonctions de chacune des parties ; - de la responsabilité civile exploitation en qualité d'employeur ou de commettant ; - de la responsabilité civile du syndic bénévole (**indispensable**) ; - des maladies transmises par les vide-ordures ; - du retard du courrier ; - des dommages causés à l'environnement.
EXTENSIONS DIVERSES	· La protection juridique étendue. · La garantie des charges de copropriété impayées. · La perte de liquides accidentelle, y compris la perte d'eau suite à un dégât des eaux. · L'infiltration d'eau par façade (dégâts des eaux). · Les conséquences de refoulement d'égout (dégâts des eaux). · Les tags et graffitis (vandalisme). · L'effondrement accidentel. · Les risques liés aux installations d'énergies renouvelables et aux engagements de fourniture d'électricité pris.

D. Les exclusions

Les exclusions sont écrites en **caractères très apparents**. Elles doivent être **formelles** et **limitées**. Certaines peuvent faire l'objet d'un rachat moyennant surprime. Les immeubles renfermant des risques liés à la pratique d'un culte, à des activités de nuit telles que discothèques, sont en général refusés.

E. Les éléments de tarification

Il est impératif que le prospect réponde en toute bonne foi pour éviter les sanctions : soit la **règle proportionnelle de prime** en cas de fausse déclaration non intentionnelle [article L113.9 du Code des assurances], soit la **nullité du contrat** si l'assureur a réussi à prouver la mauvaise foi de l'assuré. Celui-ci a l'obligation de déclarer sous 15 jours, à compter du moment où il en a connaissance, tout élément modifiant l'appréciation du risque par l'assureur. Il est d'ailleurs indispensable que l'assureur réaliser une visite de risque avant toute prise de garantie afin notamment de contrôler l'état de l'immeuble et définir les critères aggravants en incendie, vol, voire dégâts des eaux. La visite par un inspecteur diligenté par l'assureur peut entraîner une clause d'incontestabilité des déclarations hormis en cas de modification du risque.

1. Les éléments liés à la situation du risque

Le tarif dépend de zones de tarification, de la situation géographique des biens à assurer (isolement, zone, proximité de cours d'eau, etc.).

2. Les éléments liés à l'occupation

Il est important de connaître l'usage des différents locaux, certains immeubles ayant une occupation mixte. La tarification de l'immeuble dépendant du risque le plus aggravant, l'assurance multirisque standard n'est pas toujours possible. La **règle du quart** peut toutefois permettre de considérer l'immeuble en risque simple lorsque le volume du risque aggravé ne dépasse pas 1/4 du volume total, aucune majoration n'est retenue. Autre exception, si le cumul des locaux professionnels dépasse le quart du volume de l'immeuble mais que, pris un par un, les risques ne dépassent pas ce plafond, la majoration retenue correspond au risque le moins aggravant.

3. Les éléments liés aux différents postes à garantir

- Les **biens immobiliers** :
  - il y a lieu de contrôler si le « clos » et le « couvert » sont en léger ou semi-léger ;
  - il faut calculer la surface développée, murs compris, des biens à garantir. Elle s'obtient en cumulant la surface de chaque niveau, les « toitures terrasses » et les sous-sols à usage de caves ou garages comptant souvent pour 1/2 niveau ;
  - il faut s'assurer que les risques aggravants sont isolés, que les modes de prévention sont respectés compte tenu des aggravations éventuelles telles que le stockage de combustibles pour la copropriété ou de tout autre produit aggravant, la communication avec d'autres biens, le chauffage, etc. Les piscines, terrains de tennis, installations d'énergies renouvelables doivent être déclarés ;
  - le tarif de chaque garantie s'obtient en appliquant un coût forfaitaire par m^2.
- Les **biens mobiliers** :
  - valeur des meubles, matériels, machines appartenant à la copropriété ;
  - nature et quantité de produits combustibles stockés ;
  - valeur des machines et appareils électroniques ;
  - le tarif de chaque garantie s'obtient en appliquant un taux 0/00 à la valeur retenue.
- La **responsabilité civile** :
  - il convient de connaître s'il y a la présence de préposés, concierge, personnes déléguées à l'entretien... afin de prévoir les garanties adaptées ;
  - le tarif tient compte des options retenues. Il peut s'agir d'un forfait par préposé ou d'un taux appliqué à la masse salariale.
- Les **éléments divers** : chaque extension spécifique entraîne une demande d'informations complémentaires. Les tarifs dépendent de la garantie. Il peut là encore s'agir de taux 0/00 ou de forfaits.

4. La prévention

Il faut connaître toutes les mesures de prévention aussi bien en incendie qu'en vol. De mauvais antécédents ou un risque sensible peuvent entraîner l'installation de mesures de prévention pour accepter la garantie sans restriction, augmenter le plafond ou réduire la franchise. Il est possible de demander le déplacement de matières « dangereuses » afin de les éloigner des locaux. Une distance de 10 mètres est souvent préconisée.

5. Les antécédents

L'assuré doit déclarer ses antécédents depuis 2 ans, en général s'il a déjà été assuré, si son contrat a été résilié par son ancien assureur (non-paiement, changement d'activité, ou sinistres), s'il a déclaré des sinistres ainsi que leur nature et leur coût.

6. L'ajustement du tarif

Le tarif peut être revu en fonction d'éléments spécifiques au risque :
- les **majorations** : ce sont celles prévues en fonction de risques aggravants, et aussi pour de mauvais antécédents ;
- les **réductions** : la cotisation peut être réduite par l'installation de mesures de prévention incendie et/ou vol avec contrôle annuel ou par l'adjonction d'une franchise ou sa majoration.

3 L'indice

#info
L'indice FN
foucherconnect.fr/23vassur14

Les contrats multirisques immeuble sont indexés en fonction de l'indice de la construction ou de l'indice risque industriel « RI ». Évoluent proportionnellement à l'indice les plafonds de garantie, le montant de la cotisation ainsi que la franchise. Lors du sinistre, il peut être tenu compte soit de l'indice à la dernière échéance, soit de l'indice au jour du sinistre. Le calcul se fait comme suit (l'indice d'origine est celui de la date de souscription du contrat) : (valeur d'origine * indice actualisé)/indice d'origine.

4 Les contrats « flotte » ou « syndic »

■ Certains assureurs proposent des contrats dits « globale syndic » avec un taux identique pour tous les immeubles répondant à des critères similaires. Il s'agit d'une police à aliments où l'assuré fait intégrer au fur et à mesure les nouveaux risques qu'il récupère, soit en gestion, soit suite à la résiliation auprès de l'ancien assureur. Cette formule permet d'uniformiser le taux qui ressort d'une analyse de l'ensemble des risques du syndic et qui est une vitrine de la procédure de gestion de celui-ci. Le taux est renégocié chaque année. Une aggravation des résultats peut entraîner soit une révision du taux, soit l'intégration ou la majoration d'une franchise.

■ L'autre point positif de cette formule est que les garanties sont communes à tous les immeubles et l'assureur fait généralement l'effort de proposer des extensions spécifiques par rapport à un contrat standard. Cette collaboration « assureur-syndic » permet d'asseoir la position de ce dernier auprès du syndicat des copropriétaires, suite à l'obtention d'un tarif préférentiel et de garanties élargies.

L'assurance de dommages : biens et responsabilités – Les contrats multirisques

Vous êtes collaborateur(rice) du cabinet ALLEAU, agent général de SAGESSE ASSURANCE. Le dossier de Monsieur COULET, votre assuré, vous est confié. Il a déclaré un sinistre survenu le 10 janvier 2023. Le 10 février 2023 est publié au Journal officiel un arrêté portant constatation de l'état de catastrophe naturelle pour des dommages causés par les inondations suite à la crue de la rivière le Petit Vair. La ville de Vittel est entièrement concernée par cet arrêté. Suite à cette publication, Monsieur COULET vous recontacte dans les jours qui suivent pour l'indemnisation d'un deuxième sinistre.

TRAVAIL À EFFECTUER

1. En vous appuyant sur le contrat de Monsieur COULET détaillé p. 143, au titre de quelle garantie peut-il être pris en charge pour ses dommages ?

2. Calculez le montant de l'indemnité à verser à Monsieur COULET.

EXTRAIT DU RAPPORT D'EXPERTISE DE DOMEXPERT

DOSSIER N° 17.10 141
Date du sinistre : 8 janvier 2023
Date de la déclaration : 13 janvier 2023
Nature du contrat : Multirisques Habitation
Contrat n° 182.253
Nature du sinistre : DÉGÂTS DES EAUX
Circonstances
Le 8 janvier 2023, suite à des pluies diluviennes qui ont duré plusieurs jours, la rivière le Petit Vair est sortie de son lit et a inondé de nombreux quartiers de la ville de Vittel.
Dommages : cuisine et salon situés au rez-de-chaussée partiellement endommagés.
Vérification du risque : déclaration au jour du sinistre exacte et risque conforme.
Le montant des dommages vérifiés et arrêtés en accord avec l'assuré, SOUS RESERVE D'UNE ÉVENTUELLE PRISE EN CHARGE PAR L'ASSUREUR s'élève à :

Désignation des dommages	Valeur de remplacement TTC	Taux de vétusté
Peinture papier peint	2 250 €	20 %
Électricité	2 180 €	50 %
Mobilier	1 970 €	30 %
Gazinière de 2002	350 €	20 %
Linge de maison	580 €	35 %

#corrigé
Corrigé de l'entraînement partie 2.5
foucherconnect.fr/23vassur58

L'assurance construction : définitions et réglementation

Après d'énormes difficultés rencontrées dans le monde de la construction liées notamment à une sous-assurance notoire ou à des litiges très longs, le législateur a réglementé la profession en 1978. Cette loi dite « Spinetta » a été complétée en 2005 afin d'encadrer encore mieux ce domaine. Il est important avant tout de s'approprier le langage spécifique de l'assurance construction.

1 Définitions

A. Les personnes concernées

■ Le **maître d'ouvrage** est une personne physique ou morale qui fait la commande d'un ouvrage pour son propre compte ou pour le compte d'autrui en concluant des marchés de travaux avec des professionnels, maîtres d'œuvre et entreprises. Il peut s'agir d'un particulier ou d'un professionnel qui peut agir pour le compte d'un tiers de par sa fonction (ex. : syndic pour syndicat de copropriété).

■ Le **maître d'œuvre** est une personne physique ou morale chargée de la conception et/ou de la direction des travaux.

■ L'**entrepreneur** est une personne physique (artisan ou micro-entrepreneur) ou morale chargée de l'exécution des travaux, soit en qualité de locateur d'ouvrage, soit en qualité de sous-traitant.

■ Les **intervenants** sont toutes les personnes physiques ou morales chargées de la conception ou de l'exécution de travaux.

B. La nature des contrats concernés par l'assurance construction

■ Le **contrat de louage d'ouvrage** est un contrat passé entre le maître d'ouvrage et un intervenant en vertu duquel ce dernier s'engage à faire quelque chose (concevoir les travaux ou les exécuter), moyennant un prix payé par le maître d'ouvrage.

■ Le **contrat de sous-traitance** est un contrat passé entre deux intervenants, par lequel le traitant donne à un sous-traitant ce dont il est lui-même chargé par un contrat de louage d'ouvrage. Le traitant doit faire agréer le sous-traitant par le maître d'ouvrage.

C. La construction

■ L'**ouvrage** peut être de bâtiment ou de génie civil. Cette construction comprend :
- des **éléments constitutifs** : la viabilité (canalisations d'évacuation), la fondation, l'ossature (charpente), le clos (murs extérieurs et porte d'entrée), le couvert (toiture) ;
- des **éléments d'équipement**.

■ Un **élément d'équipement** est un élément propre à un ouvrage assurant pour lui une fonction autre que viabilité, fondation, ossature, clos ou couvert. Il en existe deux formes :
- **indissociable** lorsqu'il ne peut pas être séparé de l'ouvrage sans détérioration ou enlèvement de matière tels que carrelage, cloison ;
- **dissociable** dans les autres cas. Ils doivent avoir été installés sur une partie de l'ouvrage neuve, tels que la peinture, une chaudière, un interphone.

■ Ne font pas partie des éléments d'équipement les appareils ménagers même fournis en exécution du contrat de construction.

■ L'**existant** est un ouvrage ou une partie d'ouvrage destiné à être techniquement solidarisé avec un ou plusieurs ouvrages de la construction et qui, à la DROC, existe et appartient au maître d'ouvrage.

> **INFO** Depuis 2011, la jurisprudence a reconsidéré les éléments d'équipement qui n'étaient pas destinés à fonctionner, ceux-ci étant régis par le droit commun et non le droit de la construction.

D. L'opération de construction

1. Le chantier

Il comprend l'ensemble des travaux de réalisation d'un ou plusieurs ouvrages effectués dans un même site géographique et faisant l'objet d'un même permis de construire initial dans le cas où ce dernier est obligatoire.

2. La date d'ouverture de chantier (DOC)

Elle se définit comme la date officielle et déclarée du début des travaux. La garantie décennale de tous les intervenants doit être acquise à cette date (sauf création d'entreprise ultérieure). Il en est de même pour l'assurance dommages ouvrage.

3. La réception

■ Il s'agit de l'acceptation expresse ou tacite par le maître d'ouvrage, avec ou sans réserves, des travaux et ouvrages de l'opération de construction. C'est un acte :
- **juridique** ;
- **unilatéral** : le maître d'ouvrage déclare « accepter » l'ouvrage ;
- **contradictoire** : il est opposable à ceux pour lesquels la réception est contradictoire mais pas à ceux auxquels elle n'a pas été notifiée ou qui n'y ont pas participé.

■ Elle répond à un mécanisme d'ordre public (obligatoire et non laissé à la liberté des parties). Elle peut être :
- **amiable** et fait alors l'objet d'un procès-verbal comportant ou non des réserves ;
- **judiciaire** en cas notamment de défaillance de l'entreprise.

■ Elle est établie par un expert et les effets de cette réception sont :
- **avant réception** : la responsabilité contractuelle de droit commun s'applique ;
- **après réception** : c'est le point de départ aux garanties suivantes : garantie de parfait achèvement, garantie de bon fonctionnement des éléments d'équipement dissociables, responsabilité décennale, assurance de responsabilité obligatoire.

4. Le contrôle technique

■ Préconisé par loi Spinetta, il est fait à la demande du maître d'ouvrage ou de l'assureur dommages ouvrage. Il est **obligatoire pour certaines constructions** : réception du public, immeuble de grande hauteur (IGH), etc. Il contribue à la prévention des divers aléas techniques susceptibles d'être rencontrés dans la réalisation de l'ouvrage : problèmes techniques et/ou concernant la solidité et pouvant agir sur la sécurité des personnes.

■ Il peut être de plusieurs types allant du contrôle du gros œuvre à la mission complète concernant l'ensemble des travaux, notamment l'isolation phonique et tous les éléments de sécurité : incendie, gaz, électricité, ascenseurs, ventilation...

■ La responsabilité du contrôleur technique se limite à la mission qui lui a été confiée.

2 La réglementation

A. L'évolution de la réglementation

FOCUS

- 750 av. J.-C. : le code d'Hammourabi instaure la responsabilité professionnelle de l'architecte.
- 1804 : l'article 1792 du Code civil réglemente les fondements de la responsabilité civile décennale.
- 1928 : création de la police globale de chantier (assurance de chose pour un chantier déterminé).
- 31 décembre 1940 : première loi obligeant un constructeur à s'assurer en architecture.
- 4 janvier 1978 : loi Spinetta.

Cette évolution était indispensable pour assainir le marché. Près de la moitié des intervenants n'étaient pas assurés, les contrats existants présentaient des garanties ou des plafonds insuffisants, les délais de règlements étaient très longs (délai de 4 à 5 ans pour près de 50 % des dossiers) et enfin beaucoup de recours n'aboutissaient pas lorsque l'intervenant disparaissait. De nombreuses décisions ont complété la réglementation, la jurisprudence étant très conséquente dans le domaine de la construction.

B. La loi Spinetta

■ Le législateur a voulu assurer la sécurité publique en instituant le contrôle technique, et protéger le consommateur. Il a instauré des **obligations en matière d'assurance construction** aussi bien pour le constructeur que pour le particulier :

- **pour le constructeur** : il doit couvrir sa responsabilité décennale ;
- **pour le particulier** : il doit souscrire un contrat de dommages ouvrage.

■ La technique est passée de la gestion en répartition à la technique de capitalisation. La cotisation correspond au risque présenté par l'entreprise au moment où elle intervient sur le chantier. Ce processus permet par ailleurs d'éviter la gestion lourde de la reprise du passé pour ce type de dossiers. L'assureur a dû capitaliser des provisions suffisantes pour régler les sinistres affectant les ouvrages ouverts lors de la période de la validité du contrat.

C. L'ordonnance du 8 juin 2005

Elle a principalement redéfini :

- les plafonds de garantie pour certains chantiers ;
- la liste des intervenants soumis à obligations ;
- de nombreux termes concernant les ouvrages (articles 1792.2 et 1792.3 du Code civil, L241.1 L241.2 et L242.1 du Code des assurances) ;
- les ouvrages soumis à obligation d'assurance, partiellement ou totalement exclus (article L243-1.1 du Code des assurances).

Fiche 47

L'assurance décennale

La loi Spinetta a obligé tout intervenant à souscrire l'assurance décennale, elle en a fixé les conditions. Le législateur a par ailleurs prévu deux autres garanties pour des durées plus courtes : la garantie de parfait achèvement (1 an) et la garantie des éléments d'équipements dissociables (biennale).

1 L'objet (art. 1792 et 2270 C. civ.)

A. Définition

■ L'assurance décennale couvre les conséquences de la responsabilité des constructeurs pour tout désordre décennal. Il s'agit d'une responsabilité présumée de plein droit qui dure **10 ans** à compter de la réception des travaux.

■ Les coordonnées du contrat, de l'assureur et des activités garanties doivent figurer sur les devis et factures de tout intervenant soumis à cette assurance.

B. Les conditions de mise en œuvre (art. 1792.2 C. civ.)

Elle intervient en présence de dommages relevant de la fonction « construction » des ouvrages dès lors qu'ils :

- **compromettent la solidité de l'ouvrage** et affectent les éléments de viabilité, de fondation, d'ossature, de clos et de couvert (éléments constitutifs) ;
- ou le **rendent impropre à sa destination**, lorsque le dommage affecte l'ouvrage dans l'un de ses éléments constitutifs ou l'un de ses éléments d'équipements indissociables.

À SAVOIR

Depuis un arrêt du 7 novembre 2019, la Cour de Cassation a confirmé qu'il était possible de réclamer l'application de la garantie décennale suite à des dommages sur un élément d'équipement dissociable si son dysfonctionnement affecte l'impropriété de l'ouvrage dans son ensemble.

C. Les cas d'exonération

Le constructeur ne peut s'exonérer de sa responsabilité que dans trois conditions :

- le **cas fortuit ou de force majeure**, en cas d'événement imprévisible, irrésistible et extérieur tel qu'une crue, un glissement de terrain, un ouragan... ;
- le **fait d'un tiers** : le constructeur est responsable de ses sous-traitants mais ne peut engager un recours contre eux que si leur responsabilité est engagée ;
- la **faute de la victime**.

2 Les intervenants concernés (art. 1792,1 C. civ., L241.2 C. assur.)

Est concerné tout intervenant lié au maître d'ouvrage par un contrat louage d'ouvrage, qu'il soit maître d'œuvre, vendeur de l'ouvrage réceptionné, promoteur, constructeur de maisons individuelles (CMI), contrôleur technique dans la limite de la mission qui lui est confiée, fabricant (article 1792.4 du Code civil). Le sous-traitant n'est lui pas concerné dans la mesure où il n'a pas passé de contrat avec le maître d'ouvrage.

3 Les ouvrages concernés

La loi de 2005 a redéfini les ouvrages à garantir. Ils découlent de l'article L243.1.1 du Code des assurances. Il en est de même pour les existants qui ne sont soumis à l'obligation d'assurance que s'ils sont « totalement incorporés dans l'ouvrage neuf, en deviennent techniquement indivisibles ».

4 Les extensions

■ L'assurance de la garantie de bon fonctionnement des éléments d'équipement dissociables

Cette assurance couvre les dommages subis par les éléments d'équipement dissociables qui ne peuvent plus remplir leur fonction. Elle répond à l'obligation de l'entrepreneur qui doit garantir pendant 2 ans à compter de la réception de ces éléments.

■ L'assurance des dommages à l'ouvrage avant réception

Les constructeurs sont responsables des dommages subis par les ouvrages en cours de construction (article 1788 du Code civil). La garantie prend en charge ces dommages. Les circonstances garanties sont limitativement énumérées. Il peut s'agir de l'incendie et de ses risques annexes, du vol-vandalisme, de l'effondrement.

■ L'assurance des préjudices immatériels

Elle indemnise les dommages immatériels consécutifs à une prise en charge au titre d'une garantie précitée. Il peut par exemple s'agir d'une perte de loyers, de frais de relogement, ou de la perte d'exploitation pour un professionnel.

■ L'assurance de la responsabilité pour dommages matériels intermédiaires

Elle couvre les dommages qui touchent l'ouvrage et ses éléments constitutifs mais sans porter atteinte à la solidité de l'ouvrage, ou qui ne le rendent pas impropres à sa destination. Ces dommages doivent être la conséquence de la faute du constructeur.

■ L'assurance de la responsabilité civile pour dommages causés aux existants

Elle indemnise les dommages subis par les existants après la réception et liés au comportement de l'ouvrage, par exemple, un effondrement, des fissures.

■ L'assurance de la responsabilité civile exploitation de l'intervenant, avant et après la réception

Elle couvre les dommages subis par des tiers du fait de l'intervenant ou de ses préposés au cours des travaux, ou d'un défaut de l'ouvrage après sa réception. Cette garantie peut être souscrite soit séparément, soit en complément d'une assurance décennale au choix de l'assureur.

5 Les exclusions (art. A243.1 du C. assur.)

■ La loi de 2005 a exclu tout équipement à usage professionnel (article 1972.7 du Code civil). Les activités étant limitativement énumérées au contrat, l'assurance n'intervient que dans ce cadre. Seront donc exclues les conséquences de toute autre activité. Une décision de 2018 a confirmé qu'une entreprise garantie pour la construction de murs ne l'est pas pour le carrelage.

■ Sont aussi exclus le fait intentionnel de l'assuré, les conséquences de l'usure normale ou du défaut d'entretien, les faits de guerre ou le risque nucléaire. Par ailleurs, il est fait application de la déchéance en cas de non-respect inexcusable des règles de l'art.

6 La spécificité de l'assurance construction

■ **La période de validité**

L'assurance construction étant gérée en capitalisation, il est obligatoire que la garantie soit accordée pour la DOC.

SIGLE
DOC : déclaration d'ouverture de chantier.

■ **La preuve de l'assurance**

Elle est fournie par une attestation rappelant les activités déclarées. Elle est ou devrait être exigée avant toute intervention. Elle est nécessaire au notaire pour remplir tout acte notarié.

■ **La sanction en cas de défaut d'assurance**

Une peine d'emprisonnement et une forte amende peuvent être requises pour défaut d'assurance. Celles-ci ne concernent pas le maître d'ouvrage qui construit pour son propre compte.

■ **L'obligation d'assurer**

Les prospects qui ne peuvent trouver un contrat en direct peuvent avoir recours au Bureau central de tarification. L'assureur qui refuse de respecter l'obligation de souscrire qui en découle se voit appliquer des sanctions pouvant aller au retrait d'agrément.

7 La tarification

■ La forte sinistralité qui touche ce secteur a obligé les assureurs à être très pointus dans la découverte du prospect.

■ Les contrats sont par ailleurs suivis afin d'éviter tout dérapage. Beaucoup d'assureurs se sont dégagés du secteur de la construction. De plus, le monde de l'assurance a vu le retrait d'agrément de courtiers grossistes spécialisés en assurance construction ces dernières années, mettant les assurés en très grande difficulté.

#info
Le Bureau central de tarification
foucherconnect.fr/23vassur15

■ Les **éléments liés à l'entreprise** concernent :

- les **antécédents**. Sont analysés avant acceptation et tarification les éléments suivants :

– l'**ancienneté de l'entreprise** et parcours professionnel du chef d'entreprise, voire des salariés si nécessaire (un CV et des attestations sont souvent réclamés),

- les **antécédents d'assurance** avec les coordonnées des assureurs précédents, la date et le motif de résiliation,
- les **antécédents liés aux sinistres** : le nouvel assureur doit connaître les dates, circonstances, coûts de tous les sinistres déclarés. Un relevé d'informations doit être exigé. Il reprend l'officialisation de ces éléments ;

- la **composition du personnel**, y compris le gérant ;
- la **qualification** éventuelle de l'entreprise dans son secteur professionnel (exemple d'organisme certificateur : www.qualibat.com).

■ Pour les **éléments liés aux activités de l'entreprise**, il faut connaître avec exactitude tous les travaux que l'entreprise peut exécuter afin qu'ils soient tous couverts. Certains assureurs les regroupent en trois catégories : le **gros œuvre**, le **second œuvre** et les **finitions**, ce qui évite une limitation trop contraignante.

■ L'assurable doit aussi déclarer le chiffre d'affaires des années précédentes et le prévisionnel pour l'année en cours et l'année suivante, avec le pourcentage des travaux donnés ou reçus en sous-traitance.

■ Pour les petites entreprises, l'assureur retient généralement les critères liés aux activités. Lorsque les critères vont au-delà de la formule forfaitaire, des tarifs sur mesure sont prévus. Cela peut dépendre du montant du chiffre d'affaires, du pourcentage de sous-traitance, de certaines activités n'utilisant pas exclusivement des techniques courantes, des entreprises avec antécédents aggravés, etc. Les extensions sont tarifées de façon similaire.

■ Pour les créateurs d'entreprise, il peut être prévu une garantie « reprise du passé » pour une durée courte. Elle couvre les sinistres dont le fait de construction a eu lieu entre la DOC et l'affaire nouvelle du contrat, mais dont l'assuré n'avait pas connaissance lors de la souscription. Le tarif peut être réduit par l'adjonction d'une franchise, fixe ou proportionnelle avec minimum et maximum. Toutefois, s'agissant d'une assurance obligatoire, cette franchise n'est pas opposable à la victime.

Fiche 48

L'ASSURANCE CONSTRUCTION

L'assurance dommages ouvrage et le sinistre

Autre obligation découlant de la loi Spinetta, l'assurance dommages ouvrage est une assurance de choses qui couvre l'ouvrage à compter de la réception. L'assurance est principalement encadrée par le Code civil et par le Code des assurances. Le législateur a voulu protéger le consommateur en prévoyant une réglementation très stricte de la gestion des sinistres relatifs à l'assurance construction. La garantie dommages ouvrage intervient dans un premier temps afin de régler rapidement le dossier.

1 L'assurance dommages ouvrage

A. L'objet (art. L242.1 et L 242.2 C. assur.)

1. Définition

Elle garantit, **en dehors de toute recherche de responsabilité**, la prise en charge des travaux de réparation des dommages subis dans la limite de la valeur de l'ouvrage (article A243.1 du Code des assurances). Elle préfinance la **totalité des travaux de réparation**, sans abattement pour vétusté, et éventuellement les frais supplémentaires pour éviter que le dommage ne se renouvelle, tels que l'installation de pieux de soutènement qui n'avaient pas été prévus. Cette assurance profite au propriétaire et à tous les propriétaires successifs. Le bénéficiaire est le propriétaire au moment du sinistre.

2. Les conditions de mise en œuvre

Elle intervient pour tout dommage dont sont responsables les intervenants et relatifs à la solidité de l'ouvrage et des éléments d'équipements indissociables, au fait de rendre l'ouvrage impropre à sa destination et enfin contre l'effondrement consécutif à un vice de construction. Le contrat est souscrit **avant la DOC**, mais la garantie prend effet à la fin de la période de parfait achèvement jusqu'à la fin de la période décennale.

LA LOI

Article L242.1 du Code des assurances

« Toutefois, elle garantit le paiement des réparations nécessaires lorsque : avant la réception, après mise en demeure restée infructueuse, le contrat de louage d'ouvrage conclu avec l'entrepreneur est résilié pour inexécution, par celui-ci, de ses obligations. Après la réception, après mise en demeure restée infructueuse, l'entrepreneur n'a pas exécuté ses obligations. »

B. Les intervenants concernés

Sont soumis à cette obligation d'assurance toute personne physique ou morale qui agit en qualité de propriétaire, le constructeur professionnel qui construit pour revendre, le particulier qui fait construire pour lui-même, le mandataire du propriétaire de l'ouvrage, le vendeur de l'ouvrage, le promoteur, le constructeur de maisons individuelles. Est notamment concerné le syndic de copropriété pour des travaux touchant les parties communes. En revanche, l'État qui fait construire pour son propre compte n'y est pas soumis (article L243.1 du Code des assurances).

C. Les ouvrages concernés

Les travaux neufs constitutifs d'ouvrage et les travaux de rénovation constitutifs hormis ceux figurant à l'article L 243.1.1 qui sont concernés aussi par l'assurance décennale.

D. Les extensions

1. Les dommages matériels

Le contrat prend en charge les dommages entraînant la mise en jeu de la garantie de bon fonctionnement (dommages concernant les éléments d'équipement que l'on peut enlever, démonter ou remplacer sans détériorer les éléments constitutifs).

2. Les dommages immatériels

Cela concerne le préjudice pécuniaire résultant de la privation d'un droit, d'un service rendu par un immeuble ou de la perte d'un bénéfice, consécutifs aux dommages matériels.

E. Les exclusions

- Le fait intentionnel ou le dol du souscripteur.
- L'effet de l'usure normale, du défaut d'entretien ou de l'usage anormal.
- La cause étrangère, comme les catastrophes naturelles.

F. Les spécificités de l'assurance dommages ouvrage

1. La souscription

Elle doit être prévue **avant la DOC**. La cotisation est encaissée en deux temps :
- une **quittance provisionnelle au début des travaux** produite en fonction des devis établis ;
- une **quittance de révision dès la fin des travaux** avec un réajustement qui dépend du coût définitif.

2. Le justificatif d'assurance

Il doit être remis avant la DOC (article R243.2 du Code des assurances). Il est notamment toujours demandé par l'organisme de crédit qui finance les travaux. La mention figure aussi dans les actes notariés.

3. Les sanctions de non-assurance

LA LOI

Les professionnels sont passibles de sanctions pénales identiques à celles prévues pour défaut d'assurance décennale à l'exception de « la personne physique construisant un logement pour l'occuper elle-même ou le faire occuper par son conjoint, ses ascendants, ses descendants ou ceux de son conjoint » (article L243.3 du Code des assurances).

Le particulier, quant à lui, subit une sanction civile au moment de la revente de l'ouvrage car il doit assurer personnellement la garantie pendant la durée qu'il reste à courir. L'existence de l'assurance figure dans l'acte notarié, et l'acquéreur peut profiter d'une non-souscription et d'un risque de défaillance du vendeur pour faire baisser le prix de vente.

4. L'obligation d'assurer

Il convient de saisir le **Bureau central de tarification** en cas de refus d'assurance. Si l'assureur maintient sa position malgré l'intervention du BCT, il peut subir des sanctions allant jusqu'à la perte de son agrément.

G. La tarification

- L'assureur a besoin d'éléments précis et techniques pour pouvoir tarifer un contrat d'assurance dommages ouvrage. Il doit avoir entre les mains tous les documents concernant la construction : les plans, les contrats de louage et de sous-traitance, les devis, les missions de chaque maître d'œuvre et notamment du contrôleur technique, les conclusions de l'étude de sol éventuelle, etc.

- L'assureur peut être amené à refuser le risque ou à présenter des exigences, tant dans la nécessité d'études complémentaires ou supplémentaires que dans la sécurisation de l'ouvrage (ex. : prévoir des pieux de soutènement ou une mission de contrôle plus étendue).

- Par ailleurs, il doit disposer des attestations en cours de validité au moment de la DOC de tous les intervenants. Elles doivent mentionner les activités qui font l'objet du contrat de louage d'ouvrage. Ces coordonnées permettent à l'assureur de dommages ouvrage d'effectuer un recours subrogatoire contre l'assureur du responsable.

- Dès la validation du dossier, l'assureur applique un taux au coût total de l'ensemble. Le contrat est établi sans franchise.

H. Les principaux contrats spécifiques

1. Les polices à aliments

Certains assureurs proposent ce type de contrats qui comportent un **contrat socle**. Chaque nouveau chantier est intégré au fur et à mesure et bénéficie de ces garanties. Le taux est identique pour tous les risques similaires. Ce contrat est en général souscrit par les professionnels étant amenés à construire ou rénover et qui sont soumis à l'obligation d'assurance DO. Cela concerne notamment les syndics professionnels, les promoteurs ou les constructeurs de maisons individuelles.

2. La prime unique de chantier (PUC)

Souvent retenue pour les chantiers importants, elle regroupe **toutes les assurances obligatoires** pour un chantier donné. Elle peut toutefois prévoir certaines assurances facultatives. Le souscripteur est le maître d'ouvrage qui agit pour le compte de tous. La prime permet aux intervenants dont la cotisation de leur contrat d'assurance décennale personnel est basée sur le chiffre d'affaires, de déduire le montant dudit chantier.

3. La prime tous risques de chantier (TRC)

Elle couvre tous les dommages accidentels subis par l'ouvrage en cours de construction jusqu'à la réception, voire 1 ou 2 ans après. Il s'agit d'une formule dite « tous risques sauf » garantissant tous les dommages, sauf ceux figurant dans les exclusions. La prime peut garantir l'ouvrage, le terrain, les installations provisoires, les travaux sur existants.

❷ Le règlement de sinistre

A. Le sinistre dommages ouvrage (article L242.1 C. assur.)

L'ensemble des courriers doit être adressé en lettre recommandée avec accusé de réception.

1. La déclaration

L'assuré doit déclarer le sinistre dans les délais prévus au contrat qui ne peuvent pas être inférieurs à 5 jours ouvrés à partir du moment où il a eu connaissance des désordres. L'assureur dispose d'un délai de **15 jours** à compter de la réception de la déclaration complète pour refuser le dossier.

2. L'expertise

Si le montant de la réclamation dépasse le seuil d'expertise prévu conventionnellement (1 500 € au 1er janvier 2012), l'assureur dispose de **60 jours** à compter de la réception de la déclaration pour missionner un expert. L'assuré a la possibilité de se faire assister ou représenter lors de l'expertise.

3. L'offre d'indemnité

L'assureur doit adresser cette offre dans un délai de **90 jours** à compter de la réception de la déclaration. Cette offre, qui peut être provisionnelle, doit tenir compte des réparations toutes taxes comprises et des honoraires et frais nécessaires. Toutefois, si besoin est, l'assuré peut accepter une prolongation des délais jusqu'à **225 jours**.

4. L'indemnisation

Dès l'accord de l'assureur, l'assuré dispose de **15 jours** pour verser l'indemnité ou un acompte provisionnel. L'indemnisation définitive doit se faire dans un délai de **105 jours** toujours à compter de la réception de la déclaration.

5. Les conséquences liées aux difficultés

- Si les délais ne sont pas respectés ou si l'offre est manifestement insuffisante, l'assuré peut engager les dépenses nécessaires à la réparation après en avoir fait part à son assureur. L'indemnité est majorée d'un intérêt (article A243.1 du Code des assurances).

- En cas de désaccord sur l'indemnité, l'assuré a le droit de percevoir une avance égale à 75 % de l'indemnité proposée.

6. Le recours (art. L121.12 C. assur.)

L'assureur bénéficie d'un recours subrogatoire auprès de l'assureur responsabilité décennale dans la limite des sommes effectivement versées. Il le fait en respectant les directives de la convention CRAC.

B. La Convention de règlement assurance construction (CRAC)

- Afin d'accélérer et de simplifier les procédures, la plupart des assureurs ont signé dès 1983 une convention (revisitée en 2008) qui permet d'uniformiser les actions de chaque assureur et définit des seuils d'expertise, d'expertise contradictoire.

- Elle prévoit en outre une procédure d'escalade évitant tout traitement judiciaire du dossier et enfin l'abandon de recours en deçà d'un seuil et pour les honoraires d'expert.

■ Tous les sinistres dont le montant est inférieur à 158 000 euros pour 2023 sont traités dans le cadre de la CRAC.

■ Dans le cadre du recours, l'assureur dommages ouvrage conserve à sa charge un ticket modérateur dont le montant est revu régulièrement (1 187 euros en 2023) et la moitié des frais d'expertise.

C. Le sinistre responsabilité

L'intervenant mis en cause à la suite de désordres doit informer son assureur dans les délais légaux prévus au contrat. Pour tous les sinistres dont le montant est inférieur au plafond fixé par la CRAC, l'assureur dommages ouvrage désigne un expert qui intervient pour le compte commun de tous les assureurs concernés par les désordres. Il a notamment pour mission de qualifier le désordre, rechercher les responsabilités et chiffrer le montant du coût des réparations. Ses conclusions sont incontestables.

REMARQUE

Il est d'usage de penser que l'assurance dommages ouvrage intervient en total préfinancement puisque l'assureur bénéficie d'un recours auprès du responsable. Cette conclusion un peu trop hâtive esquive l'abandon de recours pour tous les petits sinistres, l'abandon de recours des honoraires d'expert, et surtout le financement de travaux supplémentaires qui permettent que le dommage ne se renouvelle pas. De plus, il ne faut pas oublier la sanction civile du particulier lors de la revente du bien non assuré.

LES CLÉS POUR L'ORAL

Les techniques de l'approche commerciale

Comment aborder la présentation d'un contrat dommages ouvrage qui semble faire double emploi avec les assurances décennales de tous les intervenants ?

Ce contrat peut être rapproché d'une garantie « assurance affinitaire » qu'un acheteur prend pour son téléphone.

Elle permet de prendre en charge la remise en état ou le remplacement de l'appareil qui est endommagé selon les événements garantis, sans attendre la prise en charge par le constructeur.

Entraînement

L'assurance de dommages : biens et responsabilités – L'assurance construction

 # QCM

Testez vos connaissances sur la partie 2

foucherconnect.fr/23vassur66

En 2020, vos assurés, M. et Mme GRIPON, ont procédé à des travaux d'agrandissement de leur maison par l'entreprise LETANNEUR. Dix-huit mois après la fin de ces travaux, le carrelage de la salle de bains présente divers défauts. L'entreprise LETANNEUR refuse d'agir. À la demande de vos assurés, vous faites intervenir la garantie protection juridique souscrite en 2017 auprès de votre cabinet.

TRAVAIL À EFFECTUER

Analysez la responsabilité civile de l'entreprise LETANNEUR.

LE DOSSIER

Convocation d'expertise adressée à M. et Mme GRIPON le 24/10/2022

Cabinet EXPERTISE HAREL
Rue des Colombes - 34000 MONTPELLIER
Nos références : 2019 CT/RMT
Dossier suivi par : Christophe THOMAS
Assurés : M. et Mme GRIPON
Contrat : ASSUR PROTECTION JURIDIQUE
Lieu du risque : 13, rue des Hirondelles 34000 MONTPELLIER
Vos références : MISE EN CAUSE - Entreprise LETANNEUR
Madame, Monsieur,
Nous vous informons que, chargés par votre assureur en protection juridique ASSUR PROTECTION JURIDIQUE de l'instruction du litige vous opposant à l'entreprise LETANNEUR, nous assisterons aux opérations d'expertises contradictoires organisées par le cabinet EXPERTPLUS :
13 rue des Hirondelles - 34000 MONTPELLIER
Le vendredi 17/11/2022 à 16 h 30
Veuillez agréer, Monsieur, l'expression de nos sentiments distingués.
L'expert
PS : pour accélérer l'instruction de votre dossier, nous vous prions de bien vouloir tenir à notre disposition une copie des pièces suivantes : les devis, contrats ou factures en votre possession ou tout document faisant état de justificatifs.

EXPERTISE (extraits)

Cabinet EXPERTISE HAREL
Rue des Colombes 34000 MONTPELLIER
Dossier 2019 CT/RMT
Déclaration sinistre du 22/10/2022 - M. et Mme GRIPON
Monsieur,
Suite à votre déclaration de sinistre du 22/10/2022 et à l'expertise contradictoire du 17/11/2022, je vous informe des constatations suivantes :
- dommages 1 et 3 : fissures sur le carrelage au sol évolutives ;
- dommage 2 : espace de 1 cm sous la plinthe en carrelage.
Je vous prie d'agréer, Monsieur, l'expression de mes sentiments distingués.
Christophe Thomas

#corrigé
Corrigé de l'entraînement partie 2.6
foucherconnect.fr/23vassur59

Partie 3

LES ASSURANCES DE PERSONNES ET LES PRODUITS FINANCIERS

La retraite, la succession

L'assurance-vie

L'assurance collective

Fiche 49

LES FONDAMENTAUX

Les régimes sociaux

Toute personne qui travaille ou réside en France de manière stable et régulière a droit à la prise en charge de ses frais de santé à titre personnel et tout au long de sa vie. C'est la protection universelle maladie (PUMa), mise en place en 2016. L'affiliation dépend principalement de la catégorie socioprofessionnelle de l'assuré. Les prestations diffèrent selon les régimes.

1 L'immatriculation

■ L'immatriculation des personnes nées en France s'effectue dès la naissance. Le numéro de Sécurité sociale est attribué par l'Insee à partir de l'état civil transmis par les mairies. Toutefois, c'est à partir de 16 ans que les personnes prennent connaissance de leur numéro d'immatriculation, en recevant leur carte Vitale.

■ Pour les personnes nées à l'étranger, l'immatriculation a lieu à l'occasion d'une démarche effectuée par la personne elle-même ou par son employeur.

2 Le régime général de la Sécurité sociale

■ Il concernait 4 personnes sur 5 en France et représentait près de 75 % des dépenses de santé. Il a intégré les étudiants et les indépendants le 1er janvier 2018. La gestion est confiée aux caisses primaires d'Assurance-maladie (CPAM) du lieu de résidence de l'assuré social.

#info
L'Assurance maladie
foucherconnect.fr/23vassur16

■ Depuis 1967, le régime général est divisé en branches d'activité ayant à leur tête une caisse nationale autonome. Ce sont notamment les branches famille (CNAF), maladie-accidents du travail et risques professionnels (CNAM), vieillesse (CNAV). Depuis 2020, une nouvelle branche couvre le risque de perte d'autonomie et de handicap (CNSA)

A. L'assuré social

Depuis le 1er janvier 2016, il n'est plus nécessaire d'avoir validé une durée de poste pour bénéficier de la prise en charge des frais de santé. Ces conditions subsistent toutefois pour percevoir des prestations complémentaires en arrêt de travail, invalidité ou décès.

B. Les autres assurés sociaux

■ **Les praticiens ou auxiliaires médicaux rattachés au régime des PAMC.**

- Sont concernés les indépendants, qu'ils soient médecins des secteurs 1 et 2, chirurgiens-dentistes, sages-femmes, infirmiers, masseurs-kinésithérapeutes, orthoptistes, pédicures-podologues et étudiants en médecine sous conditions. Ils doivent avoir adhéré à la convention conclue avec l'Assurance-maladie.
- Leurs prestations sont limitées aux frais de soins, aux indemnités liées à la maternité et au capital décès. Les accidents de travail et maladies professionnelles sont couverts en intégralité sur paiement d'une cotisation spécifique.

SIGLE

PAMC : praticiens et auxiliaires médicaux conventionnés

■ **Les artistes du spectacle.** Les conditions de rattachement sont identiques à celles des salariés. Ceux qui sont rémunérés en cachet se voient transcrire le montant en heures déclarées.

■ **Les artistes-auteurs.** Leur affiliation se fait par l'intermédiaire de l'Agessa ou la maison des artistes suivant la nature de l'œuvre.

■ **Les loueurs de biens ou de logements utilisant des plateformes internet d'échange.** Lorsque le revenu dépasse un seuil fixé par la réglementation, l'immatriculation, simplifiée, est obligatoire et entraîne l'ouverture des droits.

■ **Les salariés au chômage.** Leur protection varie selon que l'assuré social perçoit ou non une allocation-chômage.

■ **Les retraités.** Ils sont rattachés au régime qui les couvrait avant leur retraite. Il en est de même pour le conjoint survivant. S'il est encore actif, il dépend du régime auprès duquel il cotise. Dans le cas où il est poly-pensionné, les prestations lui sont versées par le dernier régime dont il dépendait.

#info
Le régime des indépendants
foucherconnect.fr/23vassur17

C. Les ayants droit de l'assuré social

La mise en place de la PUMa limite le nombre de personnes rattachées à un assuré social. Le fait de conserver une résidence stable et régulière en France permet de conserver ses droits.

3 Le régime des indépendants non agricoles

Le RSI auprès duquel étaient rattachés tous les travailleurs indépendants représentait plus de 4,5 millions de bénéficiaires. Suite à une multitude de dysfonctionnements dont certains ont entraîné une issue dramatique (actes désespérés…), le RSI a été supprimé et tous les bénéficiaires ont été rattachés à la Sécurité sociale des indépendants, organe « intérimaire ». Leur dossier sera finalement pris en charge dès 2020 par la CPAM de leur lieu de résidence après une période de transition qui s'accélèrera en 2019, date à laquelle tous les nouveaux indépendants seront affiliés à la CPAM.

4 Le régime agricole

■ Il a été créé en plusieurs étapes : 1952 pour la retraite, 1962 pour la maladie, la maternité, l'invalidité et 1966 pour les maladies professionnelles et les accidents du travail. Une retraite complémentaire a été mise en place en 2003 pour les chefs d'exploitations et en 2011 pour les collaborateurs et les aides familiaux.

■ Il concerne toute personne, qu'elle soit salariée ou indépendante. Ce régime rassemble plus de 3 millions de cotisants ou ayants droit.

A. Les salariés agricoles

Ils représentent 56 % de la population agricole. Rattachés à la mutuelle des salariés agricoles (MSA), ils bénéficient de l'ensemble des droits acquis par les salariés non agricoles.

#info
La MSA
foucherconnect.fr/23vassur18

B. Les non-salariés

■ Ils sont environ 1 500 000 et sont rattachés à la MSA pour les prestations maladie (AMEXA) et auprès d'un assureur privé ou la MSA pour les prestations accidents de travail et maladies professionnelles (ATEXA). La MSA a été reconnue comme organisme référent en 2014 et confirmé en 2015.

■ Sont considérés comme assurés sociaux : le chef d'entreprise, le conjoint ne bénéficiant pas d'un régime spécifique et les aidants familiaux pour une durée, au plus, de 5 ans.

5 Les régimes dits « spéciaux »

A. La mise en place

Ces régimes ont été créés par l'État pour ses agents et par de grandes entreprises spécifiques pour assurer la protection sociale de leurs salariés. Antérieurs à la création de la Sécurité sociale, ces régimes ont été maintenus par le législateur (décret du 8 juin 1946, aujourd'hui, articles L711-1 et R-711-1 du Code de la Sécurité sociale).

B. Les différents régimes

Ils regroupent environ 5 millions de personnes dont près de la moitié est représentée par les fonctionnaires de l'État et des collectivités territoriales (chiffres de 2015-2017) : les marins et inscrits maritimes le plus ancien régime créé en 1673 (115 000 retraités), les mines (120 000 affiliés et 267 000 retraités), la SNCF (395 000 bénéficiaires), la RATP (42 000 cotisants et 51 000 bénéficiaires), EDF-GDF (314 000 bénéficiaires), la Banque de France depuis 1800 (17 000 bénéficiaires), le Sénat (11 000 bénéficiaires), les clercs et employés de notaire (55 000 cotisants et 171 000 bénéficiaires), les ministres du culte (16 000 actifs et 40 000 bénéficiaires), les membres de la Comédie française et de l'Opéra de Paris.

#info
Les régimes spéciaux de la Sécurité sociale
foucherconnect.fr/23vassur19

C. Les bénéficiaires

Les affiliations sont similaires au régime général de la Sécurité sociale, y compris pour les ayants droit.

D. Les apprenants

■ Les lycéens

- **Avant 18 ans** : ils sont rattachés comme ayants droit des parents. Il est obligatoire qu'ils déclarent un médecin traitant dès leurs 16 ans.
- **Après 18 ans** : ils deviennent autonomes et perçoivent les prestations directement sur leur compte bancaire.

■ **Les étudiants** : à partir de l'âge de 20 ans et dès l'inscription dans un établissement d'enseignement supérieur (université, IUT, BTS, classe préparatoire...), l'étudiant doit, sauf cas particulier, être rattaché à la Sécurité sociale étudiante et choisir une mutuelle étudiante. Il bénéficie de ce fait du remboursement des frais de santé en cas de maladie ou de maternité pendant toute la durée de l'année universitaire, du 1er septembre au 31 août de l'année suivante. Les enfants de parents rattachés aux régimes spéciaux bénéficient d'une dérogation spécifique liée à l'âge.

■ **Les apprentis** : ils sont rattachés au régime général de la Sécurité sociale et bénéficient des mêmes droits qu'un salarié.

■ **Les stagiaires** : rattachés à la Sécurité sociale, ils perçoivent des prestations qui diffèrent selon le montant de la rémunération perçue et ils peuvent bénéficier d'une prise en charge en arrêt de travail, invalidité et même décès.

#info
Droits et démarches pour les étudiants
foucherconnect.fr/23vassur20

#info
Droits et démarches pour les stagiaires
foucherconnect.fr/23vassur21

Fiche 50

LES PRESTATIONS EN NATURE

Les acquis sociaux

Définies par l'ensemble des dépenses médicales liées à une maladie ou un accident, les prestations sont maintenant identiques aux régimes salariés et travailleurs non salariés. Devant les difficultés rencontrées pour équilibrer les comptes des régimes obligatoires, un certain nombre de mesures ont été et vont être régulièrement mises en place.

1 Les bénéficiaires

Ce sont l'assuré social et ses ayants droit.

> **#info**
> **Tableau des taux de remboursement**
> **foucherconnect.fr/**23vassur22

2 Les remboursements du régime obligatoire (Sécurité sociale et MSA)

A. Le montant de la prise en charge

■ Le régime obligatoire prend en charge au moins partiellement toutes les dépenses de santé agréées : les frais médicaux, paramédicaux de pharmacie, d'appareillage et d'hospitalisation.

■ À chaque acte ou frais médical correspond une cotation dont le montant est imposé, appelé, suivant la nature, **tarif de convention, tarif de responsabilité ou TIPS**, et un **taux de remboursement** qui lui est appliqué (voir formule ci-contre).

> MÉMO
> · **Remboursement régime obligatoire (RRO)** = base remboursement (BR) x taux
> · **Ticket modérateur** = BR – RRO

B. Le principe de prise en charge

■ Le patient avance la totalité des frais, puis se fait rembourser par son régime obligatoire. Dans certains cas, il peut bénéficier du **tiers payant** ce qui lui permet de ne pas faire l'avance des fonds. Ce système pratiqué couramment par les pharmaciens, les hôpitaux, les radiologues, les laboratoires, va se généraliser, notamment pour tous les médecins. Si l'assuré social bénéficie en plus d'une complémentaire santé, le tiers payant sera appliqué dans la limite des garanties.

■ Afin de guider l'assuré social, un site a été mis en place afin de chercher le meilleur professionnel de santé ou l'établissement de soins le plus adapté à sa situation.

> **#info**
> **Annuaire santé**
> **foucherconnect.fr/**23vassur23

3 La spécificité de certaines prestations

A. Les consultations (lettre C)

■ Les médecins sont répartis en **trois secteurs** :
- **secteur 1** : ce sont les médecins qui sont conventionnés et qui ne pratiquent pas de dépassement d'honoraires. Ils ont juste la possibilité de majorer leur consultation lorsque l'assuré ne respecte pas le parcours de soins. Ils représentent 94 % des médecins ;
- **secteur 2** : il concerne tous les médecins qui ont signé la convention mais qui s'autorisent un dépassement d'honoraires « avec tact et mesure ». Le tarif doit être indiqué au patient ;
- **secteur 3** : il comprend tous les médecins, non adhérents à la convention et percevant des honoraires libres. Ils sont pris en charge sur la base du tarif d'autorité (16 % du tarif des honoraires techniques pratiqués, article L162-5-10 du Code de la Sécurité sociale).

■ Depuis le 15 septembre 2018, les **actes de téléconsultation** sont remboursés par l'Assurance-maladie sur l'ensemble du territoire. Il en est de même pour les actes de téléexpertise depuis le 10 février 2019. Des tarifs ont été instaurés pour prendre en charge les consultations complexes.

#info
Les remboursements de consultation
foucherconnect.fr/23vassur24

B. Les médicaments délivrés sur prescription médicale

■ Ils se déclinent sous **quatre catégories avec des taux de remboursement différents** :
- **100 %** pour les médicaments reconnus comme irremplaçables et coûteux ;
- **65 %** pour les médicaments à service médical rendu majeur ou important ;
- **30 %** pour les médicaments à service médical rendu modéré, les médicaments homéopathiques et certaines préparations magistrales ;
- **15 %** pour les médicaments à service médical faible.

■ L'État a adopté des mesures visant à responsabiliser et à protéger le patient : retrait de médicaments dont l'utilité n'est pas prouvée ou étant dangereux ; banalisation du médicament générique en mettant en place le **tiers payant contre générique** obligeant le patient à faire l'avance des frais s'il refuse le générique ; création du **tarif forfaitaire de responsabilité (TFR)** sur lequel est basée la prise en charge et correspondant au coût du générique.

■ Depuis 2015, pour compenser la baisse de la marge des pharmaciens, l'État a mis en place deux catégories d'**honoraires de dispensation** : l'un de 0,82 € par boîte de médicaments limité à 2,21 € en cas de traitement trimestriel, l'autre de 0,51 € pour ordonnance complexe de plus de cinq médicaments différents.

C. Les articles d'optique

■ Ils doivent être prescrits par un ophtalmologiste et fournis par un opticien agréé. L'opticien a l'obligation de remettre un devis à l'assuré. Le remboursement se calcule sur un forfait qui dépend de la correction et de l'âge du bénéficiaire.

■ Depuis le 1er janvier 2020, les opticiens proposent le **panier 100 % santé**, composé d'une sélection de lunettes de vue de qualité (monture et verres), intégralement prises en charge par l'Assurance-maladie et la complémentaire santé. Les conditions de renouvellement sont limitées dans le temps (de 6 mois à 2 ans suivant l'âge et les antécédents médicaux).

■ Les lentilles de contact peuvent être partiellement prises en charge, sur prescription médicale et pour certaines indications.

D. Les prothèses dentaires et l'orthodontie

■ Les prothèses doivent être posées par un dentiste. Leur prise en charge se fait sur demande d'accord préalable. Les prix sont libres et la base de remboursement dépend de la nature de la prothèse.

■ La prise en charge de l'orthodontie se fait jusqu'à l'âge de 16 ans. Les tarifs sont libres.

#info
Les remboursements de prothèses dentaires
foucherconnect.fr/23vassur25

E. L'hospitalisation

■ La prise en charge se fait par tiers payant à hauteur de 80 % du TC lorsqu'elle a lieu dans un établissement conventionné. Reste à charge depuis 2018 le forfait journalier de 20 € par jour ramené à 15 € en psychiatrie. Certaines situations exonèrent de ce forfait.

■ Le taux de remboursement passe à 100 % dans plusieurs cas tels que :
- les actes thérapeutiques d'une cotation supérieure à 60 ou supérieurs à 120 € ;
- l'hospitalisation d'une durée de plus de 30 jours.

■ L'hospitalisation à domicile (HAD) peut sous conditions être acceptée et prise en charge à hauteur de 80 % de la base de remboursement.

F. Les autres soins spécifiques

■ Les **cures thermales** sont remboursées sur prescription médicale et demande d'entente préalable. Il reste à la charge du bénéficiaire une participation forfaitaire.

■ Pour les **appareillages**, la prise en charge concerne l'acquisition, la réparation et l'entretien des appareils de prothèse et d'orthopédie.

■ Pour les **transports**, le remboursement se fait sur prescription et demande d'entente préalable.

4 Le parcours de soins ou loi Douste-Blazy

A. Le choix du médecin référent

Chaque assuré social ou ayant droit de plus de 16 ans doit choisir et déclarer un médecin référent, généraliste, spécialiste ou médecin hospitalier, qui reste son premier interlocuteur. C'est lui qui l'oriente vers un parcours de soins en le dirigeant vers un spécialiste si nécessaire, tout en assurant le suivi du patient. Enfin, il met en place le dossier médical personnel, fichier maintenant obligatoire.

B. Conséquences

■ Tous les actes réalisés dans le cadre du parcours de soins **sont pris en charge sans sanction**. Si l'assuré consulte un médecin en dehors du parcours ou s'il n'a pas choisi de médecin traitant, il est soumis à deux sanctions : **réduction du taux de prise en charge** (ramené à 30 %) ; **majoration possible du médecin**, même s'il fait partie du secteur 1.

■ Les sanctions ne sont pas applicables si le bénéficiaire consulte un autre médecin en cas d'urgence médicale, d'absence du médecin référent et de son remplacement, d'éloignement du domicile, ou alors se rend directement chez un ophtalmologue, un gynécologue, un dentiste ou stomatologue ou un psychiatre.

C. Les participations et franchises à la charge de l'assuré social

■ Participations applicables depuis le 1er janvier 2005 de 1 € pour toute consultation médicale, les examens radiologiques ou les analyses en laboratoire avec un plafond de 4 €/j pour le même intervenant.

■ Franchises médicales depuis le 1er janvier 2008 de 0,50 € par boîte de médicament et par acte paramédical plafonné à 2 € par jour ; prélèvement de 2 € par transport dans la limite de 4 € par jour avec un plafond de 50 €.

■ **Personnes exonérées** : ne sont pas concernés les mineurs de moins de 18 ans, les femmes enceintes de plus de 6 mois et les bénéficiaires de l'ACS.

Fiche 51

LES PRESTATIONS EN NATURE

L'assurance complémentaire santé

Devant le désengagement des régimes obligatoires, il devient de plus en plus indispensable de souscrire un contrat qui permette de prendre en charge tout ou partie des sommes restées à la charge de l'assuré social. Afin d'accentuer la force de ses décisions, le législateur a encouragé et encadré une catégorie de contrats complémentaire santé.

1 Présentation générale

A. L'objet de la complémentaire santé

Elle permet de prendre en charge, après intervention du régime obligatoire, **les sommes restantes à la charge de l'assuré**. Il peut s'agir :

- du ticket modérateur ;
- des dépassements d'honoraires ;
- du forfait hospitalier ;
- des frais personnels en cas d'hospitalisation ;
- de la franchise médicale ;
- de la participation forfaitaire ;
- du forfait de 18 € pour les actes lourds et de la majoration pour non-respect du parcours de soins.

B. La souscription du contrat

Près de un Français sur 10 ne bénéficie pas d'une complémentaire santé. La souscription peut se faire :

- dans le cadre de la C2S, sous réserve de faibles revenus ;
- dans le cadre d'un contrat collectif ou d'entreprise.

C. L'approche technique et juridique

■ La complémentaire santé répondant au principe indemnitaire et bien qu'il s'agisse d'une assurance de personnes, les articles 29 à 33 de la loi Badinter du 5 juillet 1985 autorisent le **recours subrogatoire** auprès du responsable dans la limite des sommes contractuellement payées.

■ Le montant remboursé cumulé avec le régime obligatoire et éventuellement une première complémentaire se limite à deux plafonds : le coût des frais réels ; le plafond prévu au contrat.

■ Ce plafond peut se présenter sous plusieurs formes de calcul. Le taux indiqué peut s'appliquer :

- au barème de remboursement (tarif convention ou de responsabilité) ;

– au montant du remboursement du régime obligatoire ;
– au montant des frais réels ;
– au montant du ticket modérateur.

S'il est indiqué que le taux inclut le remboursement du régime obligatoire, le calcul s'effectue comme indiqué ci-contre.

MÉMO
- **Plafond complémentaire** = (taux x BR) – RRO
- **Taux** = % indiqué au contrat
- **BR** : base de remboursement
- **RRO** : remboursement du régime obligatoire

2 Le contrat individuel

Les principales différences entre les produits sur le marché se retrouvent au niveau des **conditions de souscription** et des **garanties proposées**.

La **formule « ticket modérateur »** : la prise en charge se limite au ticket modérateur et au forfait hospitalier.

La **formule « hospitalisation »** intervient uniquement pour les soins liés à une hospitalisation, éventuellement à domicile, et, pour certains contrats, ses conséquences.

La **formule « chirurgie »** : tous les frais liés à une intervention chirurgicale, telle que définie au contrat, sont pris en charge.

La **formule à garanties étendues** permet de prendre en charge partiellement ou totalement les dépassements d'honoraires. Elle accorde dans certains cas des forfaits en optique ou dentaire, en cure thermale, voire en cas de naissance dans le foyer ou de décès d'un des assurés. Peuvent s'ajouter la prise en charge de la chambre particulière, du lit accompagnant ou d'un nombre limité de consultations ou soins en médecine douce et enfin des vaccins non pris en charge par le régime obligatoire.

La **surcomplémentaire** intervient en complément et après prise en charge par le régime obligatoire puis par la complémentaire santé, souvent souscrite dans le cadre d'un contrat collectif mais dont les plafonds sont généralement limités au panier de soins.

3 La souscription du contrat

A. Le questionnaire médical

Le contrat étant maintenant viager, donc acquis jusqu'au décès, depuis la loi Évin du 31 décembre 1989 (article 6), il est impossible de le résilier pour aggravation du risque. De plus, au titre de cette même loi (article 3), l'assureur ne peut pas exclure les conséquences des états pathologiques antérieurs à la souscription sauf en cas de fausse déclaration.

De ce fait, certains assureurs utilisent un questionnaire médical pour sélectionner leurs risques. Il doit comporter des questions claires et précises (questionnaire fermé). En cas d'ambiguïté d'une question, elle s'interprète au détriment de l'assureur. Le questionnaire doit être complété par l'assurable en toute bonne foi sous peine d'application de la nullité du contrat ou de la règle proportionnelle de prime (article L113.8 et L113.9 du Code des assurances). L'assureur peut exclure les conséquences d'un problème de santé déclaré.

B. Les délais d'attente

Certains assureurs prévoient encore des délais d'attente à compter de la prise d'effet du contrat. Il s'agit d'une période pendant laquelle les prestations ne sont pas versées, les délais étant généralement les suivants :

– accident ou reprise à la concurrence : néant ;
– maladie : 3 mois ;
– soins dentaires : 6 mois ;
– maternité : 9 mois ;
– prothèses et appareillages : 1 an.

C. Les plafonds

Exprimés en euros, ils sont appliqués par an ou par acte. Ils peuvent se cumuler à des pourcentages de la base de remboursement (forfait ajouté en optique). Certains contrats spécifiques tels que la garantie « individuelle accident » prévoient la prise en charge avec une limite par événement en complément de garanties (scolaire, activité sportive).

D. L'étendue territoriale de la garantie

Les garanties s'exercent généralement en France, dans les pays de l'Union européenne et dans le monde entier sous certaines réserves (moins de 3 mois consécutifs, par exemple). Le règlement des prestations est toujours effectué en France. À défaut, il faut souscrire un contrat « expatriés » auprès d'assureurs spécialisés.

E. La tarification

■ Différents critères influencent le tarif :

– l'**âge** de chaque personne à garantir ;
– le **régime général** auquel elle est rattachée ;
– la **zone géographique** : le régime Haut et Bas-Rhin par exemple propose des prises en charge plus avantageuses.

■ L'assureur peut prévoir des aménagements tarifaires notamment en présence de plusieurs personnes sur le même contrat (réduction en %, gratuité du 3e enfant).

F. L'adaptation de la cotisation

■ Bien que l'assureur n'ait pas le droit de majorer le contrat pour aggravation de l'état de santé de l'assuré, il a la possibilité de prévoir contractuellement un indice et faire évoluer la cotisation en fonction de tranches d'âge.

■ Il peut aussi majorer pour des raisons techniques ou économiques (suppression de la taxe ou mauvais résultats sur une branche).

G. La résiliation

La loi du 14 juillet 2019 prévoit la possibilité de résilier son contrat complémentaire santé à tout moment et sans frais, au-delà de la première année. Un décret doit préciser cette disposition.

4 Le contrat solidaire et responsable

Il représente environ 95 % des contrats commercialisés.

A. L'objectif

Les pouvoirs publics ont incité les assureurs à encourager les patients à respecter le **parcours de soins**, et donc à ne pas prendre en charge les participations forfaitaires et franchises ainsi que les sanctions découlant de ce non-respect. L'objectif est donc de laisser l'assuré supporter seul ces contraintes afin de le responsabiliser. Le législateur a par ailleurs prévu des montants minima, des plafonds, des prises en charge obligatoires, d'autres interdites ou limitées.

B. Les conséquences

1. L'avantage fiscal

La taxe de solidarité additionnelle (TSA) est de 20,27 %, ramenée à 13,27 % pour les contrats solidaires.

2. Les garanties minimales

Le contrat responsable doit être souscrit sans questionnaire médical. Il doit prendre en charge, dans le cadre du parcours de soins :

- l'**intégralité du ticket modérateur** pour tous les postes, hormis les cures et les médicaments à service médical modéré ou faible ;
- le **forfait hospitalier** pour une durée illimitée ;
- le **poste optique**, avec des minima entre 50 et 200 € et un plafond entre 470 et 850 €, selon la complexité des verres, dont 150 € maximum pour les montures en contrat individuel, et 100 € maximum dans les contrats collectifs. Ce remboursement est limité à un équipement tous les ans pour les mineurs, et pour ceux dont l'évolution de la vue en justifie le renouvellement, et tous les 2 ans dans les autres cas ;
- le **médecin du secteur 2** : s'il adhère au contrat d'accès aux soins (CAS), la prise en charge n'est pas limitée. S'il n'y adhère pas, la prise en charge des dépassements d'honoraires est limitée à 125 % du tarif de convention pour 2015 et 2016, puis 100 % dès 2017. Pour les consultations de médecins adhérents au CAS, les remboursements ne sont pas soumis à une obligation de plafonnement. Depuis 2013, le CAS permet aux médecins du secteur 2 de bénéficier d'un allégement de charges sociales, en contrepartie de leur engagement à limiter leurs dépassements d'honoraires ;
- **deux actes de prévention** (tabac, vaccins, bilan de santé, etc.).

3. La souscription

Le questionnaire médical étant interdit, le critère de tarification lié à l'état de santé n'est pas possible

5 La loi Madelin

La complémentaire santé est éligible à la loi Madelin de 1994.

6 Le contrat collectif-ANI du 11 janvier 2013

L'accord national interprofessionnel institue une obligation de souscription par les entreprises au profit de l'ensemble de leurs salariés du secteur privé n'en disposant pas déjà. La généralisation de la complémentaire santé a fait passer 3 millions de salariés d'un contrat individuel à un contrat collectif et a garanti 400 000 salariés non couverts.

7 La complémentaire santé solidaire (C2S ou CSS)

Elle a remplacé la CMU-C qui concernait au 31 décembre 2015 près de 5 300 000 personnes ainsi que l'ACS.

#info
Vos droits
foucherconnect.fr/23vassur26

A. L'objet

Il s'agit d'une complémentaire santé accordée de plein droit pour toute personne qui ne dépasse pas un plafond de revenus, revu annuellement. Celui-ci tient compte du nombre de personnes à charge. Cette complémentaire peut être soumise à des conditions de résidence. Les personnes dépassant un certain revenu ont une participation à leur charge.

#Carnet pro
Carnet professionnel
foucherconnect.fr/23vassur01

B. L'adhésion

- Elle est établie pour 1 an et est renouvelée sur demande de l'intéressé. Sa souscription se fait auprès d'un assureur privé qui se retourne vers l'État pour réclamer le remboursement des cotisations.
- Si l'assuré bénéficiait déjà d'une complémentaire santé, il peut, si son assureur est agréé, demander l'adaptation de son contrat. En revanche, si l'ancien assureur n'est pas agréé, le contrat est résilié, l'assureur devant émettre un remboursement au *prorata temporis*.
- Depuis le 1er janvier 2020, lorsque le droit à la complémentaire santé solidaire (ou à l'ACS) n'est pas renouvelé, l'organisme complémentaire d'assurance maladie est tenu de proposer un « contrat de sortie » pour une durée de 1 an à tarif réduit s'il s'agit d'un contrat responsable.

#info
Liste des organismes pouvant pratiquer la C2S
foucherconnect.fr/23vassur27

C. La garantie

Le remboursement prévoit la prise en charge du ticket modérateur ainsi que des forfaits. Les médecins ne sont pas autorisés à effectuer des dépassements d'honoraires. Le tiers payant est mis en place.

#info
La complémentaire santé solidaire
foucherconnect.fr/23vassur28

8 L'aide à l'acquisition d'une complémentaire santé

Concernant plus de 1 300 000 personnes, elle représente 2 % de la population. Cette aide a été intégrée dans la complémentaire santé solidaire depuis le 1er janvier 2019. Elle permet, sous conditions de résidence, aux personnes qui ont un revenu inférieur au seuil revu chaque année, de bénéficier d'un chèque remise à valoir sur la cotisation.

9 L'aide médicale de l'État (AME)

■ Fin juin 2022, elle concernait près de 403 000 personnes. L'AME permet l'accès aux soins pour les personnes étrangères résidant en France de manière irrégulière. Elle peut être accordée à des personnes de passage sur le territoire français et dont l'état de santé justifie une intervention médicale.

■ L'aide est accordée pour une période de 1 an sous les mêmes conditions de ressources que la CMU complémentaire.

■ Sont pris en charge à hauteur du tarif de convention les soins de maladie et de maternité et le forfait hospitalier. Seuls certains frais, tels que la cure thermale, sont exclus.

■ La franchise de 30 € a été supprimée en juillet 2012.

#info
L'AME
foucherconnect.fr/23vassur29

Les assurances de personnes et les produits financiers – Les prestations en nature

Vous êtes collaborateur(rice) du cabinet DUFILS, agent général de LA PROVIDENCE. Dans le cadre d'une action commerciale, vous avez adressé un courrier présentant l'offre de LA PROVIDENCE en complémentaire santé à votre assurée Mme GUÉRIN. À sa demande, vous la recevez le 10 juin 2023.

#corrigé
Corrigé de l'entraînement partie 3.2
foucherconnect.fr/23vassur60

PREMIER TRAVAIL

Calculez le montant de la cotisation individuelle annuelle pour chaque membre de la famille à partir des formules CONFORT et ÉLITE du contrat mis en place par LA PROVIDENCE.

DEUXIÈME TRAVAIL

Déterminez le montant de la prise en charge des dépenses de santé envisagées par LA PROVIDENCE dans le cadre des formules CONFORT et ÉLITE.

TROISIÈME TRAVAIL

Mme GUÉRIN hésite entre les formules CONFORT et ÉLITE. Conseillez-la sur l'option la plus adaptée à sa situation.

LE DOSSIER

FICHE CLIENT

Mme GUÉRIN vient de divorcer et n'a pas retrouvé d'activité professionnelle depuis plus d'un an. Elle est née le 10 mai 1980. Elle a en charge ses deux enfants (Yoann, né le 11 juin 2003 et Stéphanie, née le 14 juin 2005). Elle est titulaire d'un contrat automobile et d'un contrat multirisques habitation souscrits en mars 2017 suite à son divorce.

PROJET DE DÉPENSES DE SANTÉ

Sa fille, Stéphanie, doit porter un appareil dentaire. Le devis de l'orthodontiste est de 100 € pour la 1re année, soit 500 € par semestre et de 800 € pour la 2e année, soit 400 € par semestre.
Mme GUÉRIN souffre de douleurs dorsales. Elle a l'habitude de se rendre deux fois par an chez un ostéopathe. Le coût de la consultation est de 50 €. Par ailleurs, elle suit un traitement pour le diabète depuis un an.

PRISE EN CHARGE DE L'ORTHODONTIE – extrait de www.ameli.fr

Les traitements d'orthodontie ou traitements d'orthopédie dento-faciale (ODF) sont pris en charge par l'Assurance maladie sous réserve d'obtenir l'accord préalable de votre caisse d'Assurance maladie et s'ils sont commencés avant le 16e anniversaire.

Tarif et base de remboursement traitements d'orthodontie (01/01/2018)

Traitement d'orthodontie	Tarif	Base de remboursement	Taux de remboursement	Montant remboursé
Traitement par semestre (6 max.)	Honoraires libres	193,50 €	100 %	193,50 €

Entraînement

TABLEAU DE GARANTIES DU CONTRAT COMPLÉMENTAIRE SANTÉ – LA PROVIDENCE

Formules	ÉCO	CONFORT	ÉLITE
Frais médicaux et frais d'auxiliaires médicaux	100 %	150 %	300 %
Médecines douces (1). Forfait par consultation	Néant	15 €	30 €
Pharmacie	100 %	150 %	300 %
Hospitalisation Intervention chirurgicale et médicale Forfait hospitalier (durée réelle) Chambre particulière Frais d'accompagnement (enfant de moins de 16 ans, 60 jours maximum)	 100 % Frais réels 50 €/jour 35 €/jour	 100 % Frais réels 70 €/jour 35 €/jour	 400 % Frais réels 100 €/jour 35 €/jour
Soins et prothèses dentaires	100 %	150 %	300 %
Orthodontie acceptée	100 %	150 %	300 %
Optique	100 %	150 % forfait 150 €	300 % forfait 300 €
Prothèses orthopédiques	100 %	150 %	300 %
Forfait maternité		150 €	300 €
Cures thermales	100 %	150 %	300 %

(1) Ostéopathe, pédicure, étiopathe, chiropracteur, acupuncteur, diététicien non pris en charge par le régime de base. Limité à 4 consultations par an.

Les prestations sont exprimées en pourcentage des tarifs de convention et/ou base de remboursement, sous déduction de remboursement du régime obligatoire et dans la limite des frais réels.

Formules ÉCO et CONFORT : pas de questionnaire médical.

Formule ÉLITE : questionnaire médical à compléter.

Délais d'attente : optique et prothèses dentaires : 6 mois

Maternité : 10 mois

Autres postes : néant

TARIFS MENSUELS PAR ASSURÉ AU 01/01/2023 (extraits)

Âge (1)	ÉCO	CONFORT	ÉLITE
Enfant de moins de 25 ans	18,20	26,70	55,40
21 - 25	22,30	30,30	61,60
26 - 30	24,50	34,20	71,30
31 – 35	28,60	38,70	80,20
36 - 40	32,80	44,30	92,40
41 - 45	36,50	51,20	101,10
46 - 50	42,50	58,20	105,30

Le tarif tient compte de l'âge atteint par l'assuré au moment de la souscription.

Fiche 52

LES PRESTATIONS EN ESPÈCES

Les acquis sociaux

Les assurés sociaux bénéficient de prestations dites « en espèces » qui leur permettent de percevoir une indemnité en cas de perte de revenus. Les conditions et les montants diffèrent en fonction de la cause, de la caisse de rattachement et de la durée de rattachement à la Sécurité sociale.

1 L'incapacité temporaire

A. Le régime des salariés agricoles et non agricoles

1. La loi de mensualisation

■ Elle s'applique en l'absence de conventions collectives, plus favorables. En parallèle à toute indemnité, **l'employeur a l'obligation** de garantir à tout salarié de plus de 1 an d'ancienneté dans l'entreprise le salaire de la façon suivante :

- **90 % du salaire brut mensuel**, à compter du 8e jour en cas de maladie ou d'accident de la vie privée et immédiatement pour les accidents de travail et les maladies ;
- **2/3 du salaire brut** pendant les 30 jours qui suivent.

■ Chaque période de 30 jours est augmentée de 10 jours par tranche de 5 ans d'ancienneté supplémentaire avec un plafond global de 90 jours. Par exemple, une ancienneté de 16 ans donne 90 % pendant 50 jours, puis pendant 50 jours (30 jours plus deux tranches de 10 jours pour 10 ans d'ancienneté supplémentaire).

#info
Les indemnités journalières en cas d'arrêt maladie
foucherconnect.fr/23vassur30

2. Arrêt de travail suite à maladie ou accident de la vie privée

■ **Le principe**
Les prestations sont versées par la MSA pour les salariés agricoles et par la CPAM pour les autres. L'incapacité temporaire entraîne le versement d'une indemnité journalière au seul assuré social sous réserves d'un minimum d'activité ou de cotisation. Ne sont pas concernés les ayants droits rattachés.

■ **La durée**
Elle est versée chaque jour après un délai de carence de 3 jours sauf cas particuliers et ceci pendant une durée maximale de 1 095 jours. Au-delà, le dossier est ensuite analysé pour indemnisation éventuelle au titre de l'invalidité.

■ **Le montant**
Il est égal à 50 % du salaire journalier de base (SJB) qui correspond au salaire brut dans la limite de 1,8 fois le Smic mensuel en vigueur (IJ de 50,58 €) :

- des 3 derniers mois précédant l'arrêt de travail ;
- des 12 mois en cas d'activité saisonnière ou discontinue.

Les prélèvements sociaux et fiscaux

Les indemnités journalières sont à réintégrer dans le revenu imposable ou sont soumises au prélèvement à la source, sauf en cas d'affection de longue durée (ALD) ainsi qu'aux prélèvements sociaux (CSG 6,20 % et CRDS 0,50 %). Elles valident les droits à la retraite.

3. Arrêt de travail suite à accident du travail, de trajet ou maladie professionnelle

Le cadre

Le trajet domicile-travail autorise maintenant les détours du chemin direct pour les actes de la vie quotidienne. Une maladie est reconnue comme maladie professionnelle si elle appartient à la liste limitative prévue par la Sécurité sociale.

Les prestations en nature

Elles sont prises en charge sur la base de 100 % du tarif de convention, le forfait hospitalier n'étant pas facturé et l'assuré social bénéficiant du tiers payant. La prise en charge peut aller jusqu'à 150% pour certains appareillages.

Les prestations en espèces

- Le jour de l'accident est payé par l'employeur et le régime général intervient dès le lendemain de l'accident. L'assuré social perçoit une indemnité journalière correspondant à :

– 60 % du salaire journalier de bas pendant 28 jours plafonné à 220 € 14 ;
– 80 % à compter du 29e jour, plafonné à 274,46 € ;
– à compter de 3 mois, l'indemnité journalière peut être revalorisée en cas d'augmentation générale des salaires après l'accident

- Le salaire journalier de référence correspond à 1/30,42 du salaire brut du mois précédent l'arrêt de travail.
- Les indemnités journalières sont imposables pour 50 % de leur montant et soumises aux prélèvements sociaux : CSG 6,2 % CSG déductible 3,8 % et CRDS 0,50 %. Elles valident les droits à la retraite

#info
Les indemnités journalières en cas d'accident du travail
foucherconnect.fr/23vassur31

B. Le régime des travailleurs non salariés

L'accident de travail et la maladie professionnelle ne permettent pas le versement de prestations spécifiques. La Sécurité sociale propose à tous les indépendants l'assurance volontaire AT/MP.

#info
L'assurance volontaire AT/MP
foucherconnect.fr/23vassur32

1. Les artisans, commerçants et industriels

Les artisans bénéficient d'indemnités journalières depuis 1995 et les commerçants ou industriels depuis 2000. Ils perçoivent une indemnité journalière correspondant à 1/730 du revenu d'activité annuel moyen (RAAM) des revenus cotisés des 3 années civiles précédent l'arrêt de travail. Dans la limite du plafond annuel de la Sécurité sociale (PASS), ceci à partir du 4e jour d'arrêt de travail

Le versement se fait pendant une durée maximale de 360 jours sur une période de 3 ans, sauf en cas d'affection de longue durée où les indemnités journalières sont versées sur une période de 1 095 jours.

■ Depuis le 1er janvier 2022, il est possible pour de faibles revenus de percevoir des indemnités journalières au titre de l'ancienne activité.

■ Les indemnités journalières sont à réintégrer dans le revenu imposable ou sont soumises au prélèvement à la source, sauf en cas d'affection de longue durée (ALD) ainsi qu'aux prélèvements sociaux (CSG 6,20 % et CRDS 0,50 %). Elles valident les droits à la retraite.

2. Les professions libérales

■ Depuis le 1er juillet 2021, les professions libérales réglementées, notamment dans le secteur médical conventionné, perçoivent des indemnités journalières.

■ Elles correspondent à 1/730 du RAAM plafonné dans la limite de 180,79 € versées à compter du 4e jour. Jusqu'au 31 décembre 2023, les anciens professionnels libéraux non réglementés peuvent opter, sous conditions, pour le statut d'artisan/commerçant avec une application l'année suivante

2 L'invalidité permanente

A. Le régime des salariés agricoles et non agricoles

1. L'invalidité suite à une maladie ou un accident de la vie privée

« Est considérée comme invalide toute personne de moins de 62 ans ayant perdu au moins les 2/3 de sa capacité de gain. » L'assuré social perçoit, jusqu'à 62 ans, une rente calculée en pourcentage appliqué sur la base du salaire annuel moyen (SAM) des 10 meilleures années d'activité dans la limite du plafond annuel de la Sécurité sociale ou PASS (voir Carnet professionnel en ligne). L'indemnisation dépend de la perte de gain qu'il subit. Il n'est pas question ici de taux d'invalidité, mais de catégories.

#info
Les pensions d'invalidité
foucherconnect.fr/23vassur33

■ **1re catégorie**
L'assuré social peut continuer une activité professionnelle rémunérée. Il perçoit une rente correspondant à 30 % du SAM :
- minimum mensuel 2023 : 311,56 € ;
- maximum mensuel 2023 : 1 099,80 €.

■ **2e catégorie**
L'assuré social ne peut plus exercer d'activité professionnelle. Il perçoit une rente correspondant à 50 % du SAM :
- minimum mensuel 2023 : 311,56 € ;
- maximum mensuel 2023 : 1 833,00 €.

■ **3e catégorie**
L'assuré ne peut plus travailler et a besoin d'une tierce personne pour les actes de la vie quotidienne. Il perçoit une rente correspondant à 50 % du SAM majorée d'une indemnité pour tierce personne d'un montant de 1 192,55 €. Les planchers et plafonds sont identiques à ceux de la 2e catégorie. La pension est imposable et soumise aux prélèvements sociaux.

SIGLE
SAM : salaire annuel moyen

2. L'invalidité suite à accident de travail, de trajet et maladie professionnelle

■ Une rente est versée après la période de consolidation pour une incapacité dont le taux dépend du handicap médical et d'éléments d'ordre professionnel. La rente annuelle est égale au taux utile d'incapacité multiplié par le salaire utile. Le taux utile correspond au taux médical réel donné par l'expert de la Sécurité sociale :
- réduit de moitié pour la partie inférieure à 50 % ;
- multiplié par 1,5 pour la partie supérieure à 50 %.

■ Le salaire utile correspond au salaire des 12 mois précédant l'accident plafonné. La rente est viagère si le taux utile est supérieur à 5 %. Elle peut être majorée si une tierce personne est nécessaire avec une indemnité mensuelle de 1 195,55 € par mois. Si le taux utile est inférieur à 5 %, un capital unique est versé.

■ La rente ou le capital ne sont ni imposables, ni soumis aux prélèvements sociaux.

B. Le régime des travailleurs non salariés

1. Les artisans et commerçants

■ Depuis le 1er janvier 2015, les régimes invalidité des artisans et commerçants sont harmonisés pour prendre en charge deux risques. Ils perçoivent une rente jusqu'à 62 ans qui ressemble à celle versée aux salariés. Celle-ci dépend de la perte de gains :
- en cas d'invalidité partielle : si l'assuré est capable d'exercer une activité professionnelle rémunérée, il bénéficie d'une pension pour incapacité partielle au métier (PIPM) : montant minimum mensuel 486,98 €, maximum 1 099,80 € ;
- si l'assuré ne peut plus exercer d'activité professionnelle, il bénéficie d'une pension pour invalidité totale et définitive (PITD) avec un minimum mensuel de 486,98 € et un maximum de 1 833,00 € ;
- la majoration pour tierce personne est de 1 192,55 € par mois.

■ Les rentes sont imposables et sont soumises aux prélèvements sociaux de 8,30 % pour la CSG, 0,30 % pour la CASA (autonomie) et 0,5 % pour la CRDS. Des abattements sur le taux de la CSG sont possibles sous conditions de ressources.

À SAVOIR

Depuis le 1er janvier 2020, pour les personnes ayant exercé simultanément une activité de travailleur indépendant et une activité salariée relevant du régime général, l'étude de la pension d'invalidité se fait :
- sur l'activité où la durée d'assurance est la plus longue : soit au titre de l'activité de travailleur indépendant, soit au titre de l'activité salariée (le calcul se fait sur les 10 meilleures années dans les deux régimes) ;
- ou, si les durées d'assurance au titre des deux activités indépendante et salariée sont identiques, sur l'activité où les cotisations versées au titre des revenus d'activité sont les plus élevées (le calcul se fait sur les 10 meilleures années dans les deux régimes).

2. Les professions libérales

Les prestations versées diffèrent selon les secteurs professionnels auxquels appartient l'assuré.

#info
La Cipav
foucherconnect.fr/23vassur34

3 Le décès

A. Le régime des salariés agricoles et non agricoles

■ **Décès suite à maladie ou accident de la vie privée :** les ayants droit peuvent percevoir, sur demande spécifique, un capital de 3 681 € (juillet 2022), revalorisé chaque année.

■ **Décès suite à accident du travail, de trajet ou maladie professionnelle :** les personnes à charge peuvent réclamer le même capital qu'en décès toute cause (voir ci-dessus). S'ajoute une rente d'ayant droit versée chaque trimestre et calculée sur la base du salaire annuel de l'assuré décédé :

- le montant de la rente dépend de la qualité du bénéficiaire : rente du conjoint : 40 % du salaire utile ; rente orphelin : 25 % pour les deux premiers enfants, 20 % à compter du troisième ;
- le total des rentes ne peut pas dépasser 85 % du salaire annuel de base de l'assuré décédé ;
- les frais funéraires sont pris en charge dans la limite de 1 833 €.

À SAVOIR

La spécificité des salariés cadres
L'employeur a l'obligation de cotiser 1,50 % du salaire mensuel du cadre (limité au PMSS) pour une garantie décès, dans le cadre d'une assurance collective. À défaut, l'entreprise doit prendre à sa charge un capital décès équivalent à 300 % du PASS. Ce capital assimilé à un salaire est de plus soumis aux charges sociales.

B. Le régime des travailleurs non salariés

1. Les artisans, les commerçants et industriels

Il est versé aux ayants droit un capital décès correspondant à : 20 % du PASS si l'assuré est en cours d'activité (8 798,40 €) ; 8 % du PASS si l'artisan est retraité (3 519,36 €). Ce capital est majoré de 5 % du PASS par enfant de moins de 16 ans au jour du décès ou entre 16 et 20 ans s'il est étudiant ou apprenti et enfin aux enfants handicapés à charge (2 199,60 €).

2. Les professions libérales

Le capital versé dépend du secteur professionnel auquel appartient l'assuré social.

#info
La CNAVPL
foucherconnect.fr/23vassur35

LES PRESTATIONS EN ESPÈCES

L'assurance prévoyance

Les prestations des régimes sociaux étant très limitées et plafonnées, les assureurs ont mis au point des contrats permettant de proposer des garanties qui couvrent les conséquences corporelles d'une maladie ou d'un accident.

1 Le décès

A. L'objet de la garantie

L'assureur verse au bénéficiaire désigné ou à défaut aux héritiers de l'assuré, sous la forme d'un capital ou d'une rente, l'**indemnité prévue au contrat** suite au décès garanti de l'assuré. Cette garantie permet aux personnes à charge, entre autres, de financer les dépenses urgentes et de prévoir pour les années à venir et dans un futur proche.

B. Les événements garantis

- La garantie peut être accordée tant en maladie qu'en accident, en France comme à l'étranger, généralement pour tout séjour inférieur à 90 jours.
- Sont souvent assimilées au décès l'**invalidité absolue et définitive (IAD)** et la **perte totale et irréversible d'autonomie (PTIA)** qui prévoient le versement de la prestation décès si l'assuré est en invalidité totale et que son état nécessite l'assistance d'une tierce personne, équivalent de la troisième catégorie de la Sécurité sociale.

C. Le montant garanti

L'approche se fait au cas par cas en fonction de la cellule familiale principalement, des revenus existants, des acquis sociaux et enfin de la perte de revenus liée au décès. Il est parfois prévu le doublement du capital en cas de décès accidentel, et le triplement lorsqu'il s'agit d'un accident de la circulation.

2 L'invalidité permanente totale ou partielle (IPT/IPP)

A. L'objet du contrat

L'assureur verse l'indemnité journalière fixée au contrat pendant la durée effective prévue.

B. Les événements garantis

La garantie peut être accordée tant en maladie qu'en accident, en France comme à l'étranger, généralement pour tout séjour inférieur à 90 jours.

C. Le montant garanti

■ Il est toujours difficile de conseiller un montant au prospect. Certaines pistes peuvent être suivies en fonction du régime social de l'assuré. Il est important de découvrir ses besoins, ce qui signifie son régime général, ses revenus, son ancienneté, et éventuellement la convention collective qui le gère et, dans le cas où il est salarié, s'il bénéficie d'un contrat de prévoyance collectif.

■ Ces informations permettent de connaître ses acquis sociaux, soit le montant et l'échelonnement des versements qui peuvent évoluer dans le temps. La rente doit compenser une perte de revenus mensuelle, le capital doit permettre de faire face à une perte de revenus sur un plus long terme.

■ **Pour un salarié :** il faut retenir le salaire net mensuel, déduire ses prestations et éventuellement l'annualiser pour connaître le revenu mensuel moyen et pour être au plus proche de son besoin qui compensera la perte de revenus régulière.

■ **Pour un indépendant :** l'approche est plus délicate. Elle dépend du devenir de l'entreprise de l'assuré en cas d'invalidité relativement lourde. Il convient après avoir calculé son revenu mensuel de le déduire :

- soit du **coût d'un salarié** qui exercerait les mêmes tâches en tenant compte du salaire et de l'ensemble des charges qui en découlent ;
- soit de la **perte de revenu régulière** si l'activité devait cesser totalement à la suite du sinistre.

D. Le calcul de l'indemnité

■ L'expert mandaté par l'assureur fixe le taux par référence au barème annexé au contrat. Pour certaines professions, telles que les professions médicales, le barème tient compte de l'incidence professionnelle. La perte d'une main est ainsi assimilée à une **incapacité totale**.

■ Le taux, qui peut être modulé par une formule prévue au contrat afin de mieux indemniser les gros handicaps, est appliqué au montant garanti (capital ou rente) et donne la prestation qui est versée. De ce fait, un taux supérieur ou égal à 66,66 % peut, par exemple, être indemnisé sur la base de 100 % du montant garanti alors que les taux inférieurs à 33,33 % ne sont pas pris en charge.

E. La franchise

Absolue ou relative, elle s'exprime en taux. Elle permet de supprimer tous les dossiers avec une légère invalidité.

3 L'incapacité temporaire totale ou partielle (ITT/ITP)

A. L'objet du contrat

L'assureur verse l'indemnité journalière prévue au contrat pendant la durée effective prévue.

B. Les événements garantis

La garantie peut être accordée tant en maladie qu'en accident, en France comme à l'étranger (durée du séjour inférieure à 90 jours). L'assureur peut exiger que la prise en charge à l'étranger soit conditionnée à une hospitalisation, en l'absence de possibilité de contrôle.

C. Le montant garanti

■ Afin d'éviter toute tentative de faux sinistre qui entraînerait un enrichissement de l'assuré, il est important de connaître ses besoins. Ce qui signifie la même approche que pour le calcul de la rente invalidité, ramenée au jour.

■ **Pour un salarié :** il faut retenir le salaire net, déduire l'ensemble de ses prestations, y compris les droits acquis au titre de la loi de mensualisation, et diviser par 30 pour être au plus proche de son besoin journalier.

■ **Pour un indépendant :** l'approche, là aussi, dépend du choix de l'assuré en cas d'arrêt de travail. Il convient après avoir calculé son revenu mensuel de le déduire :

- soit du **coût total d'un salarié** qui exercerait les mêmes tâches, et ramener le montant par jour ;
- soit de la **perte de revenu journalière** si l'activité devait cesser totalement pendant l'arrêt.

1. Options de franchises - montants et durées

■ En fonction des besoins, il est possible chez certains assureurs de prévoir un montant pendant une durée limitée, puis un deuxième, voire un troisième et un quatrième.

■ Cette formulation peut être intéressante pour certaines professions libérales, ou pour des salariés bénéficiant soit de la loi de mensualisation, soit d'une convention collective dont la prise en charge évolue dans le temps. La durée s'exprime en jours. Elle peut être différente en accident, hospitalisation, et maladie, ce qui donne les formules 0/3/15 (pas de franchise en accident, 3 jours en hospitalisation et 15 en maladie).

D. Le calcul de l'indemnité

En cas d'incapacité totale, le montant prévu au contrat est versé après la période de franchise absolue, ou à compter du premier jour s'il s'agit d'une franchise relative. Il peut être supprimé totalement ou réduit en cas de reprise d'une activité à temps partiel. Le montant de l'abattement est fixé au contrat.

E. La durée d'indemnisation

Les assureurs proposent en général une période d'indemnisation de 1 an qui peut aller jusqu'à 1 095 jours pour s'aligner sur la prise en charge du régime général. Cette prise en charge s'arrête généralement aux 60 ans de l'assuré.

4 Les points communs à ces trois garanties

A. Le délai d'attente ou de carence

■ La garantie est souvent accordée immédiatement en cas d'accident.

■ En revanche, un délai d'attente est généralement prévu en maladie, sauf si l'assuré bénéficiait déjà de ce type de garantie. Il est couramment de 6 mois voire plus pour une maladie mentale et de 200 jours en cas de maternité.

■ Les conséquences d'une maladie déclarée antérieurement à la date d'effet ou pendant la période d'attente sont exclues du contrat.

B. Les exclusions

■ Elles doivent être **formelles**, **limitées** et figurer en **caractères apparents**. Il appartient à l'assureur de prouver que l'exclusion s'applique.

■ Elles peuvent différer suivant la garantie.

1. En cas de décès

Ne sont jamais garanties les conséquences du fait intentionnel de l'assuré ou du bénéficiaire, de la guerre civile ou étrangère. Le suicide ne peut pas être garanti la première année du contrat (article L132.7 du Code des assurances).

2. En cas d'invalidité permanente ou d'indemnités journalières

■ Elles reprennent celles précitées et sont complétées par des exclusions limitativement désignées. Il faut ajouter la conduite sous l'emprise d'un état alcoolique ou l'usage de stupéfiants. Les conséquences d'une grossesse « normale », d'une affection de type psychiatrique ou d'états dépressifs, d'aliénation, etc.

■ Ces exclusions concernent aussi souvent une activité telle que les risques aériens, la pratique d'un sport à titre professionnel ou à risque.

C. Le sinistre

1. En cas de décès

Le bénéficiaire doit au plus vite fournir l'ensemble des éléments qui peuvent permettre de justifier la prise en charge par l'assureur, tels que l'acte de décès, le certificat médical constatant la cause du décès, le procès-verbal éventuel, un certificat de vie et tout document déclaratif prévu au contrat.

2. En cas d'invalidité ou d'indemnité journalière

L'assuré doit faire la déclaration dans les délais prévus au contrat. Il doit fournir l'ensemble des documents qui lui sont réclamés, notamment le certificat médical d'origine, se soumettre aux convocations d'expertise diligentées par l'assureur.

3. Le recours

■ Si les prestations sont versées dans le cadre d'une garantie forfaitaire, l'assureur clôture le dossier après indemnisation.

■ Si les prestations sont versées dans le cadre d'une garantie indemnitaire, ce qui est de plus en plus souvent proposé, l'assureur bénéficie du droit au recours subrogatoire auprès d'un tiers responsable, le cumul des indemnités n'étant pas autorisé (articles 29 à 33 de la loi Badinter).

5 La souscription et le tarif

A. La proposition

1. Un contrat de bonne foi

■ Le prospect doit remplir un questionnaire fermé qui est joint à la proposition et répondre aux seules questions qui lui sont posées en toute bonne foi (article L113.2 2 du Code des assurances). En revanche, il n'est pas soumis d'aller au-delà. Toute fausse déclaration peut entraîner la nullité du contrat ou la règle proportionnelle de prime. Sont apparus sur le marché des contrats prévoyant une clause dite d'incontestabilité, qui ne sanctionnent donc que la fausse déclaration intentionnelle ayant modifié l'opinion de l'assureur (article L113.8 du Code des assurances).

■ Hormis l'évolution de l'état de santé, l'assuré doit déclarer toute modification à ses déclarations lors de la souscription qui pourraient modifier l'appréciation de l'assureur sur le risque, telle que le changement de profession (article L113.2 3 du Code des assurances).

2. Les éléments d'analyse du risque

Lorsqu'une difficulté se présente, le prospect peut être amené à apporter toute précision que l'assureur exigera. Il en est de même si les montants à garantir sont importants ou en fonction de l'âge. Cela peut se présenter sous la forme d'un questionnaire complémentaire plus précis, d'examens médicaux tels qu'une analyse de sang, un électrocardiogramme, une convocation par un médecin. Le prospect doit répondre aussi à des questions liées à son mode de vie (alcool, sports à risques, etc.). Toute transmission de documents se fait **directement, sous pli cacheté**, au médecin conseil de l'assureur.

B. La souscription du contrat

1. Les critères de sélection

L'assureur peut retenir des critères de sélection précis, liés à la profession qu'il estime « à risques », à l'état de santé, à l'âge à la souscription. Par ailleurs, l'assureur demande les coordonnées des autres contrats du même type déjà souscrits pour éviter un cumul exagéré des prestations et une tentative d'escroquerie au faux sinistre.

2. La position de l'assureur

À l'analyse du dossier, l'assureur peut accepter le dossier en l'état, majorer la cotisation, prévoir des exclusions (formelles et limitées) ou enfin refuser le risque.

C. Le tarif

Il dépend des éléments du questionnaire, des activités professionnelles et privées du prospect, des montants garantis et des franchises. Il est propre à chaque assureur (contrats sur mesure).

6 La fiscalité

■ Pour que l'assuré puisse bénéficier des avantages de la **loi Madelin**, il doit impérativement prévoir une **sortie en rente** et jamais en capital, sauf dérogations. Les cotisations font partie des charges, et permettent une réduction d'impôts. En revanche, les arrérages de rente sont **imposables**. Il en est de même pour les indemnités journalières.

#info
La loi Madelin
foucherconnect.fr/23vassur36

■ Hors loi Madelin, les cotisations et les prestations ne sont pas fiscalisées.

LES PRESTATIONS EN ESPÈCES

Fiche 54

L'assurance des accidents corporels

Les assureurs ont mis au point une garantie peu onéreuse qui est souvent proposée ponctuellement pour des risques de particuliers : l'individuelle accidents. Les assureurs ont complété leurs produits d'assurance accidents par un contrat garantie des accidents de la vie (GAV) qui peut indemniser l'ensemble des préjudices subis par l'assuré à la suite d'un accident de la vie privée. Formalisé par la FFSA, un contrat socle a été mis en place en 2000. Les assureurs ont ensuite adapté les garanties et montants.

1 L'accident

À SAVOIR

- L'accident est une atteinte corporelle provoquée par l'action soudaine d'une cause extérieure et indépendante de la volonté de l'assuré ou du bénéficiaire.
- Elle figure dans les conditions générales.
- Elle est limitée et regroupe un ensemble d'éléments cumulatifs.

A. Les événements garantis

Ils sont spécifiés au contrat et peuvent concerner tous les accidents de la vie professionnelle et de la vie privée, se limiter à la vie privée ou à une activité, qu'elle soit scolaire, associative ou sportive à titre amateur.

B. Les exclusions

Pour être recevables, elles doivent figurer en **caractères apparents** et être **formelles** et **limitées**. Certaines circonstances sont exclues de la garantie, de par la définition limitée :

- les maladies, les lésions d'origine interne tels que le lumbago, la hernie, l'hémorragie cérébrale qui se révèlent lors d'un effort ou d'un faux mouvement ;
- les événements provoqués intentionnellement par l'assuré (automutilation) ou par le bénéficiaire (meurtre ou tentative de meurtre) ;
- le suicide ou la tentative de suicide ;
- les accidents survenus sous l'emprise d'un état alcoolique ou de stupéfiants ;
- les accidents résultant de guerres, d'émeutes ou de risques atomiques ;
- la participation à une rixe, sauf en cas de légitime défense.

2 L'individuelle accidents

A. L'objet

Le contrat « individuelle accidents » garantit le versement de **prestations forfaitaires** en cas d'accident corporel ayant entraîné une incapacité, une invalidité ou un décès.

B. Le contrat d'assurance

Il peut être proposé dans le cadre d'un contrat individuel ou d'un contrat collectif. Dans le second cas, il peut être souscrit par une fédération sportive ou de chasse pour l'ensemble de ses adhérents. Ici, seul le contrat individuel est traité.

C. La réglementation

S'agissant de prestations prédéfinies lors de la souscription, le contrat est géré à titre forfaitaire, ce qui entraîne la possibilité de cumul avec d'autres prestations, et l'**interdiction pour l'assureur d'un recours subrogatoire**.

D. Les garanties proposées

1. L'incapacité temporaire totale ou partielle (ITT/ITP)

Lorsqu'un accident oblige l'assuré à interrompre de façon temporaire ses activités professionnelles, l'assureur verse une **indemnité journalière forfaitaire** fixée dans le contrat. Elle est généralement payable dès le premier jour de l'accident pendant une durée maximale d'indemnisation de 1 à 3 ans. Certains contrats prévoient une indemnisation réduite si l'assuré reprend une activité partielle.

2. L'invalidité

■ Le contrat peut prévoir le **versement d'un capital** ou d'une **rente** en cas d'**invalidité permanente**. Le taux d'invalidité est fixé à la consolidation (c'est-à-dire lorsque l'état est devenu stable et ne peut plus s'améliorer) par un médecin expert en fonction d'un barème annexé au contrat.

■ Il peut s'agir du barème des accidents de travail, conventionnel ou de droit commun. Il est appliqué au capital ou à la rente garantis, ce qui donne le montant de la prestation. Ce taux peut être modifié dans plusieurs cas :

- **présence d'un tableau de concordance** qui minimise les taux faibles mais majore les plus importants, permettant souvent de verser en totalité le capital ou la rente lorsque le taux obtenu est supérieur ou égal à 66,66 % ;
- **présence d'infirmités multiples sur le même organe** avec deux options possibles :
  - la **règle du cumul** : les taux sont cumulés mais le total ne peut pas être supérieur au taux qui aurait été retenu pour la perte totale de l'organe,
  - la **règle de Balthazar** : le taux retenu est obtenu en calculant successivement les taux sur la capacité restante en débutant par le taux médical le plus élevé ;

EXEMPLES

- **Règle de cumul**

Taux retenu : 60 + 20 + 10 = 90 %

- **Règle de Balthazar**

Trois incapacités de 60 %, 20 % et 10 % :
- 1re incapacité : 100 x 60 % = 60 % soit une incapacité restante de 100 – 60 = 40 % ;
- 2e incapacité : 40 x 20 % = 8 % soit une incapacité restante de 40 – 8 = 32 % ;
- 3e incapacité : 32 x 10 % = 3,2 %.

Le taux à appliquer au montant garanti est donc de 75,20 %.

- **présence d'infirmités préexistantes** : le taux retenu correspond à la différence entre le taux actuel et le taux d'invalidité avant l'accident.

3. Le décès

L'assureur verse la prestation prévue, capital ou rente au bénéficiaire désigné ou, à défaut, aux héritiers.

4. Les frais médicaux

Les frais de soins consécutifs à un accident sont pris en charge par l'assureur en complément des régimes sociaux, et après intervention d'une complémentaire santé, dans les limites indiquées par le contrat, et des frais réels. S'agissant d'une prestation à titre indemnitaire, l'assureur bénéficie du recours subrogatoire en présence d'un tiers (article L121.12 du Code des assurances).

5. La franchise

■ Elle est mentionnée au contrat et son champ d'application y est défini. Elle peut être absolue donc toujours appliquée, ou relative, et correspondre alors à un seuil en dessous duquel le contrat n'intervient pas, mais si le préjudice est supérieur à la franchise, celle-ci est considérée comme inexistante.

■ La franchise peut s'exprimer en jours au titre de la garantie « incapacité temporaire » et en taux au titre de la garantie « invalidité permanente ».

6. Le tarif

Il dépend de l'étendue du risque garanti. Dans le cadre de l'assurance scolaire, le tarif est compris dans chacune des formules qui proposent des garanties de responsabilité civile et d'assistance. Si le contrat couvre aussi le risque professionnel, les critères de tarification sont listés ci-dessous :

- les **critères liés à l'activité du prospect** : plusieurs secteurs sont classés en fonction du risque de survenance de l'accident ;
- les **critères liés à la nature du travail** : il peut être non manuel, manuel occasionnel ou habituel, et ceci pour chacun des secteurs. Par exemple, dans une boucherie, peuvent se trouver le comptable (non manuel), le vendeur (manuel occasionnel) et le boucher (manuel habituel) ;
- les **majorations de tarification** peuvent être prévues dans plusieurs situations telles que la circulation intense, la manipulation de marchandises ou de machines dangereuses, l'usage d'un véhicule à deux roues, des capitaux importants, un doublement du capital décès en cas d'accident de la circulation… ;

– des **réductions de tarification** sont souvent prévues lorsque le prospect demande une franchise plus importante, ou lorsque chacun des membres d'un couple souscrit un contrat.

3 La garantie des accidents de la vie

A. L'objet du contrat GAV

Il prend en charge, suite à un accident de la vie privée, les **préjudices économiques** et **personnels** évalués suivant le droit commun. L'indemnisation tient d'ailleurs compte de la nomenclature Dintilhac.

#info
Les contrats GAV
foucherconnect.fr/23vassur27

B. Les événements garantis

ÉVÉNEMENT	SITUATIONS RENCONTRÉES	DIFFICULTÉS (ARGUMENTS COMMERCIAUX)
Accidents de la vie privée	Les accidents domestiques survenus au domicile, sur le lieu des vacances ou à l'école tels que : - chute dans l'escalier ; - noyade, électrocution, brûlure ; - empoisonnement, etc.	Ces accidents de la vie privée sont pris en charge par le régime obligatoire comme une maladie et les prestations complémentaires ne touchent que l'assuré social et non ses ayants droit. Si un tiers peut être mis en cause, l'indemnisation ne se fait qu'après aboutissement du recours.
Attentats ou infractions	Accidents qui ont pour conséquence les dommages corporels suite à un crime ou un délit dont l'assuré est victime.	Le FGTI et la CIVI interviennent dans des délais relativement longs.
Accidents médicaux	Sont concernées les conséquences des accidents affectant une personne subissant un traitement en établissement hospitalier. Cela comprend l'opération, le traitement, les infections nosocomiales...	Il est parfois possible de mettre en cause un professionnel (un médecin ou l'établissement), mais les procédures sont là aussi longues, coûteuses et l'issue est toujours incertaine. L'indemnisation ne se fait qu'après aboutissement du recours.
Catastrophes naturelles et technologiques	Les conséquences de toutes catastrophes naturelles (inondation, tempête, foudre, avalanche, séisme, glissement de terrain) et technologiques (effondrement d'un stade, explosion, intoxication alimentaire ou respiratoire telle que l'amiante, déraillement d'un train).	• Dans le premier cas, la force majeure peut être avancée, d'où l'absence d'indemnisation. • Dans le second cas, il faut aussi obtenir l'aboutissement du recours pour être indemnisé.

C. Les garanties et interventions du contrat

Le contrat intervient dans la limite du plafond garanti, dès que la victime conserve après consolidation une **invalidité supérieure au seuil prévu**. Les franchises les plus courantes sont 30 % pour le contrat socle, mais ramenées à 5 ou 10 %.

1. L'indemnisation de droit commun

■ **En cas d'invalidité :** le contrat prend en charge tous les préjudices consécutifs, tant la perte de revenus que les conséquences matérielles de la vie de tous les jours qui peuvent être le réaménagement du domicile, du véhicule, l'assistance d'une personne...

■ **En cas de décès :** l'assurance indemnise les préjudices économiques correspondant à la perte de revenus et les préjudices moraux. Les frais funéraires sont pris en charge à hauteur d'un plafond.

2. L'assistance

■ **En cas d'invalidité :** elle organise les opérations à traiter au plus vite telles que l'envoi d'un proche auprès de la victime, la garde des enfants, le rattrapage scolaire, etc.

■ **En cas de décès :** elle peut mettre en place les mesures d'urgence telles que le rapatriement du corps, les funérailles.

3. Les extensions

Certains assureurs prévoient des garanties accordées d'office ou alors moyennant surprime, telles que le risque circulation ou les frais médicaux.

4. Les exclusions

Elles sont identiques à toute garantie accidents corporels. De plus, sont exclus dans ce contrat les accidents dans le cadre de la vie professionnelle ou sur le trajet domicile-lieu de travail, les expérimentations biomédicales, les conséquences d'états pathologiques antérieurs et celles d'un accident lorsque le fait générateur est antérieur à la date de prise d'effet du contrat.

D. Le tarif

■ Le contrat se commercialise sous deux formes :
- **contrat individuel** : seule la personne désignée au contrat est garantie ;
- **contrat familial** : toutes les personnes composant la famille telle que définie au contrat sont garanties d'office, sans désignation nominative. Un nouveau-né est garanti dès sa naissance.

■ Le tarif dépend du plafond, de la franchise et éventuellement du nombre de personnes à charge. Certains assureurs prévoient une majoration dans le cas d'une famille « nombreuse ».

■ Le contrat prévoit des limites d'âge à la souscription et des plafonds de garanties.

E. La réglementation du contrat

1. Le principe

S'agissant d'un contrat répondant au principe indemnitaire, les prestations perçues par la victime ne peuvent pas se cumuler à des prestations versées par un tiers payeur ou par l'auteur éventuel de l'accident. Par ailleurs, l'assureur dispose d'un droit à recours subrogatoire pour les sommes qu'il a effectivement versées. L'indemnisation constitue donc une avance sur recours (articles 29 à 33 de la loi Badinter).

2. Les modalités d'indemnisation

L'évaluation des préjudices est faite selon le **principe de droit commun** (basé sur les indemnisations décidées par les tribunaux) après expertise médicale qui suit la consolidation. Une première expertise peut être demandée en cours de traitement afin de prévoir le versement d'une provision à valoir sur l'indemnité définitive. Elle prend en compte la situation particulière de la victime : âge, profession, revenus, situation familiale. Les délais de règlement sont repris dans le contrat.

F. L'approche commerciale

- Ce contrat est commercialisé par les assureurs et les bancassureurs.
- Les **cibles** sont :
  - les familles avec des enfants scolarisés ou non ;
  - les personnes qui voyagent souvent à titre personnel ;
  - les personnes qui pratiquent des sports à titre amateur ou leurs enfants.

> **INFO** Les personnes sans activité qui n'ont pas de revenus propres sont couvertes 24 heures sur 24.

- La **vente additionnelle** : d'un coût peu élevé, ce contrat peut être commercialisé en vente additionnelle des contrats suivants :
  - l'**assurance automobile** : l'assuré, conducteur, est garanti dans le véhicule par une extension (indispensable), les passagers, même les piétons, sont couverts, mais dès que l'assuré en est sorti ou pas encore rentré, il n'a aucune garantie spécifique ;
  - l'**assurance habitation** : la responsabilité civile prend en charge les dommages causés aux autres mais pas les siens. Les garanties de dommages, tels que l'incendie, les catastrophes naturelles, l'attentat, le vol, n'indemnisent jamais les dommages corporels ;
  - l'**assurance complémentaire santé** : le contrat garantit la famille pour les frais médicaux, mais pas pour le handicap ;
  - l'**assurance épargne** : mettre de l'argent de côté permet de mettre en place des projets, mais un accident peut tout réduire à néant et obliger à récupérer à la hâte les fonds.

> **INFO** Cette liste d'exemples n'est pas exhaustive. Proposer ce contrat met en avant le rôle de conseil de l'assureur.

LES PRESTATIONS EN ESPÈCES

La dépendance

Problème d'actualité qui suscite de nombreuses interrogations chez nos élus, la dépendance était déjà garantie depuis plusieurs années par les assureurs qui y ont trouvé une niche à développer en l'attente d'une nouvelle réglementation. Celle-ci devrait, malgré tout, faire appel au secteur privé de l'assurance.

1 La situation actuelle

A. Quelques chiffres

■ En 2023, il y a 1,4 million de personnes dépendantes, au sens administratif. Ce nombre devrait passer à 2 millions en 2040 (données du ministère de la Santé et l'Insee).

■ En 2040, il devrait y avoir 10,6 millions de personnes de 75 ans et plus contre 6,1 millions en 2019. Une partie d'entre elles seront dépendantes et auront besoin d'une prise en charge spécifique.

■ En 2060, il devrait y avoir 2,4 millions de personnes âgées dépendantes. Le nombre augmenterait de 20 000 par an jusqu'en 2030 puis de 40 000 par an jusqu'en 2040 du fait de l'arrivée à un âge avancé des premières générations du baby-boom.

■ La prise en charge de la dépendance coûte actuellement 23,7 milliards d'euros à la collectivité (départements et Sécurité sociale). Six milliards d'euros restent à la charge des particuliers. La dépense publique devrait augmenter de 6,2 milliards en 2024 et de 9,2 milliards en 2030. Le pays consacrerait alors 1,6 % du PIB à la prise en charge de la dépendance contre 1,2 % actuellement.

■ 21 % des plus de 85 ans résident en EHPAD. Actuellement, le reste à charge des personnes en établissement est de 1 850 €. (75 % des cas n'ont pas les ressources suffisantes.)

■ 24 % des EHPAD n'ont pas été rénovés depuis plus de 25 ans. De plus, il faudrait aussi mieux répartir les établissements sur le territoire. Actuellement, le nombre de places varie de 54 à 194 pour 1 000 habitants selon les départements. Quant au maintien à domicile, le financement public est insuffisant pour permettre à certaines associations d'équilibrer leurs comptes.

■ Le vieillissement de la population entraînerait un besoin de financement supplémentaire d'au moins 9 milliards d'euros en 2030

■ La création d'une cinquième branche est en place afin de préparer le financement de la dépendance (rapport du 28 mars 2019 par le président du Haut Conseil de financement de la protection sociale).

1. L'obligation alimentaire

Les personnes dépendantes sont souvent épaulées par leur famille et protégées par l'obligation alimentaire applicable au conjoint non dépendant, aux enfants et aux petits-enfants. Mais cette situation ne peut pas durer longtemps en raison de la situation économique, de l'éloignement, et des divorces qui compliquent finalement cette situation.

2. La classification

La grille AGGIR, officielle, distingue **six groupes iso-ressources** (GIR) en fonction de la capacité de l'individu à s'autogérer :

- **GIR 6** : la personne a toute son autonomie pour les actes essentiels de la vie courante ;
- **GIR 5** : la personne se déplace, s'alimente et s'habille seule, mais a besoin d'une aide ponctuelle pour la toilette, la préparation des repas et le ménage ;
- **GIR 4** : la personne est partiellement autonome : une fois levée, elle peut se déplacer seule mais elle a parfois besoin d'être aidée pour la toilette et l'habillage. La personne n'a aucun problème pour se déplacer, mais elle a besoin d'aide pour les activités corporelles (y compris les repas) ;
- **GIR 3** : la personne a conservé son autonomie mentale et partiellement son autonomie locomotrice, mais elle a besoin quotidiennement et plusieurs fois par jour des aides pour son autonomie et son hygiène corporelle ;
- **GIR 2** : la personne est confinée au lit ou dans un fauteuil. Même si ses fonctions intellectuelles ne sont pas totalement altérées, elle a besoin d'une prise en charge pour la plupart des activités ordinaires de la vie. Ses fonctions mentales sont altérées mais elle a conservé sa capacité à se déplacer ;
- **GIR 1** : la personne est confinée au lit ou dans un fauteuil, ses fonctions intellectuelles sont gravement altérées. La présence permanente d'intervenants est indispensable.

3. L'APA

■ L'**allocation personnalisée d'autonomie (APA)** est versée par l'État, *via* les collectivités territoriales. L'APA n'est pas soumise à conditions de ressources mais le taux de participation financière laissée à la charge du bénéficiaire, ou ticket modérateur, varie en fonction de ses ressources. Contrairement à la prestation spécifique dépendance qu'elle a remplacée, **l'APA n'est pas récupérable sur la succession**.

#info
L'APA
foucherconnect.fr/23vassur38

■ L'APA se présente sous deux formes : l'**APA à domicile** qui aide à payer les dépenses nécessaires pour rester vivre à domicile ; l'**APA en établissement** qui aide à payer une partie du tarif dépendance en EHPAD. Dans ce cas, elle est versée à la structure et le montant dépend à la fois des tarifs « dépendance » de l'établissement et du revenu du bénéficiaire.

■ Outre le forfait soin et le tarif dépendance, une troisième section tarifaire correspond au coût de l'hébergement. Celle-ci est à la charge du résident et de ses obligés alimentaires.

■ **Les conditions d'acceptation**

- être âgé de 60 ans ou plus ;
- être en manque ou en perte d'autonomie en raison de son état physique ou mental ;
- appartenir à un groupe de 1 à 4 suivant la grille AGGIR ;
- résider de façon stable et régulière en France ou, pour les étrangers, y être en séjour légal.

■ **Le calcul de l'allocation**
Le montant de l'allocation est calculé en fonction des besoins relevés par le plan d'aide et de la nature des aides nécessaires et des revenus du demandeur (certaines ressources sont exclues du calcul). Les règles de calcul sont également différentes pour les personnes résidant à domicile ou en établissement (voir Carnet professionnel en ligne).

4. L'ASH

Dans le cas où leurs revenus sont insuffisants, l'**aide sociale à l'hébergement (ASH)**, récupérable sur succession, est versée par le conseil départemental. Les familles hésitent à placer leurs aînés de peur de voir amputé leur héritage, ce qui peut nuire à la qualité de vie des personnes dépendantes.

2 L'assurance de la dépendance

A. L'objet

L'objet principal du contrat assurance dépendance est le paiement d'une rente viagère immédiate non fiscalisée. Elle garantit à l'assuré le versement de revenus réguliers pendant toute la durée de sa vie, en contrepartie d'un versement unique ou de versements périodiques. Le montant de la rente varie en fonction du montant des cotisations versées et du degré de l'état de dépendance de l'assuré. Elle peut être proposée en complément d'une assurance-vie ou d'une assurance-décès.

B. La définition contractuelle de la dépendance

1. La dépendance physique

L'assuré est dans l'impossibilité d'effectuer l'ensemble des actes ordinaires de la vie : se déplacer, s'habiller, se laver, se nourrir, ce qui nécessite l'assistance d'une tierce personne rémunérée complétant les services de soins à domicile ou l'hospitalisation en centre de long séjour, ou enfin l'hébergement en section de cure médicale (tous pris en charge par la Sécurité sociale), et le classement comme invalide troisième catégorie par la Sécurité sociale.

2. La dépendance morale ou psychique

L'assuré est atteint de démence sénile invalidante ou de la maladie d'Alzheimer, constatée par un rapport médical et des tests psychotechniques et qui oblige l'assuré à recourir à l'assistance d'une tierce personne rémunérée ou bien à séjourner dans le cadre de l'hébergement en établissement spécialisé reconnu et indemnisé par la Sécurité sociale.

C. Les conditions de garantie

■ Les **garanties de base** : l'indemnisation n'est acquise qu'en cas de dépendance totale. Certains assureurs retiennent deux sortes de dépendance : la dépendance physique et la dépendance morale. Les rentes sont revalorisées chaque année en fonction de la participation au bénéfice de l'assureur.

■ Les **extensions** : certains contrats prévoient de garantir à la fois la dépendance totale et partielle. L'assureur détermine alors à partir de quel niveau AGGIR il déclenche la dépendance partielle. L'assistance est maintenant proposée par la plupart des assureurs ainsi que le soutien psychologique.

■ Les **exclusions** : il s'agit des exclusions légales auxquelles il faut ajouter les conséquences d'une dépendance survenue avant la prise d'effet ou pendant les délais de carence.

■ La **franchise** : elle va de 60 à 180 jours à compter de la constatation de l'état de dépendance, mais elle peut être supprimée en cas d'accident.

■ Les **délais d'attente ou de carence** : ils sont généralement de 1 an à compter de la prise d'effet, exception pour l'accident pour lequel ils sont supprimés. Si la dépendance survient pendant cette période, l'assureur n'intervient pas et annule le contrat en remboursant les cotisations déjà versées.

#info

AGIRA : les contrats dépendance

foucherconnect.fr/23vassur39

■ La **recherche d'un contrat de dépendance** : il est possible d'interroger l'AGIRA pour se renseigner sur l'existence d'un contrat dépendance.

D. La tarification

■ Le montant de la rente est choisi par le prospect. Ce montant est revalorisé tous les ans suivant un indice prévu au contrat. Il existe une tranche d'âge d'adhésion, qui peut aller de 50 à 75 ans selon les contrats. Il n'existe pas de limite d'âge pour le versement des prestations puisqu'il s'agit d'une rente viagère.

■ La cotisation est fonction de l'âge de l'assuré, de ses antécédents et des garanties qu'il souhaite, ceci après étude du dossier médical et du questionnaire fermé. Il est préférable de souscrire jeune pour éviter les majorations pour problèmes de santé, l'assureur ayant l'interdiction de le faire lorsque le contrat est souscrit (loi Évin). Certaines compagnies proposent une réduction du tarif pour le conjoint souscripteur.

■ Enfin, en cas de difficulté financière, certains contrats proposent la mise en réduction, c'est-à-dire que la garantie est réduite et correspond aux sommes qui ont été versées. Cette option évite d'avoir payé à fonds perdus.

LES CLÉS POUR L'ORAL

Les techniques de l'approche commerciale

Bien que la dépendance soit un problème d'actualité, il est souvent difficile d'aborder le sujet, souvent par pudeur. De nombreuses cibles ou prescripteurs peuvent être abordés :

- les personnes à partir de 40 ans pour préparer leur avenir et ne pas dépendre plus tard de leurs enfants ;
- les personnes à partir d'une trentaine d'années qui souscrivent pour le compte de leurs parents afin d'éviter de prendre en charge les frais non remboursés. Des contrats sont financés par les enfants, ce qui minimise la part de chacun puisque la cotisation est divisée ;
- les maisons médicales, auxiliaires médicaux, notaires, associations ou clubs de « troisième âge » qui regroupent des personnes souvent valides.

Chaque Français a été confronté au moins une fois à une personne dépendante. Les chiffres alarmants et les annonces du gouvernement sont des atouts pour commercialiser ce type de contrats. L'option capital est à retenir si l'assuré envisage de rester à son domicile, ceci afin de prévoir notamment l'aménagement du logement.

Les assurances de personnes et les produits financiers – Les prestations en espèces

Vous êtes collaborateur(rice) au sein du cabinet DUJARDIN, agent général de LA PREVOYANCE. Votre cliente, Madame Isabelle LAPLANTE a souscrit un contrat PREV-INDIVIDUELLE. Mme LAPLANTE a été en arrêt de travail pour maladie du 15 janvier 2023 au 15 mai 2023 inclus. Elle vient de recevoir par virement bancaire les prestations de son régime général relatives à cette période. Elle vous rend visite le 10 juin 2023 pour connaître les prestations dues au titre de son contrat PREV-INDIVIDUELLE.

#corrigé
Corrigé de l'entraînement partie 3.3
foucherconnect.fr/23vassur61

PREMIER TRAVAIL

Indiquez à Mme LAPLANTE quels sont les contrats et garanties qui peuvent intervenir.

DEUXIÈME TRAVAIL

Calculez les indemnités qu'elle pourra recevoir.

TROISIÈME TRAVAIL

Calculez le montant des prestations versées par la Sécurité sociale.

QUATRIÈME TRAVAIL

Précisez si le contrat lui permet de compenser sa perte de revenus.

LE DOSSIER

FICHE CLIENT

Mme Isabelle LAPLANTE, née le 29 mai 1975
Situation familiale : divorcée – 2 enfants à charge
Derniers salaires bruts connus : septembre 2023 : 3 500 € ; octobre 2023 : 3 500 € ; novembre 2023 : 3 500 € ; décembre 2023 (prime incluse) : 4 800 €

ARRÊT DE TRAVAIL

1. Bilan arrêts de travail confirmés par notre expert
Arrêt initial du 15 janvier 2023 inclus au 31 janvier 2023 inclus ; prolongation du 1er février 2023 au 28 février 2023 inclus ; prolongation du 1er mars au 31 mars 2023 inclus ; prolongation du 1er avril 2023 au 30 avril 2023 inclus ; prolongation du 1er mai 2023 au 15 mai 2023 inclus.
2. Intervention chirurgicale le 1er février 2020 nécessitant une hospitalisation de 4 jours.

MONTANT DES INDEMNITÉS JOURNALIÈRES VERSÉES PAR LA SÉCURITÉ SOCIALE (ameli.fr)

L'indemnité journalière que vous recevrez pendant votre arrêt de travail est égale à 50 % de votre salaire journalier de base.
Celui-ci est calculé sur la moyenne des salaires bruts (salaires soumis à cotisations) des 3 derniers mois précédant votre arrêt de travail, ou des 12 mois en cas d'activité saisonnière ou discontinue,

pris en compte dans la limite de 1,8 fois le Smic mensuel en vigueur (soit 2 770,96 € au 1er janvier 2023). Par exemple : sur la base d'un salaire journalier de 75 €, votre indemnité journalière sera de 37,50 € par jour. Le montant maximum au 1er janvier 2023 est de 45,55 €.

CONTRAT PREV-INDIVIDUELLE (extrait conditions générales)

1. Objet du contrat

Ce contrat a pour objet d'accorder les garanties ci-dessous. Celles que vous avez choisies se trouvent indiquées dans vos conditions particulières : allocations hospitalières – invalidité – arrêt de travail – décès.

2. La vie du contrat

Votre contrat prend effet à compter de la date figurant dans vos conditions particulières. Un délai d'attente débute à cette date.

À la souscription, vous avez rempli une proposition et un questionnaire de santé complétant celle-ci. Ce document est un élément essentiel pour nous permettre d'étudier votre demande. (...) La prise d'effet des garanties est subordonnée à notre accord et au paiement de votre première cotisation. Toute augmentation de garantie est considérée comme une nouvelle demande de souscription soumise à notre accord.

Les montants des garanties varient chaque année au 1er janvier dans la même proportion que l'évolution soit du point AGIRC fixé au 1er janvier précédent pour les garanties « arrêt de travail » et « invalidité » « décès » et du PASS fixé au 1er janvier précédent pour la garantie « allocations hospitalières ».

La cotisation est déterminée en fonction de la tranche d'âge de l'assuré et elle est modifiée à l'échéance annuelle dans les mêmes principes que les montants de garanties.

3. Les exclusions

Quelles que soient les garanties choisies, nous n'assurons jamais les conséquences :

- des maladies et accidents médicalement constatés qui sont antérieurs à la souscription du contrat et qui sont expressément mentionnés dans vos conditions particulières ;
- de la faute de l'assuré si elle est intentionnelle ou frauduleuse ;
- d'un état d'imprégnation alcoolique caractérisé par un taux d'alcoolémie égal ou supérieur à celui fixé par la réglementation (...) À ces exclusions générales s'ajoutent des exclusions particulières qui figurent au niveau du descriptif de chacune des garanties.

GARANTIE	MONTANT	FRANCHISE	PÉRIODE D'ATTENTE
Versement d'une allocation	Selon votre	Suivant la nature	3 mois
journalière en cas d'hospitalisation :	choix indiqué	de l'hospitalisation :	
• Chirurgicale	aux conditions	• Chirurgicale : néant	Sauf en cas
• Médicale • Maternité	particulières	• Médicale : 3 jours • Maternité : 3 jours	d'accident : néant

4. Les garanties

4.1 Garantie allocation hospitalière

Nous garantissons le versement d'une allocation journalière hospitalière pendant la durée de l'hospitalisation de l'assuré. Elle est versée pendant toute la durée de l'hospitalisation sans pouvoir excéder 365 jours pour une maladie ou un accident, y compris les rechutes et les séquelles.

4.2 Garantie arrêt de travail

Nous garantissons le versement d'indemnités journalières en cas d'arrêt de travail consécutif à un accident et/ou une maladie entraînant une incapacité temporaire totale.

Le versement des prestations débute à l'expiration du délai de franchise qui est indiqué dans vos conditions particulières.
Le délai de franchise ne s'applique pas si, ayant repris son travail, l'assuré doit l'interrompre à nouveau pour la même cause, moins de 2 mois après la fin de l'arrêt de travail ayant fait l'objet d'une précédente indemnisation. Au-delà des 2 mois, la franchise est à nouveau appliquée.
4.3 Garantie invalidité
Nous garantissons le versement d'un capital ou d'une rente en cas d'invalidité totale ou partielle consécutive à un accident et/ou une maladie. Le capital ou la rente est versée à l'assuré.

CONTRAT PREV-INDIVIDUELLE (extraits conditions particulières)

LA PRÉVOYANCE
Cabinet DUJARDIN
Agent général d'assurances
2 rue de la Roseraie 35300 FOUGÈRES
N° ORIAS 14692
Référence du contrat n° 365243
Date d'effet le 1er janvier 2015Échéance annuelle : 01/01
Souscripteur :
Mme Isabelle LAPLANTE
14 rue de la Serre 35300 FOUGERES
Assuré(e) :
Mme Isabelle LAPLANTE
Née le 29 mai 1975
Salariée non cadre

GARANTIES	**MONTANT GARANTI PAR JOUR**	**DURÉE**	**FRANCHISE RELATIVE**
Allocation hospitalière	25 €	Voir CG	Voir CG
Indemnité journalière suite à arrêt de travail en cas d'accident	40 €	1 an	Néant
Indemnité journalière suite à arrêt de travail en cas de maladie	40 €	1 an	30 jours
Rente invalidité en cas d'accident	36 €	Fin de paiement 60 ans	15 % invalidité
Rente invalidité en cas de maladie	36 €	Fin de paiement 60 ans	15 % invalidité

Cotisation totale annuelle : 934 €
Le présent contrat est conclu pour la durée prévue aux conditions générales avec faculté de résiliation annuelle moyennant un préavis de deux mois avant la date d'échéance (article L113.L2 du Code des assurances).
L'assuré déclare avoir répondu en toute bonne foi aux questions qui lui ont été posées et reconnaît avoir été informé que toute fausse déclaration pouvait entraîner l'application des articles L113.8 ou L113.9 du Code des assurances.
Fait à Fougères, le 27 décembre 2015
Signatures
Mme LAPLANTE
M. DUJARDIN

La retraite

Problème d'actualité revu régulièrement par le législateur, le financement de la retraite subit les contraintes économiques et l'évolution démographique et sociale de la population. De plus, la séparation des statuts professionnels entraîne des prestations différentes.

1 Il était une fois... la retraite

Le Conseil d'orientation des retraites (COR), créé en 1991, permet d'analyser les conséquences de l'évolution du financement de la retraite. Il est chargé de rendre public un état des lieux tous les 5 ans. La prochaine réforme vient d'être validée par décret et prendra effet au 1er septembre 2023. Elle vise à uniformiser les 42 régimes de retraite actuels et à alourdir les conditions de départ à la retraite.

#info

La retraite en clair

foucherconnect.fr/23vassur40

2 Les fondements communs aux différentes caisses

A. La pyramide de la retraite

La retraite de base se définit comme une pyramide, quel que soit le régime (n'est pas traité ici le cas des régimes spéciaux qui tend à disparaitre du fait de la nouvelle loi). En effet, pour certains régimes, les nouveaux embauchés seront rattachés à la CARSAT. Les personnes en activité bénéficieront de la clause dite du grand père et ne verront pas leurs droits modifiés.

1. La retraite de base commune à toutes les caisses

Elle dépend du nombre de trimestres cotisés et du salaire moyen plafonné des 25 meilleures années cotisées. Elle peut faire l'objet d'aménagements en fonction de critères spécifiques.

2. La retraite complémentaire obligatoire

Elle est gérée pas des caisses spécifiques en fonction du statut professionnel du retraité et se traduit par l'acquisition de points qui se transforment en rente au moment de la retraite. Les religieux ne sont pas concernés par cette disposition.

3. La retraite collective

- Pour les salariés, elle est prise en charge tout ou partie par l'employeur.
- Pour les indépendants, elle est encouragée par la loi Madelin remplacé par le PER mis en place par la loi PACTE de 2019.

4. La retraite individuelle

Elle est constituée en fonction des possibilités et/ou des besoins.

B. Le principe de fonctionnement

Pour ouvrir les droits à la retraite, il suffit d'avoir validé un trimestre. La gestion par répartition (les cotisations encaissées pour l'année civile servent à payer les retraites de la même année) entraîne des difficultés qui ont amené à une solidarité entre les régimes de retraite obligatoire et complémentaires.

3 Les principales caisses de retraite

1. Tous salariés du secteur privé non agricole

Les salariés non cadres relèvent du régime général de la Sécurité sociale (CARSAT) pour leur retraite de base, et du régime ARRCO pour leur retraite complémentaire.

#info
La retraite en clair : panorama complet
foucherconnect.fr/23vassur41

2. Les cadres de l'industrie, du commerce et des services

Aux régimes CARSAT et ARRCO s'ajoute une pension versée par l'AGIRC pour leur retraite complémentaire.

3. Les ouvriers et employés de l'agriculture

La couverture vieillesse obligatoire des ouvriers et employés agricoles est assurée par le régime de base des salariés de la Mutualité sociale agricole (MSA) et le régime de retraite complémentaire ARRCO. Pour les cadres s'ajoute la retraite complémentaire AGIRC.

4. Les commerçants et industriels artisans indépendants

Ils bénéficient depuis le 1er janvier 2018 d'une retraite de base versée par la Sécurité sociale des indépendants qui remplace le RSI.

#info
La retraite pour les travailleurs indépendants
foucherconnect.fr/23vassur42

5. Les agents généraux d'assurance

Ils relèvent de la Caisse d'allocation vieillesse des agents généraux d'assurance (CAVAMAC).

6. Les fonctionnaires de l'État (+ de 15 ans)

Les agents titulaires de l'État (civils, militaires et magistrats) relèvent du service des retraites de l'État et du régime additionnel de la fonction publique (RAFP).

4 La retraite des salariés

A. Le régime de base

Divers éléments importants permettent de calculer le montant de la retraite qui est versée. Le montant de la retraite annuelle est présenté ci-contre. Cette rente peut être majorée de 10 % à partir de trois enfants élevés.

MÉMO
Rente viagère = SAM × durée d'assurance régime générale/durée d'assurance exigée

1. Le salaire annuel moyen (SAM)

#info
Retraite : l'âge et le montant
foucherconnect.fr/23vassur43

Il tient compte de la moyenne des salaires des **25 meilleures années**, limité au plafond mensuel de la Sécurité sociale (voir Carnet professionnel en ligne). Afin de contrecarrer les conséquences de l'inflation, un tableau d'équivalence réévalue les salaires tout au long du parcours professionnel.

2. Le nombre de trimestres validés

L'âge de départ à la retraite

- Les personnes nées avant le 1er juillet 1951 pouvaient partir à l'âge de 60 ans à condition d'avoir validé le nombre de trimestres nécessaires (160 trimestres). Depuis la réforme de 2009, l'âge avait augmenté et été passé à 62 ans pour les personnes nées à partir de 1955.
- La loi applicable au 1er septembre 2023 allonge de 62 à 64 ans l'âge légal de départ à la retraite. Cet âge va être progressivement relevé, à raison de 3 mois par génération à compter des assurés nés le 1er septembre 1961. L'âge d'ouverture à la retraite sera porté à 63 ans et 3 mois en 2027 (génération 65) pour atteindre 64 ans en 2030 (générations 68 et suivantes).

Le calcul du nombre de trimestres

Dès le premier emploi, l'assurance retraite ouvre un compte individuel dans lequel figure tout le parcours professionnel dont les rémunérations et le nombre de trimestres sont validés. Chaque trimestre validé correspond non pas à un nombre d'heures travaillées mais à un **salaire brut cotisé**. Un trimestre est acquis par tranche de 200 heures de Smic ramenée à 150 depuis 2014, ce qui permet aux saisonniers ou aux personnes travaillant épisodiquement de valider, malgré tout, des trimestres. Le nombre de trimestres exigé passe progressivement de 160 à **172 trimestres** pour les personnes nées après 1973. La durée passera à 43 ans en 2027 dès la génération née en 1965.

L'acquisition de trimestres supplémentaires par le rachat

L'assuré a la possibilité de racheter des trimestres pour compenser des années d'études supérieures et les années de moins de 4 trimestres, ceci dans la limite de 12 trimestres. Le coût du rachat est déductible du revenu imposable.

La validation de trimestres hors activité

- Certaines périodes pendant lesquelles l'intéressé n'a pas exercé d'activité salariée peuvent être validées sous conditions. Pour cela, l'intéressé doit avoir la qualité d'assuré social. Cela peut concerner les périodes militaires, de chômage, de maternité, de maladie ou d'accident de travail.
- La maternité, l'adoption permettent aux mères de bénéficier actuellement d'une période de 4 trimestres. Pour les congés maternité débutant à compter du 1er janvier 2012, les indemnités journalières maternité sont assimilées à des salaires et prises en compte dans le calcul du salaire annuel moyen.
- L'éducation apporte une majoration de 4 trimestres au parent qui est concerné.
- Le congé parental permet de valider des trimestres correspondant à la durée de l'arrêt. Élever un enfant handicapé entraîne sous conditions une majoration d'un trimestre par période de 30 mois, dans la limite de 8 trimestres par enfant.

- Ceux qui ont commencé à travailler avant 16 ans pourront partir à 58 ans ; entre 16 et 18 ans à partir de 60 ans et entre 18 et 20 ans à partir de 62 ans. Par amendement, une quatrième borne d'âge a été ajoutée pour que ceux qui ont débuté entre 20 et 21 ans puissent partir à 63 ans. En raison des critères cumulatifs à remplir, certaines carrières longues devraient toutefois cotiser plus de 43 ans. Des décrets doivent intervenir... à suivre. Les trimestres d'apprentissage seront pris en compte dans le cadre du dispositif de carrières longues.
- Les victimes d'un accident du travail ou celles d'une maladie professionnelle pourront partir à la retraite pour incapacité à 60 ans (contre 62 ans dans le projet initial). Les travailleurs handicapés pourront partir à partir de 55 ans.
- Une bonification de trimestres pour les assurés ayant servi au moins 10 ans comme pompier volontaire est accordée.
- Une assurance vieillesse pour les aidants est créée.

3. Le taux de liquidation (TAUX)

■ Pour un parcours complet, il est de 50 %. Une majoration du taux peut être appliquée si l'assuré travaille au-delà de l'âge légal. Pour chaque trimestre cotisé à compter du 1er janvier 2009, la majoration est égale à 1,25 % par trimestre dans tous les cas. Une décote est prévue si l'assuré n'a pas validé assez de trimestres lors de la liquidation.

#info
Le calcul de la retraite
foucherconnect.fr/23vassur44

■ Depuis 2004, l'abattement par année manquante est revu à la baisse pour atteindre progressivement 2,5 %. Le calcul s'effectue par rapport au nombre de trimestres requis au moment de la liquidation de la retraite.

4. La retraite de réversion

■ À la suite du décès du retraité, le conjoint ou ex-conjoint survivant peut obtenir une rente de réversion sous trois conditions (et sous réserve d'en faire la demande) : il a au moins 55 ans ; ses ressources ne dépassent pas les plafonds autorisés ; il est ou a été marié.

■ Le montant perçu correspond à **54 %** du montant de la retraite de base que percevait ou aurait perçu le décédé. Si le conjoint a moins de 55 ans, il peut prétendre à l'allocation de veuvage, sous certaines conditions également.

5. Le cumul emploi/retraite

Depuis le 1er janvier 2009, le cumul intégral de la retraite et du revenu d'activité professionnelle est possible sous conditions et notamment si l'assuré a atteint l'âge légal de départ à la retraite et le nombre de trimestres.

B. Les retraites complémentaires

Les régimes ARRCO et AGIRC fusionnés en 2019 sont des régimes par points et par répartition. Les caisses de retraite complémentaire sont des organismes paritaires gérés par des représentants des syndicats des employeurs et des salariés (cadres pour l'AGIRC).

#info
AGIRC et ARRCO
foucherconnect.fr/23vassur45

1. Le montant de la retraite complémentaire annuelle

Au moment de la liquidation, indépendamment du nombre d'années de travail, l'assuré perçoit une **rente viagère**. Lorsque le nombre de points cumulés est inférieur à 100, la retraite est payée en une fois.

> MÉMO
> **Rente viagère (RV)** = total des points obtenus x valeur du point de retraite.

2. L'âge conventionnel de départ en retraite

Les conditions sont alignées sur celles du régime de base, y compris depuis la dernière révision de 2009. L'assuré peut anticiper son départ à la retraite mais cela entraîne une minoration. En revanche, il a la possibilité de travailler après l'âge légal du départ à la retraite, ce qui lui permet d'acquérir des points supplémentaires.

3. Le calcul de la retraite

■ L'acquisition des points

Tout salarié cumule des points pendant son parcours professionnel au titre de l'ARRCO. De plus, le salarié cadre acquiert en parallèle des points au titre de l'AGIRC. Il reçoit tous les ans le relevé de points de chaque caisse. Des points supplémentaires peuvent être attribués pendant les périodes de non-activité. Il est possible de racheter des points dans la limite de 70 par année d'études supérieures validée par le régime de base.

■ Les minorations de la rente

Un système de bonus-malus a été mis en place en 2019 afin d'encourager les salariés à retarder le départ à la retraite. Il concerne les personnes nées après 1957. Une décote de 10 % est prévue si un individu part à la retraite avant 67 ans bien qu'il ait validé ses trimestres. En revanche, s'il travaille 1 an de plus, la décote disparaît. Pour 2 ans de plus, il perçoit une majoration de 10 %, 3 ans 20 %, 4 ans et plus 30 %.

■ Les majorations de la rente

Il y a une majoration par l'ARRCO et l'AGIRC de 5 % des droits pour chaque enfant à charge ou majoration pour avoir élevé au moins trois enfants. Ce taux est porté à 10 % pour les droits obtenus à partir du 1er janvier 2012. Lorsque le montant de la retraite est inférieur ou égal à 100 points, la retraite est payée en une seule fois. Elle est égale au produit du montant brut de la retraite annuelle multiplié par un coefficient déterminé en fonction de l'âge de départ.

■ La retraite de réversion sans remariage

Elle est versée immédiatement, tant par l'ARRCO que par l'AGIRC, si, lors du décès, deux enfants au moins étaient à charge, ou le bénéficiaire est en état d'invalidité. À défaut, elle est versée à 55 ans au titre de l'ARRCO et 60 ans pour l'AGIRC (ramené à 55 ans sous conditions). La réversion est égale à 60 % de la retraite du décédé.

■ Le cumul emploi/retraite

Ceux qui ont atteint l'âge de la retraite à taux plein peuvent cumuler un emploi et leur retraite complémentaire, sans limite de ressources, dès lors que toutes les pensions de retraite personnelles au titre des régimes légalement obligatoires sont liquidées. Ceux qui ne remplissent pas ces conditions peuvent cumuler leur retraite complémentaire avec un emploi si les retraites additionnées au salaire ne dépassent pas un certain plafond.

5 La retraite des travailleurs non salariés

A. Les commerçants, industriels et artisans

Les régimes de base et complémentaire sont gérés par la Sécurité sociale des indépendants depuis le 1er janvier 2018. Auparavant, les pensions étaient versées par le RSI qui était le regroupement en 2006 des régimes AMPI (assurance maladie des indépendants), AVA (retraite des artisans) et ORGANIC (retraite des commerçants et industriels). Les conditions d'application sont alignées sur celles du régime des salariés du secteur privé.

1. Le régime de base

Les conditions et règles de calcul sont identiques à celles des salariés du secteur privé : revenu annuel moyen × taux de liquidation × nombre de trimestres validés/nombre de trimestres nécessaires.

2. Le régime de retraite complémentaire

RV = nombre de points acquis × valeur du point au moment de la retraite. Le principe est le même que pour les salaries puisque l'assuré social cumule les points tout au long de sa carrière. En revanche, le taux d'appel, c'est-à-dire de cotisation, diffère.

B. Les professions libérales

Chacune d'entre elles possède sa propre caisse de retraite qui est rattachée à une caisse au sein de la Caisse nationale d'assurance vieillesse des professions libérales (CNAVPL). Elles bénéficient d'une retraite de base et d'une retraite complémentaire dont le montant dépend de l'activité. Un projet de loi abordé en 2019 a créé un soulèvement de la majorité des professions libérales.

6 Imposition et chargement sur les retraites

Les pensions sont soumises à l'impôt sur le revenu dans la rubrique « traitements, salaires, pensions et retraites viagères » et aux contributions sociales CSG et CRDS.

#info
Actualité sur la réforme
foucherconnect.fr/23vassur46

Fiche 57

Les régimes matrimoniaux, droits de donation et de succession

L'assurance est intimement liée à la réglementation sur les droits de donation et de succession. Elle permet en effet de mettre en place des systèmes qui peuvent prévoir d'exploiter au maximum les atouts de la réglementation, notamment liée au régime matrimonial.

1 Le régime matrimonial

Il définit les droits de chaque époux sur le patrimoine composé de biens communs et de biens propres et les obligations sur les dettes contractées ensemble ou par chaque époux. La loi du 22 juillet 2018 a apporté quelques améliorations dans le nouveau droit successoral afin notamment de protéger le conjoint le plus faible sur le plan économique.

A. Le régime communautaire

1. La communauté universelle avec contrat de mariage

Il n'existe que des **biens communs**. La succession n'est ouverte qu'au décès du conjoint survivant. Il n'y a pas de biens propres sauf convention contraire.

#info
Bien choisir son régime matrimonial
foucherconnect.fr/23vassur47

2. La communauté légale sans contrat de mariage (réduite aux acquêts)

La réglementation diffère en fonction de la date du mariage :

- **le mariage a eu lieu avant le 1er février 1966 :** les **biens propres** sont tous les biens immeubles possédés avant le mariage ou reçus pendant le mariage par donation ou héritage. Les **biens communs** sont tous les biens achetés ensemble ou séparément pendant le mariage, tous les biens meubles quelle que soit leur origine, sauf les biens propres par nature (vêtements, diplômes…). Les gains, salaires et revenus de biens propres font partie des biens communs ;
- **le mariage est intervenu après le 1er février 1966 :** les **biens propres** sont tous les biens possédés avant le mariage ou reçus pendant le mariage par héritage ou donation y compris les gains, salaires et revenus de biens propres. Les **biens communs** sont tous les biens meubles et immeubles acquis pendant le mariage.

B. Le régime séparatiste

1. La séparation de biens avec contrat de mariage

Il n'y a que des **biens propres**. Les patrimoines sont distincts avec une gestion autonome. Les dettes sont propres à chaque époux, sauf celles nées pour l'entretien du ménage et l'éducation des enfants. En cas d'acquisition d'un bien commun, celui-ci fait l'objet d'une copropriété indivise. En cas de divorce, chacun conserve ses biens propres. En cas de décès, les biens propres tombent dans la succession.

2. La participation aux acquêts avec contrat de mariage

Pendant le mariage, ce régime est comparable au régime séparatiste. À la dissolution du mariage, on applique le régime communautaire et chaque époux participe à la moitié de l'accroissement ou des acquêts des biens de l'autre.

C. Les conséquences

1. Le cas du changement de régime

Depuis le 25 mars 2019, les couples mariés peuvent changer de régime matrimonial à tout moment à compter de leur union (article 1397 al. 1 du Code civil) et sur consentement des deux époux. Il doit être validé par un acte obligatoirement notarié et par un TGI s'il y a présence d'enfants mineurs ou opposition de tiers. Le coût dépend du patrimoine et du régime initial.

2. L'effet du divorce

Le divorce entraîne la dissolution du régime matrimonial. Chaque époux conserve biens et dettes propres et ceux en commun sont répartis entre eux.

D. Le pacte civil de solidarité (Pacs)

1. La mise en place

- Depuis le 1er novembre 2017, le Pacs est enregistré en mairie. Il est interdit entre :
  - ascendant et descendant en ligne directe (entre un père et son enfant, ou une mère et son enfant) ;
  - un grand-parent et son petit-enfant ;
  - frères, sœurs, et entre frère et sœur ;
  - demi-frères, demi-sœurs, et demi-frère et demi-sœur ;
  - un oncle et sa nièce ou son neveu, une tante et son neveu ou sa nièce ;
  - alliés en ligne directe (entre une belle-mère et son beau-fils ou son gendre ou sa belle-fille ; un beau-père et son beau-fils ou sa belle-fille ou son gendre.
- Aucune dérogation n'est possible.

2. L'organisation

- Les partenaires peuvent choisir entre un **régime de séparation de patrimoine** ou un **régime d'indivision organisé** (calqué sur la communauté de biens réduite aux acquêts). Ce choix peut se faire au moment de la convention initiale ou durant le Pacs par une convention modificative. En l'absence de choix, le régime de séparation de biens s'applique. Chacun conserve seul l'administration, la jouissance et la libre disposition de ses biens personnels.

■ Pour les décès survenus depuis le 1er janvier 2007, le partenaire d'un Pacs bénéficie d'un droit temporaire de 1 an dans la résidence principale. Pour bénéficier de la succession du partenaire dans le respect de réserve, un testament doit être établi.

2 La succession

> **DÉFINITION**
> **Succession** : transmission des biens d'une personne du fait de son décès. Pour succéder, il faut être vivant et venir en rang utile en tant que plus proche parent du défunt.

A. La dévolution légale

■ C'est l'identification des héritiers et la répartition du patrimoine prévue par la loi.

■ Les héritiers sont par **ordre prioritaire** et légalement :

- 1. les **descendants** : enfants et petits-enfants ;
- 2. les **ascendants privilégiés** : père et mère ;
- 3. les **collatéraux privilégiés** : frère, sœur, neveu, nièce ;
- 4. les **ascendants ordinaires** : grands-parents et autres aïeux ;
- 5. les **collatéraux ordinaires** : oncle, tante, cousin jusqu'au sixième degré.

> **#info**
> **La succession**
> **foucherconnect.fr/23vassur48**

■ Le conjoint survivant non divorcé, non séparé de corps, reçoit une part de la succession du défunt dont la proportion varie selon les héritiers en présence au jour du décès.

■ À l'intérieur de chaque ordre, les héritiers sont classés par **degré de parenté**. L'héritier le plus proche du défunt recueille la succession. Le degré de parenté est établi par le nombre de générations séparant les personnes :

- en **ligne directe**, on compte un degré par génération ;
- en **ligne collatérale**, on compte un degré par génération en remontant du défunt jusqu'à l'auteur commun, puis en redescendant de celui-ci jusqu'au parent concerné (voir Carnet professionnel en ligne).

> **INFO**
> La succession des collatéraux est limitée au sixième degré. Au-delà, l'État hérite.

B. La dévolution volontaire (testament et donation)

■ Le testament est un acte juridique par lequel **une personne désigne tout ou partie de ses biens qu'elle souhaite transmettre** lors de son décès à un bénéficiaire désigné. Il peut aussi indiquer les volontés qu'elle destine à son corps (don d'organes, crémation, etc.).

■ La transmission effectuée par testament s'appelle un « **legs** ». Le testament peut se présenter sous trois formes mais les plus répandues sont :

- le **testament olographe**, entièrement écrit de la main du défunt, daté et signé ;
- le **testament authentique**, rédigé en présence de deux notaires ou d'un notaire et de deux témoins. Il doit être lu en totalité par la personne testateur et signé par elle.

■ Le testament est un **acte révocable à tout moment**. Il ne prend effet qu'au décès de son auteur. Dans ce cas, le notaire enregistre le document auprès du fichier central des dispositions de dernières volontés (FCDDV).

3 La donation

Elle constitue un acte notarié, en principe irrévocable, par lequel **une personne transmet un bien de son vivant** (article 894 du Code Civil, voir barème de donation dans le Carnet professionnel en ligne).

#info
La donation
foucherconnect.fr/23vassur49

A. La « donation-partage »

■ Elle permet aux parents, de leur vivant, d'organiser leur succession entre leurs descendants qu'ils soient communs ou non. Elle ne peut porter que sur des biens présents et non futurs. Elle est en principe irrévocable.

■ Dans la « **donation-partage transgénérationnelle** », les enfants du donateur se désistent en faveur de leurs propres descendants sur leur part de réserve. Ainsi, depuis 2006, une donation-partage peut être réalisée entre des descendants du premier degré et des descendants des degrés suivants.

B. La « donation au dernier vivant »

■ Il s'agit d'une donation entre époux qui prend effet au décès du donateur. Le conjoint survivant a le choix entre trois options en présence d'enfants (selon le nombre d'enfants) :
- 1/4 à 1/2 en pleine propriété ;
- 1/4 en pleine propriété et 3/4 en usufruit ;
- la totalité en usufruit.

■ La réforme du 23 juin 2006 supprime la réserve des parents. Une donation entre époux permet donc de déshériter ses parents au profit du conjoint survivant. Cette libéralité est révocable à tout moment, sauf si elle figure dans le contrat de mariage.

C. La « donation en avance d'héritage ou avance d'hoirie »

Elle permet de faire bénéficier à un héritier réservataire une avance sur sa part d'héritage. Cette donation est réintégrée dans la masse successorale au moment du décès du donateur.

D. La « donation hors part d'héritage »

Elle permet d'avantager un héritier ou un tiers mais n'est autorisée que dans la limite de la quotité disponible du donateur.

E. Les autres formes de donation

■ Le **présent d'usage** est un cadeau offert lors d'un événement particulier comme le mariage.

■ Le **don manuel** consiste à donner de la main à la main un bien mobilier (véhicule, virement, bijou…). Un bien immobilier doit être enregistré et ne peut donc pas faire l'objet d'un don manuel.

④ La répartition du patrimoine

A. La réserve

La fraction de la succession qui revient obligatoirement à certains héritiers s'appelle la « réserve ». Les héritiers sont donc réservataires. Ce sont les enfants, qu'ils soient légitimes naturels ou adultérins.

B. La quotité disponible

La partie de succession dont chaque individu peut disposer librement s'appelle la « quotité disponible ». Elle dépend du nombre d'enfants :

NOMBRE D'ENFANTS	RÉSERVE	QUOTITÉ DISPONIBLE
1	1/2 de la succession	1/2 de la succession
2	2/3 de la succession	1/3 de la succession
3 et plus	3/4 de la succession	1/4 de la succession

C. Les droits du conjoint survivant

La répartition dépend du nombre d'enfants issus ou non de l'union et de la présence ou non d'une donation au dernier vivant.

<table>
<tr><th></th><th>NOMBRE D'ENFANTS</th><th>SANS DONATION DERNIER VIVANT</th><th>AVEC DONATION DERNIER VIVANT</th></tr>
<tr><td rowspan="3">Enfants issus de l'union</td><td>1</td><td rowspan="3">1/4 en pleine propriété (PP) ou 100 % en usufruit (USU)</td><td>1/2 PP ou 1/4 PP et 3/4 USU ou 100 % en USU</td></tr>
<tr><td>2</td><td>1/3 PP ou 1/4 PP + 3/4 USU ou 100 % en USU</td></tr>
<tr><td>3 et plus</td><td>1/4 PP + 3/4 USU ou 100 % en USU</td></tr>
<tr><td rowspan="3">Enfants dont au moins 1 issu d'une autre union</td><td>1</td><td rowspan="3">1/4 PP</td><td>1/2 PP ou 1/4 PP et 3/4 USU ou 100 % en USU</td></tr>
<tr><td>2</td><td>1/2 PP ou 1/4 PP et 3/4 USU ou 100 % en USU</td></tr>
<tr><td>3 et plus</td><td>1/4 PP et 3/4 USU ou 100 % en USU</td></tr>
<tr><td rowspan="3">Parents</td><td>2 parents</td><td>1/4 PP sauf droit de retour</td><td rowspan="3">100 % PP</td></tr>
<tr><td>1 parent</td><td>¼ PP sauf droit de retour</td></tr>
<tr><td>Ni parents ni enfants</td><td>100 % PP sauf 1/2 biens de famille</td></tr>
</table>

D. L'usufruit, la nue-propriété

■ L'**usufruit** est le **droit d'utiliser un bien ou d'en tirer des revenus**, l'usufruitier n'étant pas autorisé à céder le bien ni à le dénaturer.

■ La **nue-propriété** constitue le **droit de disposer d'un bien sans possibilité de l'utiliser ou d'en tirer les revenus**. Le nu-propriétaire peut céder le bien sans porter atteinte à l'usufruitier.

■ La **valeur de l'usufruit** évolue dans le temps et dépend de l'âge de l'usufruitier.

ÂGE DE L'USUFRUITIER MOINS DE :	VALEUR DE L'USUFRUIT	VALEUR DE LA NUE-PROPRIÉTÉ
21 ans révolus	90 %	10 %
31 ans révolus	80 %	20 %
41 ans révolus	70 %	30 %
51 ans révolus	60 %	40 %
61 ans révolus	50 %	50 %
71 ans révolus	40 %	60 %
81 ans révolus	30 %	70 %
91 ans révolus	20 %	80 %
Plus de 91 ans révolus	10 %	90 %

5 Le calcul des droits de succession

Les droits dépendent de plusieurs éléments :
- actif net successoral ;
- lien de parenté qui détermine l'abattement successoral et les taux à appliquer sur chaque tranche.

ATTENTION

La loi TEPA dispose qu'il n'y a pas de droits de succession entre conjoints ou partenaires pacsés. Toutefois, ces derniers ne pourront hériter que s'ils sont désignés dans un testament. Cette dispense profite aussi à certaines personnes sous conditions.

A. La détermination de la masse successorale ou actif net

■ Elle est égale à l'actif net successoral : **masse successorale** = [100 % biens propres du défunt] + [50 % des biens communs du couple] – [100 % dettes propres + 50 % dettes communes]. Cette notion de biens propres ou biens communs dépend du régime matrimonial du couple.

■ La **masse successorale** est répartie entre les héritiers en présence.

■ Si l'actif brut est inférieur à 50 000 €, le conjoint survivant ou le partenaire pacsé survivant, et les héritiers en ligne directe sont dispensés de déposer une déclaration de succession, à condition qu'ils n'aient pas reçu antérieurement une donation ou un don manuel non enregistré ou non déclaré.

■ Les **frais funéraires** sont déductibles de l'actif successoral, sans justificatif, dans la limite de 1 500 €.

1. Les biens à déclarer sont tous les biens du défunt, y compris ceux situés à l'étranger

- Les biens immobiliers avec un abattement de 20 % sur la valeur vénale de la résidence principale pour les couples mariés ou partenaires pacsés.
- Le mobilier : état estimatif établi par les héritiers ne pouvant pas être inférieur à 5 % de la valeur des autres biens.
- Les sommes inscrites sur les comptes bancaires, livrets...
- Les bijoux, objets d'art et de collection (s'ils sont assurés, la valeur établie doit être en corrélation avec la valeur assurée).
- Les voitures, bateaux, chevaux.
- Les entreprises, fonds de commerce.
- Les valeurs mobilières, parts de société civile et commerciale.

2. Les exonérations

Sont fiscalement exonérés (partiellement ou totalement) :
- la **rente viagère** : exonération de réversions entre époux ou entre parents en ligne directe ;
- l'**assurance-vie** en cas de décès contractée par le défunt, dans certaines conditions ;
- le **groupement forestier** et bois et forêts ;
- le **groupement foncier** agricole et biens ruraux.

B. L'abattement appliqué sur chaque part

Il dépend du lien de parenté entre le défunt et l'héritier.

C. Les taux applicables

L'actif net est divisé en tranches auxquelles s'appliquent des taux. Ces deux éléments dépendent là aussi du lien de parenté entre le défunt et l'héritier.

#Carnet pro
Carnet professionnel
foucherconnect.fr/23vassur01

Entraînement

Les assurances de personnes et les produits financiers – La retraite, la succession

Vous êtes collaborateur(rice) commercial(e) au sein du cabinet JACOU, agent général de LA PROTECTRICE VIE. Votre client, Monsieur Philippe LAMY, prend rendez-vous avec vous pour avoir des informations sur la situation de chacun de ses héritiers à son décès. À cet effet, il vous demande de lui réaliser une étude patrimoniale.

#corrigé
Corrigé de l'entraînement partie 3.4
foucherconnect.fr/23vassur62

PREMIER TRAVAIL

Déterminez le montant de son actif net successoral. Justifiez vos calculs.

DEUXIÈME TRAVAIL

Précisez quels sont ses héritiers. Calculez les parts (en euros) attribuées à chacun.

TROISIÈME TRAVAIL

Calculez les droits de succession qui seraient dus par chacun de ses héritiers.

QUATRIÈME TRAVAIL

Après discussion avec son épouse, Monsieur LAMY se rend compte que celle-ci est insuffisamment protégée s'il venait à décéder. Proposez-lui au moins deux solutions pour améliorer la situation financière de Madame LAMY au décès de son époux.

LE DOSSIER

FICHE CLIENT

1 – SITUATION FAMILIALE

Philippe LAMY, né le 12 juin 1965

Marié le 10 janvier 2003 à Catherine LAMY née le 1er septembre 1965

Régime de la communauté réduite aux acquêts ; Pas de donation entre époux ; Une fille, née d'une première union (union libre sans mariage), Yolaine, née le 28 novembre 1987

2 – SITUATION PROFESSIONNELLE ET ÉLÉMENTS FINANCIERS

Salarié en domotique : Salaire mensuel 2020 de 3 260 € (payé sur 12 mois)

Épouse, femme au foyer

3 – PATRIMOINE

Résidence principale héritée par M. LAMY suite au décès de ses parents : 360 000 €

Résidence secondaire achetée en 2005 : 170 000 €

Autres éléments intégrés dans le patrimoine des époux depuis le mariage :

Mobilier acheté par le couple : 26 500 €

Véhicule Citroën C8 : 18 000 €

Compte sur Livret BANQUE DUVAL : 137 500 €

Livret A de Monsieur LAMY : 12 000 €

Livret A de Madame LAMY : 7 000 €

P.E.A. ouvert en 2000 au nom de Monsieur LAMY : 8 000 €

Compte courant (compte joint) : 3 500 €

Dettes : 0,00 €

Contrat d'assurance-vie dont Monsieur LAMY est le souscripteur :

Estimation de la valeur de rachat du contrat EPARGN : 166 718 €

Clause bénéficiaire du contrat : « ma fille Yolaine LAMY, à défaut mes héritiers... »

Entraînement

DÉVOLUTION LÉGALE

En présence d'un conjoint survivant et d'enfants : répartition en présence d'enfants ou descendants issus des deux époux.
En présence d'enfants ou de descendants issus des deux époux, le conjoint survivant a le choix entre :
– un quart en propriété (dans ce cas les descendants se partagent les trois quarts de la propriété),
– ou l'usufruit de la totalité des biens existants (les descendants recueillent la nue-propriété de ces mêmes biens).
En principe, le conjoint survivant peut opter, pour l'un ou l'autre choix, à tout moment jusqu'au partage de la succession, sauf si un héritier lui demande par écrit de formuler son option. Dans ce cas, il a trois mois pour répondre par écrit. En l'absence de réponse, il est réputé avoir opté pour l'usufruit.
• *Répartition en présence d'enfant(s) non issu(s) des deux époux*
Le conjoint survivant recueille en présence d'enfant(s) non issu(s) des deux époux le quart de la pleine propriété des biens. L(es) enfant(s) recueille(nt) les trois quarts de la propriété.
Extraits du Code civil
Article 757 : Si l'époux prédécédé laisse des enfants ou descendants, le conjoint survivant recueille, à son choix, l'usufruit de la totalité des biens existants ou la propriété du quart des biens lorsque tous les enfants sont issus des deux époux et la propriété du quart en présence d'un ou plusieurs enfants qui ne sont pas issus des deux époux.
Article 764 : Du droit viager au logement
Sauf volonté contraire du défunt exprimée dans les conditions de l'article 971, le conjoint successible qui occupait effectivement, à l'époque du décès, à titre d'habitation principale, un logement appartenant aux époux ou dépendant totalement de la succession, a sur ce logement, jusqu'à son décès, un droit d'habitation et un droit d'usage sur le mobilier, compris dans la succession, le garnissant.

DROITS DE SUCCESSION POUR LES DÉCÈS SURVENUS EN VIGUEUR AU 01/01/2023

Les droits de succession sont calculés selon un tarif qui dépend du lien de parenté entre le défunt et le bénéficiaire. Il s'applique sur la part nette taxable qui est la part reçue par chaque héritier, légataire ou donataire après déduction des abattements.
Succession ou donation en ligne directe (ascendants et descendants)
Abattement : un abattement est accordé sur la valeur des biens transmis par une succession. Cet abattement varie selon la nature du lien entre la personne décédée et l'héritier.
Pour les décès survenus depuis le 22 août 2007, le conjoint survivant est exonéré des droits de succession. L'héritier en ligne directe (enfant vivant ou venant en représentation d'un parent décédé, parent, grand parent) bénéficie d'un abattement personnel de 100 000 € sur sa part.
Fraction de part nette taxable

MONTANT TAXABLE APRÈS ABATTEMENT	TAUX
Moins de 8 072 €	5 %
Entre 8 072 € et 12 109 €	10 %
Entre 12 109 € et 15 932 €	15 %
Entre 15 932 € et 552 324 €	20 %
Entre 552 324 € et 902 838 €	30 %
Entre 902 838 € et 1 805 677 €	40 %
Supérieure à 1 805 677 €	45 %

Fiche 58

L'ASSURANCE-VIE

Les parties au contrat

Le contrat d'assurance-vie est de plus en plus réglementé et contrôlé. Il peut concerner un patrimoine intégral d'un assuré. Chaque partie est encadrée et la désignation du bénéficiaire doit se faire de façon précise et éclairée. Les conséquences peuvent être importantes et entraîner une sanction financière par la non-application des avantages fiscaux de l'assurance-vie.

1 Le principe de l'assurance-vie

Une personne morale – l'**assureur** – s'engage, envers une autre partie – le **souscripteur** (personne morale ou physique) – pendant une durée déterminée et moyennant une rémunération unique ou périodique – la **cotisation** –, à verser au contractant ou à un tiers désigné ou déterminable – le **bénéficiaire** – un capital ou une rente, sous certaines éventualités dépendant de la vie ou de la mort d'une personne physique désignée au contrat – l'**assuré**.

2 Les intervenants au contrat

A. L'assureur

Les organismes assureurs sont **obligatoirement** des personnes morales. Il peut s'agir de sociétés anonymes d'assurances et de sociétés d'assurances mutuelles rattachées au Code des assurances, de mutuelles dépendant du Code de la mutualité ou enfin d'institutions de prévoyance réglementées par le Code de la Sécurité sociale. Elles doivent avoir reçu l'agrément pour commercialiser des produits d'assurance-vie.

B. Le souscripteur

Il peut s'agir d'une personne physique ou d'une personne morale qui doit avoir la **capacité de conclure**. Les mineurs non émancipés, les majeurs en tutelle ou sous curatelle ne peuvent pas souscrire seuls et doivent être représentés. Ce peut être aussi l'assuré et/ou le bénéficiaire. Le souscripteur établit le contrat auprès de l'assureur, qui règle les cotisations et qui désigne le bénéficiaire. Lui seul a des droits sur la provision mathématique.

C. L'assuré (art. L132.1 à L 132.4 C. assur.)

■ L'assuré est la **personne exclusivement physique** sur laquelle repose le risque. C'est lui qui déclare le risque en remplissant le questionnaire médical et en le signant. Il doit avoir obligatoirement connaissance de l'étendue des garanties et des montants garantis et doit signifier son consentement par la signature du bulletin de souscription (article L132.2 du Code des assurances).

- Le majeur sous tutelle ne peut pas être assuré, sauf pour un contrat d'épargne mais avec l'obligation de présenter l'autorisation du juge des tutelles et la signature du bulletin de souscription par le tuteur. Il peut être garanti en décès uniquement dans le cadre d'un contrat collectif obligatoire de son entreprise.

- **Il est interdit** d'assurer un enfant de moins de 12 ans sous peine d'amende ou de nullité. S'il a plus de 12 ans, son autorisation et celle de ses représentants légaux sont obligatoires. Dans ce cas, les bénéficiaires en cas de décès ne peuvent être que ses héritiers légaux et l'enfant doit être en même temps souscripteur et assuré du contrat (articles L132.3 et L132.4 du Code des assurances).

D. Le bénéficiaire

- Il s'agit de la personne physique ou morale qui perçoit les prestations en cas de décès ou de vie de l'assuré. Il est obligatoirement défini dans les conditions générales.

- La désignation doit être écrite : elle peut se faire au contrat, lors de la souscription ou par avenant, par courrier, par testament.

3 La clause bénéficiaire

A. La réglementation

1. La désignation

- Le bénéficiaire est librement désigné par le souscripteur mais l'assuré, s'il est différent, doit donner son acceptation ; cette désignation doit être écrite. Elle peut être mentionnée au contrat, lors de la souscription ou par avenant, se faire par courrier, par testament (articles 970 et 971 du Code civil). Un bénéficiaire désigné existe légalement dès lors qu'il est déterminé ou déterminable (article L132.8 du Code des assurances).

- En cas de doute sur l'identité du bénéficiaire, l'assureur doit rechercher l'intention du souscripteur.

- L'assureur n'ayant pas toujours connaissance d'une modification de la clause bénéficiaire, il est libéré de tout paiement si celui-ci a été fait en toute bonne foi (article L132.25 du Code des assurances).

> **À SAVOIR**
> À défaut de désignation, le capital retombe dans la succession du souscripteur et il est versé aux héritiers dans l'ordre de dévolution légale et en proportion de leur part héréditaire (article L132.11 du Code des assurances).

2. La détermination du bénéficiaire

Le bénéficiaire doit être vivant lors du décès du souscripteur pour percevoir le capital. S'il est prédécédé, le capital est versé au bénéficiaire de second rang identifiable par la mention « à défaut » qui entraîne la passation au rang suivant. Il est procédé de la même façon si le bénéficiaire de rang supérieur refuse le capital. Il est possible de déterminer les différents rangs dans une clause bénéficiaire, chacun d'entre eux étant séparé par le terme « à défaut ».

3. La désignation directe ou indirecte

- **Désignation directe**

Le bénéficiaire est identifié dans la clause bénéficiaire de manière nominative ou qualitative (par exemple, « Mon conjoint » ou « Monsieur X »).

Désignation indirecte

La clause ne permet pas d'identifier le bénéficiaire. Elle précise où se trouve la clause de désignation (par exemple, chez le notaire ou auprès d'un organisme habilité). Il convient toutefois de rajouter « **à défaut mes héritiers** ».

Les exclusions

Ne peuvent pas être désignés comme bénéficiaires : l'intermédiaire d'assurance qui commercialise le contrat, le médecin qui a traité l'assuré pour la maladie dont il est décédé (article 909 du Code civil), le directeur de l'établissement qui a reçu l'assuré avant son décès, les tuteurs, ministres du culte qui ont encadré l'assuré. Il en est de même pour toute association qui n'a pas obtenu l'agrément pour percevoir des dons auprès de la préfecture.

La révocation du bénéficiaire

Le droit de révocation du bénéficiaire est un droit personnel du souscripteur. Il peut exercer ce droit tant que le bénéficiaire n'a pas accepté le bénéfice du contrat (article L132.9 du Code des assurances).

B. Le bénéficiaire acceptant

1. Les modalités d'acceptation du bénéficiaire

- L'acceptation est réglementée depuis la loi du 17 décembre 2007 qui en a encadré la procédure. Elle doit être concrétisée par un avenant au contrat signé de l'assureur, du souscripteur et du bénéficiaire, ou par un acte authentique ou sous seing privé signé du souscripteur et du bénéficiaire. Dans ce cas, il ne prend effet que lorsque cette stipulation a été notifiée à l'assureur.
- De plus, lorsque l'acceptation est faite à titre gratuit, elle ne peut intervenir que 30 jours au moins à compter du moment où le souscripteur est informé que le contrat est conclu.
- L'acceptation peut aussi se traduire par le montage du dossier effectué par le bénéficiaire.

2. Les conséquences de l'acceptation du bénéfice du contrat

- Un bénéficiaire acceptant de premier rang ne peut plus être révoqué, ne serait-ce que partiellement, sans son accord. Son accord est aussi indispensable pour réaliser les opérations suivantes (article 1121 du Code civil) : changement de clause bénéficiaire, rachat partiel ou total du contrat, avance, mise en gage, arbitrages entre supports sauf vers un fonds en euros.
- En cas de tentative de meurtre prouvée sur la personne de l'assuré par le bénéficiaire acceptant, la révocation du bénéficiaire est possible (article L132.24 du Code des assurances). Il en est de même pour le conjoint suite à un divorce (article 1096 du Code civil).

C. Les contrats en déshérence

- De nombreux contrats faisaient l'objet d'une prescription en l'absence de réclamation par le bénéficiaire qui, souvent, ignorait qu'il avait été désigné. La législation précisait que le versement de la prestation ne se faisant que sur réclamation du bénéficiaire, les assureurs étaient ainsi tenus à un rôle passif.

■ Le législateur a tout d'abord mis en place le dispositif AGIRA qui peut être saisi par toute personne pensant être bénéficiaire. L'AGIRA transmettait alors à tous les assureurs l'interrogation reçue. Depuis le 18 décembre 2007, l'assureur a l'obligation de s'informer du décès éventuel de ses assurés en consultant le RNPP et de rechercher les bénéficiaires.

■ Depuis novembre 2006, les capitaux en déshérence sont versés au fonds de réserves des retraites.

■ La loi du 13 juin 2014 à effet du 1er janvier 2016 confirme et impose aux assureurs, sous peine de sanctions, de recenser annuellement les contrats inactifs et de consulter le RNPP. Par ailleurs, les notaires doivent, lors de la succession, consulter le FICOVIE et le FICOBA (fichiers recensant les contrats d'assurance-vie et les comptes bancaires).

> SIGLE
> **RNPP** : registre national des personnes physiques.

■ Au bout de 10 ans d'inactivité, les sommes en instance sont transférées à la Caisse des dépôts qui les reverse à l'État au bout de 20 ans en l'absence de manifestation d'un bénéficiaire. En cas de décès, la loi prévoit un mécanisme de revalorisation *post mortem* du capital garanti pour tous les contrats, même pour ceux qui ne comportent pas de valeur de rachat.

D. L'analyse des clauses bénéficiaires

1. La clause standard

La plupart des assureurs ont adopté une clause dite « standard » sur leurs contrats, que le souscripteur peut modifier à tout moment. Dans cette clause, sont désignés comme bénéficiaires : le conjoint non divorcé ni séparé de corps ; à défaut, les enfants nés ou à naître, vivants ou représentés par parts égales entre eux ; à défaut, les héritiers.

2. Le conjoint

- « **Mon conjoint** » : il s'agit du conjoint à la date du décès. Il est préférable de préciser ses coordonnées (nom et date de naissance). Cette clause ne concerne pas le concubin ni le partenaire pacsé. L'assureur ne cherche à identifier le bénéficiaire que lors du décès du souscripteur.
- « **Non divorcé** » : il ne faut pas que le divorce soit prononcé.
- « **Non séparé de corps** » : la séparation de corps ne doit pas être juridiquement validée.

3. Les enfants

■ « **Mes enfants** » : il s'agit des enfants légitimes, naturels, adoptifs ou adultérins. Les enfants, quelle que soit leur qualité juridique, ont des pouvoirs équivalents du moment qu'ils ont été reconnus par le souscripteur.

■ « **Nés ou à naître** » : les enfants nés après le décès peuvent bénéficier du capital décès au même titre que les enfants nés avant. Les assureurs précisent couramment que l'enfant né avant un délai de 300 jours après le décès du souscripteur est bien considéré comme enfant du souscripteur, et à ce titre bénéficie du capital décès.

■ « **Vivants ou représentés** » : la représentation permet aux enfants de représenter leurs parents décédés. Elle est accordée dans toute succession légale mais ne se présume pas en assurance-vie. À défaut de cette mention, les enfants survivants se partagent la prestation.

4. Les héritiers

■ La clause standard est indispensable en dernier rang afin que le capital ne retombe pas dans la succession. La notion d'héritiers englobe les **héritiers légaux** (institués par la loi) ainsi que les **héritiers testamentaires** parmi lesquels on trouve :

- le **légataire à titre particulier** qui a vocation, au titre du testament, à recevoir un ou plusieurs biens ;
- le **légataire à titre universel**, qui reçoit une quote-part des biens laissés par le testateur ;
- le **légataire universel**, qui a vocation à recueillir l'ensemble de la succession.

■ Devant la difficulté d'appréciation de l'ordre prioritaire, la jurisprudence a précisé que, en présence d'enfants, ils sont prioritaires sur les héritiers non réservataires. En l'absence d'enfant, c'est le légataire universel qui devient le bénéficiaire.

5. Les clauses qui précisent une condition ou clause avec charge

Le bénéficiaire perçoit les fonds seulement si la condition énoncée dans la clause bénéficiaire est remplie. La condition doit être licite et réalisable. Il peut s'agir d'une demande de soins pour un animal. Les fonds sont versés à l'organisme ou à la personne qui le recueille.

6. La clause faisant état d'associations

Depuis la loi protégeant les personnes qui pourraient subir la pression de sectes, toute association doit avoir reçu une validation officielle par décret. Pour les associations non citées, il est impératif de recevoir l'aval de la préfecture pour pouvoir être désignée

Fiche 59

L'ASSURANCE-VIE

Les fondements juridiques et la fiscalité

Devant les nombreuses indélicatesses commises autrefois par certains professionnels, la réglementation de l'assurance-vie est en perpétuelle évolution afin d'assurer une protection optimale de l'assuré. En parallèle, le législateur a revu la fiscalité qui était très avantageuse mais qui reste toujours dérogatoire et fait de l'assurance-vie un atout.

1 La constitution du contrat d'assurance

A. Les obligations des parties avant la formation du contrat

1. La réglementation sur le blanchiment d'argent

LA LOI

Article 324.1 du Code pénal

« Le blanchiment est le fait de faciliter, par tout moyen, la justification mensongère de l'origine des biens ou des revenus de l'auteur d'un crime ou d'un délit ayant procuré à celui-ci un profit direct ou indirect Constitue également un blanchiment le fait d'apporter un concours à une opération de placement, de dissimulation ou de conversion du produit direct ou indirect d'un crime ou d'un délit Le blanchiment est puni de cinq ans d'emprisonnement et de 350 000 euros d'amende. »

- **Placement** (conversion de fonds en espèces), **empilage** (brouillage des pistes par des opérations financières) et **intégration** (réapparition dans une opération légale) sont les **trois procédures du blanchiment**.
- Sont concernées notamment les entreprises d'assurances, dès 1990, puis les courtiers en assurances dès 1996. La **déclaration de soupçon** se fait auprès de l'Autorité de contrôle des assurances et mutuelles (ACAM), voire à la cellule Traitement du renseignement et action contre les circuits financiers clandestins (TRACFIN) du ministère chargé de l'Économie et des Finances.
- L'ensemble des professionnels doit conserver les documents relatifs à l'identité et aux opérations de leurs clients habituels ou occasionnels « pendant 5 ans à compter de la clôture de leurs comptes ou de la cessation de leurs relations avec eux [...] ».
- La loi vise non seulement les **capitaux provenant du trafic de stupéfiants**, mais aussi ceux liés aux **activités criminelles** organisées ainsi que toutes les sommes issues de la **fraude** aux intérêts financiers des communautés européennes et de la corruption, les opérations liées au **financement du terrorisme**.

#info
La lutte contre le blanchiment
foucherconnect.fr/23vassur50

■ Le versement d'espèces sur des contrats d'assurance-vie est formellement interdit. L'encaissement de quittances d'assurances est, lui aussi, réglementé.

2. Les obligations de l'assureur

■ Les textes concernés sont les articles L112.2 à L112.4, L113.1, L132.5, L132.21, R131.1 à R131.3, R132.3 et R132.4 du Code des assurances]

■ L'essentiel des obligations de l'assureur réside dans la transmission au contractant d'un **certain nombre d'informations** [article L132-5 du Code des assurances]. Il lui appartient de justifier qu'il a remis l'ensemble des informations et non à l'assuré de justifier qu'il ne les a pas reçues, d'où la nécessité de posséder un écrit.

■ Ces informations figurent la plupart du temps dans la proposition ou la demande d'adhésion signée par le prospect. Elles sont constituées de :
- la **notice d'information** [article L112-2 du Code des assurances] : elle décrit le fonctionnement du contrat et précise notamment les obligations de l'assuré et les modalités de mise en œuvre des garanties ;
- la **fiche d'information** [article L112-2 du Code des assurances] : elle reprend la nature des garanties, leurs montants et le montant des cotisations ;
- les **premières valeurs de rachat** : c'est l'indication des valeurs de rachat des 8 premières années du contrat ;
- le **droit à renonciation** [article L132.5.1 du Code des assurances].

■ L'assureur précise à l'assuré les modalités de renonciation et joint un modèle de lettre, que l'assuré peut envoyer à l'assureur s'il souhaite user de son **droit de renonciation de 30 jours** à compter de la perfection du contrat et de la remise de cette information. La renonciation entraîne le remboursement de toutes les sommes versées dans un **délai de 30 jours** à compter de la réception de la demande par l'assureur, sous peine de production d'intérêts.

3. Les obligations de l'assurable

■ La personne qui souhaite s'assurer doit déclarer son risque en toute **bonne foi** [article L113.2 2° du Code des assurances]. Il appartient à l'assureur de mettre à sa disposition un questionnaire qui est en général intégré ou annexé à la proposition. Ce questionnaire est limitatif et fermé pour éviter toute ambiguïté et contestation ultérieure. L'assuré doit y répondre en fonction des circonstances connues de lui.

■ En revanche, il n'a pas l'obligation d'anticiper, ni d'aller au-delà de ce qui lui est demandé. La fausse déclaration intentionnelle rappelée dans l'article L113.8 du Code des assurances est applicable. De nombreux assureurs retiennent une **clause d'incontestabilité** s'ils n'arrivent pas à prouver la mauvaise foi. L'absence de l'article L.113.9 du Code des assurances au-dessus de la signature de l'assuré confirme que seule la fausse déclaration faite de mauvaise foi peut être sanctionnée.

■ L'erreur sur l'âge entraîne la nullité du contrat s'il est en dehors des conditions de souscription fixées par l'assureur. Dans les autres cas, si la prime doit être inférieure, l'assureur doit rembourser le trop-perçu, et si elle doit être plus élevée, la règle proportionnelle de primes s'applique lors du versement de l'indemnité [article L132.26 du Code des assurances].

B. La formation du contrat

Le contrat est formé dès l'échange **de consentements** entre l'assureur et le souscripteur. La proposition n'engage ni l'assureur ni l'assuré, mais elle fait partie intégrante du contrat dès qu'il est formé. Sur présentation de la proposition, l'assureur est libre d'accepter le contrat en l'état, le refuser ou prévoir des aménagements tels que la majoration de tarif, l'intégration d'exclusions. Dans ce cas, le contrat n'est parfait que si le contractant donne son accord sur les nouvelles conditions.

> **ATTENTION**
> • L'assureur n'a pas de délai pour répondre à une demande de garantie, ni l'obligation d'y donner une suite.
> • La prise d'effet des garanties peut être conditionnée à la signature du contrat et/ou paiement de la première cotisation.

C. La preuve du contrat

■ Elle se fait par écrit. L'assuré signe la proposition ou le bulletin d'adhésion de son côté et l'assureur confirme la prise de garantie en émettant les conditions particulières. Toute modification doit faire l'objet d'un avenant écrit (article L112-3 et suivants du Code des assurances).

■ L'assureur peut, en attendant le contrat définitif, établir une note de couverture : il s'agit d'un document provisoire, écrit, confirmant la validité de garantie pour une durée limitée. Cette note précise les coordonnées du risque assuré, les garanties. Souvent limitée à la garantie « accidents », elle ne peut être délivrée qu'en échange d'un paiement.

D. Les obligations nées du contrat

1. Les obligations du souscripteur

■ Le paiement des cotisations

- L'assureur ne peut pas exiger le paiement des cotisations, et donc poursuivre le souscripteur (article L132.20 du Code des assurances). Pour les contrats à prime périodique, il doit envoyer une lettre recommandée de mise en demeure avec accusé réception, au-delà d'un délai de 10 jours suivant la date d'échéance. Elle doit être envoyée à la dernière adresse connue du souscripteur. La résiliation ou la réduction ne prendra effet qu'après un délai de 40 jours après l'envoi de la lettre recommandée.
- Les contrats sans valeur de rachat ou dont le montant de cette valeur est inférieur au minimum exigé sont résiliés. Dans le second cas, l'assurance rembourse cette valeur. En parallèle, les contrats avec valeur de rachat sont réduits (article L132.23 du Code des assurances).

■ La modification du risque

L'assuré doit déclarer toute modification non liée à l'état de santé qui pourrait entraîner une modification de l'assureur quant à son opinion sur le risque.

2. Les obligations de l'assureur

■ Il doit, en cours de contrat, communiquer un ensemble d'informations conformément à l'article L132.22 du Code des assurances, telles que le montant de la valeur de rachat ou éventuellement de réduction, le montant des capitaux garantis, les valeurs des unités de compte, le nombre ainsi que leur évolution annuelle, le taux de rendement garanti et la participation aux bénéfices pour les fonds monétaires.

■ Il doit régler les prestations en cas de vie et en cas de décès lorsque l'événement assuré prévu au contrat se réalise, dans les délais contractuels dès que le dossier est complet.

3. Les droits de l'assureur

La charge de la preuve revient à l'assureur (article 1353 al. 2 du Code civil).

■ **Les exclusions légales**

- L'article L132-7 du Code des assurances exclut le suicide pendant la première année du contrat individuel.
- L'article L132-24 du Code des assurances exclut également le meurtre de l'assuré par le bénéficiaire. Ce meurtre doit être confirmé par un jugement.

■ **Les exclusions conventionnelles**

- La clause doit répondre aux exigences des articles L113-1 et L112-4 du Code des assurances, c'est-à-dire être en caractères très apparents et être formelle et limitée.
- Ces exclusions font souvent mention à un événement, tel que la pratique d'un sport à risques.

4. Le sinistre

■ Le bénéficiaire doit réclamer au plus vite, et avant la prescription figurant au contrat, la prestation à laquelle il prétend avoir droit et fournir tous les documents qui lui sont réclamés. S'il s'agit de la mise en œuvre d'une garantie de prévoyance, il doit se présenter en plus à toutes les convocations qui lui sont présentées pour constater l'évolution de son état de santé.

■ En cas de décès, lorsque le bénéficiaire est déterminable, il doit justifier que c'est lui qui était désigné (ex. : « mon conjoint »). Il doit fournir toutes les pièces qui lui sont réclamées.

■ En cas d'absence de l'assuré, il faut attendre l'officialisation de la transformation en décès qui ne peut pas être établie avant un délai de 10 ans d'absence (article 725 du Code civil). En revanche, en cas de disparition du corps confirmée par des témoins des circonstances, un jugement peut être rendu rapidement.

2 La fiscalité

A. Les prélèvements sociaux

■ Ils diffèrent suivant le type de contrat souscrit. Ils sont directement retenus à la base par l'établissement payeur. Le montant est de 17,20 % depuis le 1er janvier 2018. Les non-résidents en sont exonérés

#info
Le régime fiscal de l'assurance-vie
foucherconnect.fr/23vassur51

■ Le **contrat mono-support en euros** ou le **fonds en euros dans un contrat multi-supports** : les prélèvements sociaux sont retenus tous les ans en fonction des plus-values acquises au 31 décembre de l'année. Les taux de rendement communiqués sont souvent indiqués hors prélèvements sociaux.

■ Le contrat multi-supports en unités de compte : les prélèvements sociaux sont calculés sur les gains lors du rachat. S'il s'avère que le contrat a subi une moins-value, le législateur a prévu la possibilité de rembourser le trop-perçu sur le fonds en euros.

- L'**assurance décès** : aucun prélèvement social n'est effectué lors du décès de l'assuré.

B. Le prélèvement forfaitaire unique (PFU) ou *flat tax*

- Instauré au 1er janvier 2018 pour tous les revenus, il ne concerne toutefois pas tous les contrats d'assurance-vie. Le nouveau taux de 30 %, soit 12,80 % pour les impôts et 17,20 % pour les prélèvements sociaux, ne s'applique qu'aux rachats effectués :
  - par un contribuable dont le montant total des contrats d'assurance-vie est supérieur à 150 000 € (300 000 € pour un couple) ;
  - sur les revenus générés par les versements effectués depuis le 26 septembre 2017.

- Par ailleurs, la loi de finances 2020 prévoit que les contrats souscrits avant le 1er janvier 1983 sont maintenant concernés par le PFU pour tous les gains sur versements effectués depuis le 10 octobre 2019.

C. La fiscalité en cas de vie

1. La fiscalité sur les rachats

- **Le rachat total**

Les revenus sont définis par la différence entre la valeur de l'épargne acquise et les versements effectués.

- **Le rachat partiel**

Les gains sont déterminés par la proportion entre les versements et le capital obtenu.

MÉMO

Deux formules peuvent être utilisées :
Base de calcul = achat x plus-value/rachat
Base de calcul = rachat – (versements x rachat)/valeur
- Rachat : montant du rachat partiel.
- Versements : total des primes versées à la date du rachat.
- Valeur : valeur totale du contrat à la date du rachat.
- Plus-value : valeur – versements.

2. Le régime en vigueur (pour tous les versements effectués depuis le 1er janvier 1998)

- L'assuré peut opter soit pour le **prélèvement forfaitaire libératoire (PFL)**, soit pour l'**intégration dans les revenus**. Il doit déclarer son choix au moment du rachat.

- Le taux du PFL dépend de la durée du contrat :
  - le contrat a moins de 4 ans : le PFL est de 35 % ;
  - le contrat a de 4 à 8 ans : le PFL est de 15 % ;
  - le contrat a plus de 8 ans : le PFL est de 7,5 % donnant droit à un avoir fiscal de même montant dans la limite de 4 600 € (9 200 € pour un couple).

- Si l'assuré opte pour l'intégration dans les revenus, il doit déclarer la totalité des produits. Si le contrat a plus de 8 ans, il bénéficie là aussi des abattements de 4 600 € seul ou 9 200 € en couple.

3. Les régimes précédents

Pour les versements effectués avant le 26 septembre 1997, les revenus sont exonérés d'imposition. Il existe des règles particulières pour les versements effectués entre le 26 septembre 1997 et le 31 décembre 1997 lorsque le contrat a été ouvert avant le 26 septembre 1997.

4. L'exonération

Le rachat peut être exonéré d'impôt en cas de :
- licenciement ;
- liquidation judiciaire ;
- mise en retraite anticipée du souscripteur ou de son conjoint (s'applique jusqu'à la fin de l'année qui suit celle où l'événement se produit).

D. La fiscalité d'une sortie en rente

Le capital acquis sur le contrat peut être transformé en rente viagère. La rente issue d'une assurance-vie est imposée selon une fraction dépendante de l'âge du crédirentier à la mise en place de la rente :

ÂGE DU CRÉDIRENTIER	PART IMPOSABLE DANS L'IMPÔT SUR LE REVENU
Moins de 50 ans	70 %
De 50 à 59 ans	50 %
De 60 à 69 ans	40 %
70 ans et plus	30 %

E. La fiscalité en cas de décès

■ Le ou les bénéficiaires ont été désignés dans le contrat (contrat initial ou par avenant) dans la clause dédiée. L'application de cette clause ne doit pas avoir comme conséquence un non-respect de la part réservataire.

■ Par ailleurs, si aucun bénéficiaire n'a été désigné ou que celui-ci n'est pas identifiable, le capital décès du contrat entre dans l'actif successoral et ne bénéficie plus de son régime particulier (article L132.12 du Code des assurances).

■ Avant le 20 novembre 1991, aucune imposition n'était effectuée sur cette transmission de patrimoine. C'était devenu un excellent moyen d'échapper aux droits de succession. Aujourd'hui, cette **exonération est limitée** dans la plupart des cas.

1. La loi TEPA

■ Elle a entraîné la **modification des règles de succession** et notamment la suppression totale des droits entre époux et entre partenaires pacsés.

■ Le bénéficiaire d'un contrat d'assurance-vie, conjoint marié ou partenaire pacsé (voire le frère ou la sœur, dans certaines situations très précises) de l'assuré, bénéficie désormais d'une **exonération complète**.

■ Cette règle s'applique que les versements aient été effectués avant ou après 70 ans, quel que soit leur montant et quelle que soit la date de souscription du contrat.

2. L'article 757 B du Code général des impôts (CGI)

Les primes versées après 70 ans sont soumises aux droits de succession pour la part excédant 30 500 € pour l'ensemble des contrats du défunt. Toutefois, les plus-values en sont exonérées.

3. L'article 990 I du Code général des impôts

En cas de décès survenu avant le 31 décembre 2011

Il s'applique pour tous les versements qui ne sont pas concernés par l'article 757 B du CGI et qui ont été effectués à compter du 13 octobre 1998. Un prélèvement forfaitaire de 20 % sur les capitaux perçus est effectué au-delà de 152 500 € par bénéficiaire.

En cas de décès survenu après le 31 décembre 2011

Une seconde tranche est créée, taxée à 25 %. La tranche comprise entre 152 500 € et 902 838 € fait l'objet d'un prélèvement de 20 % et celle au-delà de 902 838 € d'un prélèvement de 25 %.

En cas de décès survenu après le 1er juillet 2014

Pour tout décès survenu après le 1er juillet 2014, la taxation forfaitaire est de 20 % pour les sommes comprises entre 152 500 € et 700 000 € puis 31,25 % au-delà, par bénéficiaire. Ces prélèvements s'appliquent aux assurés non résidents au moment de la souscription mais qui ont eu leur domicile fiscal en France au moins 6 ans au cours des 10 années précédant le décès, ou si l'assuré avait, au moment du décès, son domicile fiscal en France.

Fiche 60

L'ASSURANCE-VIE

Les bases techniques

L'assurance-vie / décès étant gérée en capitalisation, elle fait appel à des formules mathématiques pour pouvoir faire face aux engagements qui ont été pris lors de la souscription. Elle tient compte de trois éléments fondamentaux que le législateur a réglementés : les tables de mortalité, le taux d'intérêt et la participation aux bénéfices.

1 Le paramètre viager : les tables de mortalité

■ L'assureur doit déterminer la probabilité qu'a une personne d'un certain âge d'être vivante dans un certain nombre d'années (Lx) ou de décéder avant une certaine date. L'article A335-1 du Code des assurances précise que l'assureur doit utiliser une des tables suivantes :

- **tables établies par l'Insee** et homologuées par le ministère chargé de l'Économie et des Finances ;
- **tables dites « d'expérience »** établies par l'assureur et certifiées par un actuaire indépendant.

■ La table pour les hommes permet de **tarifer l'assurance décès**, et la table pour les femmes l'**assurance-vie**, l'espérance de vie étant plus élevée chez les femmes. Actuellement, les assureurs utilisent les tables TF00 02 et TG00 02 homologuées en 2005. Et les tables TGF05 et TGH05 sont utilisées pour le calcul des rentes viagères, rentes éducation et rentes conjoint.

■ Pour obtenir le nombre de survivants, il faut retenir la formule suivante : **% de survie à la date x** = nombre à l'année L / nombre à l'année x 100.

À SAVOIR

ÂGE	HOMMES	FEMMES
0 an	100 000	100 000
18 ans	98 520	98 955
60 ans	81 884	92 050
80 ans	39 041	69 043
100 ans	263	**1 479**

De 0 à 18 ans : nombre à l'année L x (18 ans) : 98 520
Nombre à l'année x (0 an) : 100 000

HOMMES	FEMMES
98 520/100 000 x 100 = 98,52 %	98 955/100 000 x 100 = 98,95 %

De 18 à 60 ans : nombre à l'année L x (60 ans) : 81 884
Nombre à l'année x (18 ans) : 98 520

HOMMES	FEMMES
81 884/98 520 x 100 = 83,11 %	92 050/98 955 x 100 = 93,02 %

■ Ces tableaux permettent de calculer l'**espérance de vie** à un âge donné. Ils servent de pilier pour calculer le **montant d'une rente viagère ou temporaire** à partir d'un capital donné en confirmant le nombre moyen d'arrérages qu'il faut verser. Les décès avant la perspective prévue constituent du bénéfice pour l'assureur alors que les décès survenant après ont un effet inverse.

2 Les paramètres financiers : les taux d'intérêt

L'assureur doit fructifier son argent pour faire face à ses engagements. Dans le contrat en devises, il a l'obligation de faire bénéficier l'assuré au moins du minimum garanti.

A. Le taux de rendement ou d'intérêt annuel

Il est réglementé et se décompose en deux parties.

1. Un taux d'intérêt minimum garanti (TMG)

■ Le taux de rendement est défini par la loi comme un pourcentage du taux moyen des emprunts d'État (TM).

■ Il correspond à 75 % du TME de l'État de la devise. Au-delà de 8 ans, le taux technique ne peut pas être supérieur à 60 % du TME de l'État de la devise plafonné.

■ L'assureur qui s'engage à un taux garanti pour une année supérieur au taux minimum garanti, conformément et dans les limites accordées par l'article A 132.3 du Code des assurances, doit prélever sur ses fonds propres et non sur les bénéfices qu'il a faits, afin de ne plus léser les assurés en imputant sur la rentabilité de leurs contrats (loi de 2010, art. A132.1.1 du Code des assurances).

2. La participation aux bénéfices (PB, art. L331.3, A331.3 et suivants C. assur.)

■ Elle est librement fixée par l'assureur qui doit malgré tout proposer :
- **au moins 85 % des bénéfices financiers** qui correspondent à sa gestion financière ;
- **et au moins 90 % des bénéfices techniques** provenant de sa gestion technique.

■ À cela s'ajoute le poids de la concurrence qui incite l'assureur à au moins aligner ses taux de rendements sur elle.

B. Les formules d'intérêt

1. Les intérêts composés

Cette formule permet de connaître le capital atteint lorsque le montant initial, la durée et le taux prévisionnel sont connus.

> MÉMO
> **Ca** = Co $(1 + i)^n$ avec :
> **Ca** = capital acquis ;
> **Co** = capital initial ;
> *i* = taux d'intérêt ;
> *n* = durée

2. Les annuités constantes

Ce calcul permet d'évaluer le capital au terme à partir de versements annuels réguliers connaissant la durée et le taux d'intérêt.

> MÉMO
> **Vn** = $a(1 + n)^{n-1}/1$ avec
> **Vn** = valeur acquise ;
> **a** = annuité constante ;
> **i** = taux d'intérêt ;
> **n** = nombre d'annuités

3. Les trimestrialités constantes

> MÉMO
> **Vn =** a(1 + 1/4) 4n / 1/4

La formule permet de calculer le capital au terme à partir de versements trimestriels réguliers connaissant la durée et le taux d'intérêt.

3 La provision mathématique (PM)

Elle correspond à l'actualisation de la différence entre les engagements de l'assureur et ceux de l'assuré. Elle est appelée « mathématique » car elle fait appel à plusieurs formules (article R331.3 du Code des assurances). La provision appartient à l'assureur, mais le souscripteur conserve un certain nombre de droits. Elle est présente dans les deux catégories d'assurance-vie.

A. L'assurance décès

Le risque s'aggravant avec l'âge, la prime devrait augmenter en conséquence chaque année. Pour des raisons essentiellement commerciales, elle est souvent nivelée et donc identique chaque année. Le surplus des primes payées les premières années constitue la provision mathématique et compense l'insuffisance des primes des dernières années. Au terme du contrat, la provision mathématique devient nulle.

B. L'assurance-vie

Le capital payable à l'échéance est constitué des **primes versées**, diminuées des **frais d'acquisition et de gestion**, majorées des **intérêts** et pour certains contrats, de la **participation aux bénéfices**.

> MÉMO
> · **Prime d'inventaire** = prime pure + frais de gestion
> · **Prime nette** = prime d'inventaire + frais
> · **PM** = cotisations + intérêts + participation aux bénéfices – frais de gestion et d'acquisition

C. Les droits de l'assuré sur la provision mathématique

1. Le rachat

Le souscripteur peut récupérer une partie par un **rachat partiel** ou effectuer un **rachat total de la provision mathématique** du contrat. L'assureur doit informer le souscripteur chaque année de la valeur de rachat détaillant et le montant des versements, et le montant des frais. Le rachat total met fin au contrat. Le nombre de rachats partiels peut être limité annuellement. Le rachat est soumis à une **imposition spécifique** (voir fiche 59).

2. L'avance

■ Le souscripteur demande à l'assureur de lui « prêter » une fraction de la provision mathématique du contrat. L'assureur fixe un taux d'intérêt pour l'avance et un délai de remboursement. La profession conseille de ne pas prévoir une avance de plus de 1 an et de fixer un coût supérieur à la rentabilité du contrat. Le nombre peut être limité pendant la durée du contrat.

■ La participation aux bénéfices continue d'être calculée sur la totalité de l'épargne et l'avance n'est pas fiscalisée. Elle permet de disposer d'une somme d'argent pour une durée temporaire sans faire un rachat partiel qui entraîne une fiscalité de la plus-value.

3. La réduction

Le contrat se poursuit alors que le souscripteur a cessé de payer ses cotisations, volontairement ou après mise en demeure. L'assureur réduit ses engagements qui correspondent à la provision mathématique existante. Celle-ci continue à bénéficier de la rentabilité du contrat, mais sur les nouvelles bases. Si la valeur de rachat est insuffisante, le contrat est résilié (article L132.20 du Code des assurances).

4. L'arbitrage

■ Dans le cadre de contrats en unité de compte multi-supports, le souscripteur demande à l'assureur de transférer tout ou partie de la provision mathématique d'un support sur un autre. Ce transfert peut permettre de **réaliser des plus-values défiscalisées** ou de **sécuriser ses fonds**.

■ L'arbitrage peut être gratuit et/ou payant forfaitairement ou proportionnellement au montant du transfert. Son nombre peut être limité annuellement. Il peut aussi être programmé dès la souscription pour des contrats spécifiques destinés à compléter la retraite. Plus l'assuré s'approche de l'âge prévu pour son départ à la retraite, plus les fonds sont sécurisés. Il s'agit d'une automatisation risquée si la valeur des unités de compte est faible au moment de l'arbitrage.

5. La mise en gage

■ L'article L132-10 du Code des assurances dispose que « la police d'assurance peut être donnée en gage, soit par avenant, soit par endossement à titre de garantie, si elle est à ordre, soit par acte soumis aux formalités de l'article 2075 du Code civil ».

■ L'assurance-vie peut donc être utilisée comme garantie pour obtenir un prêt à taux plus intéressant, sous certaines conditions et selon acceptation de l'établissement de crédit. Il évite de racheter le contrat. Le crédit *in fine* qui en découle permet pour les investisseurs de déduire les intérêts sur un prêt plus important alors qu'en parallèle les plus-values profitent au contrat sur lequel il est adossé.

Fiche 61

Les principaux produits

L'assurance-vie englobe plusieurs catégories de contrats dont la réalisation dépend de divers événements : la survie au terme du contrat ou le décès. Trois familles sont commercialisées dans ce but. Les assureurs ont ajouté un nouveau produit afin de se constituer une épargne.

1 Les assurances en cas de décès

A. L'assurance temporaire décès

1. L'objet du contrat

■ Cette assurance garantit le versement d'un capital ou d'une rente en cas de décès de l'assuré survenant **pendant la période de validité du contrat**. Si l'assuré est en vie au terme du contrat, aucune prestation n'est versée et le contrat prend fin. La limite de garantie ne va pas, en général, au-delà de 80 ans.

■ Les montants garantis peuvent être constants, revalorisés ou dégressifs. Les cotisations peuvent se présenter sous la forme d'une **prime unique** ou de **versements périodiques**, constants avec une augmentation progressive ou par tranches.

2. L'utilité du contrat

Il sert surtout à garantir le décès pendant une période plus ou moins courte :

- **assurances crédits** : le contrat d'assurance est calqué sur le tableau d'amortissement, tant dans la durée que dans l'échelonnement des échéances. Le montant du capital garanti correspondant à la somme restante due. Il s'agit d'un contrat temporaire dégressif. Le bénéficiaire est l'organisme financier qui perçoit le capital non amorti si l'assuré décède avant le terme ;
- **rente éducation** : elle permet de financer les études des enfants en cas de décès du parent assuré. Elle propose en général, au moment du décès, un capital pour faire face aux frais immédiats et une rente temporaire qui s'arrête à l'âge fixé au contrat. Cette garantie joue pour chaque enfant de l'assuré. Il convient de fixer, lors de la souscription, le montant de la rente mensuelle. Le tarif tient compte de l'âge de l'assuré, de ses antécédents médicaux, du nombre d'enfants, de leur âge, et enfin du montant garanti ;
- **mission temporaire** : la garantie est accordée pour l'assuré pour une mission bénévole ou professionnelle.

B. L'assurance-vie entière

■ Le contrat garantit le versement du capital ou de la rente dont le montant est fixé au contrat lors de la souscription, au moment du décès, quelle qu'en soit sa date. L'aléa est donc relatif puisque l'événement garanti va se réaliser mais on ne sait pas quand. Le contrat prend fin au décès de l'assuré. La cotisation peut être unique ou périodique.

- L'**utilité du contrat** est :
  - le **paiement des droits de succession** : après une étude patrimoniale, le montant garanti permet de ne pas démanteler un patrimoine dans ce but.
  - la **prise en charge des frais d'obsèques** : l'assureur les prend en charge.
  - la **protection d'un conjoint sans revenus** : elle permet de compenser une perte de revenus, soit immédiatement *via* le capital, soit sur du long terme avec le versement d'une rente.
  - la **protection d'un tiers** qui ne bénéficie d'aucun droit en ligne directe (concubin) : la désignation du bénéficiaire permet de privilégier un tiers.
  - la **protection d'un proche handicapé** : les contrats « épargne handicap » ou « rente survie » bénéficient en plus d'un avantage fiscal.

2 Les assurances en cas de vie

A. Le capital différé

- L'assureur verse le capital prévu à l'assuré s'il est vivant au terme du contrat. Les contrats sont généralement complétés par une contre-assurance qui entraîne le paiement au(x) bénéficiaire(s) des cotisations versées. La cotisation peut être unique ou périodique.

- Ce contrat permet de se constituer un capital pour un **projet spécifique d'investissement** ou de **départ à la retraite**. La contre assurance permet de ne pas cotiser à fonds perdu.

B. Les options rente

Le capital au terme du contrat peut être transformé en rente. Il se trouve alors aliéné. Des tables de transformation sont prédéfinies au contrat. Lorsque la rente est immédiate, la cotisation est unique. La rente peut aussi être modulable en fonction de l'âge, par exemple.

C. La rente viagère

La rente est versée jusqu'au décès de l'assuré. Elle peut être réversible et profiter à un second bénéficiaire au décès du premier. Dans ce cas, elle est généralement plus faible car il est tenu compte de l'âge des deux bénéficiaires dans le calcul de la rente afin de cibler la durée maximale de versement des arrérages (montants versés). Mais, dans ce cas, si le second bénéficiaire décède avant l'assuré, ce dernier ne percevra qu'une rente minorée. La rente permet de compléter la retraite de l'assuré, voire d'en faire bénéficier un tiers.

D. La rente temporaire

Le capital est transformé en rente qui est versée pendant une durée limitée. Elle assure un revenu complémentaire pendant une durée ferme, jusqu'à la retraite par exemple.

E. La rente à annuités garanties

- L'assureur s'engage à verser la rente à l'assuré s'il est en vie au terme des annuités garanties. Si ce dernier décède avant, c'est le bénéficiaire qui perçoit la rente pendant le nombre d'années restant à courir. Enfin, si ce dernier décède avant le terme, le solde est versé à ses héritiers. La réglementation définit explicitement la période d'annuités garanties qui est au maximum égale à l'espérance de vie diminuée de 5 ans.

■ Cette rente offre une protection en présence d'enfants par exemple. Cette formule permet à l'assuré de s'assurer un revenu complémentaire jusqu'à son décès et au parent survivant de faire face à des charges telles que les études des enfants.

3 Les assurances mixtes

De moins en moins commercialisées au profit de garanties dissociées, elles étaient souvent proposées avec des garanties de prévoyance complémentaire.

A. L'assurance mixte ou combinée

■ L'assureur s'engage à verser le capital, ou la rente, prévu(e) au contrat : à l'assuré lui-même s'il est en vie au terme du contrat ; au(x) bénéficiaire(s) désigné(s) en cas de décès de l'assuré avant le terme du contrat.

■ Il s'agit d'une combinaison du capital différé, sans contre-assurance et de l'assurance temporaire décès. L'assurance mixte prévoit des montants identiques alors que, pour l'assurance combinée, les engagements diffèrent. On parle de 50/100', 75/100 représentant la différence entre les deux.

■ Cette assurance permet de garantir un capital à une personne désignée si l'assuré décède avant le terme du contrat, ou un complément de revenus à l'assuré s'il est en vie. Ce contrat était souvent assorti de garanties complémentaires en prévoyance.

B. L'assurance terme fixe

■ L'assureur verse le capital ou la rente prévus **au terme du contrat** : à l'assuré s'il est en vie, et au(x) bénéficiaire(s) désigné(s) s'il est décédé. L'aléa porte sur la survenance du décès car l'assureur complète la provision mathématique pour faire face à ses engagements.

■ Il permet d'assurer un revenu à un couple, et ceci même en cas de décès de l'assuré avant le terme, le bénéficiaire n'ayant pas à prendre le relais pour le versement des cotisations. Il sert aussi à financer un projet à long terme comme l'installation d'un enfant.

4 Les assurances complémentaires

■ Les **garanties complémentaires** complètent des garanties décès et proposent des **prestations de prévoyance** telles que : l'incapacité temporaire, l'invalidité permanente, l'IAD, la PTIA, l'exonération des cotisations, qui permet à l'assureur de prendre en charge les cotisations en cas d'arrêt de travail ou d'invalidité afin de maintenir les garanties.

■ Les **variations liées aux risques** : l'assureur peut prévoir le doublement des capitaux décès s'il est accidentel, triplement s'il provient d'un accident de la circulation, voire plus si l'accident survient au cours d'un transport aérien régulier.

5 Les produits spécifiques « épargne

Les assureurs ont mis en place deux contrats d'épargne qui ont pour but d'accompagner leurs clients dans leur projet, tout en privilégiant les **avantages fiscaux de l'assurance-vie**, malmenés mais encore présents.

- le **contrat de capital** prend en charge le financement des obsèques dans la limite du montant garanti, sans contraintes de stipulations. Le bénéficiaire peut être une personne physique ou une personne morale telle qu'un opérateur funéraire ;
- le **contrat de prestations** prend en charge le financement des obsèques et leur organisation, ce qui implique un partenariat entre l'assureur et l'organisme de pompes funèbres. En effet, un contrat de prestations funéraires est associé au contrat d'assurance-vie. Il précise les conditions d'organisation, de publication, de produits, que le prestataire s'engage à respecter. Si le coût des obsèques est inférieur au capital versé, le surplus va aux bénéficiaires de second rang désignés ;
- le **contrat de prestation packagé** garantit un ensemble de prestations mais ne désigne pas l'organisme funéraire bénéficiaire.

B. Le contrat

■ Les conditions de souscription et les tarifs sont identiques à ceux retenus pour une assurance « vie entière », tout comme les obligations de chaque partie et les exclusions.

■ Des délais de carence, souvent de 2 ans, sont parfois prévus, mais ils sont supprimés en cas de décès accidentel.

C. La réglementation

1. Sur la possibilité de s'assurer

■ La loi du 21 févier 1996 précise que **toute personne peut régler les conditions de ses funérailles**. Le législateur a confirmé la réglementation par la loi Sueur du 9 décembre 2004, qui visait à assurer une meilleure protection du souscripteur.

■ Par ailleurs, les pompes funèbres ne sont pas autorisées à conserver une somme d'argent remise par un client pour le financement de ses obsèques. D'où le développement du partenariat assureur-opérateur funéraire. Celui-ci peut être mandataire et revendre directement les produits d'assurance, ou alors adhérer à un contrat groupe.

2. Sur la réglementation du contrat

■ L'ensemble des prestations garanties ou non couvertes doivent être mentionnées et le souscripteur doit avoir la possibilité de modifier quand il le souhaite son mode de sépulture, la nature de ses obsèques, les prestations choisies, le bénéficiaire désigné et la société de pompes funèbres qui organisera ses obsèques.

■ Le contrat doit aussi mentionner clairement les conséquences si le capital garanti ne couvre plus les prestations souscrites. L'opérateur n'est pas autorisé à modifier son engagement, ce qui a comme effet soit le plafonnement des prix, soit la prise en charge par les proches. Par ailleurs, si le coût des prestations est inférieur au capital, le contrat doit prévoir le sort du surplus.

3. Sur la fiscalité

Comme le contrat bénéficie de la fiscalité de l'assurance-vie, le capital versé est donc exonéré dans la limite légale de 152 500 € (article 990I du CGI).

L'ASSURANCE-VIE

Le PEA et les livrets d'épargne

Depuis l'avènement de la bancassurance ou de l'assurbanque, de nombreux produits communs sont commercialisés et complètent l'offre commerciale des assureurs. Toutefois, bien qu'ils présentent chacun des avantages non négligeables, tous sont soumis aux droits de succession.

1 Le plan d'épargne en actions (PEA)

A. L'objet

Il permet de constituer un portefeuille boursier tout en bénéficiant d'avantages fiscaux.

B. Le contrat

- Un seul PEA peut être ouvert par personne dans la limite de deux par foyer fiscal.
- Le portefeuille doit être composé d'un **compte-titres** (actions de sociétés ou titres assimilés de la Communauté européenne et d'un compte associé).
- Les versements sont libres dans la limite de 150 000 € pour un PEA classique et 225 000 € pour un PEA PME. Les deux sont cumulables mais le total ne peut pas excéder 225 000 €. Les transactions sont libres et illimitées.
- Tout retrait après 5 ans n'entraîne plus la **fermeture du plan** (loi Pacte).
- Au-delà de 8 ans, le PEA est prolongé mais il n'rest plus possible de réaliser de nouveaux versements.

C. La fiscalité

- En l'absence de retrait avant 5 ans, les fonds sont **exonérés d'impôts**, de prélèvements sociaux et le titulaire bénéficie des avoirs fiscaux et crédits d'impôts.
- Si le retrait a lieu avant 2 ans et en cas de dépassement du seuil annuel atteint de cessions de parts, il est prévu d'appliquer aux gains des **prélèvements forfaitaires fiscaux et sociaux** suivant la durée du contrat, avant 2 ans, 22,5 %, et entre 2 et 5 ans, 19 %.
- Au-delà de 5 ans, il y a exonération totale du prélèvement forfaitaire. Seul le gain est soumis aux prélèvements sociaux (17,2 % en 2023).
- Après 5 ans, il est possible de sortir en rente viagère non imposable.

D. La clôture du PEA

Les opérations suivantes entraînent la clôture du PEA :

- **tout retrait avant 5 ans** (sauf en cas d'affectation à la création ou à la reprise d'une entreprise dans les 3 mois) ;

- **non-respect d'une des conditions du fonctionnement** (par exemple, dépassement du plafond des versements) ;
- **décès du titulaire** ;
- après 5 ans, le **retrait de la totalité** des sommes ou valeurs et la conversion des capitaux en rente viagère.

2 Le livret A

A. L'objet

Il permet de bénéficier d'une plus-value modérée mais garantie, distribuée par quinzaine.

B. Le fonctionnement

■ Un seul livret est autorisé par personne, quel que soit son âge. Le plafond des versements est de 22 950 €. Le taux garanti est revu régulièrement. Il est de 3,00 % en 2023.

■ L'argent est disponible à tout moment.

C. La fiscalité

Il est totalement défiscalisé et n'est pas soumis aux prélèvements sociaux.

3 Le livret de développement durable et solidaire (LDDS)

A. L'objet

Il complète le livret A et présente des avantages similaires (ancien CODEVI).

B. Le fonctionnement

Un seul livret par contribuable majeur domicilié en France. Le plafond est de 12 500 € au 1er janvier 2020. Le taux garanti est de 3,00 % en 2023 (distribution par quinzaine). L'argent est disponible à tout moment.

C. La fiscalité

Il est totalement défiscalisé et n'est pas soumis aux prélèvements sociaux.

4 Le livret d'épargne populaire (LEP)

A. L'objet

Il est destiné aux personnes ayant des revenus modestes.

B. Le fonctionnement

■ Dans la limite d'un plafond des versements de 7 700 €, il distribue un taux garanti de 6,1 % calculé par quinzaine (au 1er février 2023).

■ Un livret est autorisé par personne. Il peut être supprimé dès que les revenus dépassent le plafond prévu.

■ L'argent est disponible à tout moment.

C. La fiscalité

Il est totalement défiscalisé et n'est pas soumis aux prélèvements sociaux.

5 Le livret jeune

A. L'objet

Il permet aux jeunes de bénéficier d'un intérêt plus favorable. C'est un excellent tremplin pour apprendre à gérer son argent personnel.

B. Le fonctionnement

- Il est réservé aux jeunes de 12 à 25 ans résidant en France avec un plafond des versements de 1 600 € et un taux garanti de 3,00 % au 1er février 2023 (attribution par quinzaine).
- L'argent est disponible à tout moment. Les retraits sont soumis à autorisation avant l'âge de 16 ans.

C. La fiscalité

Il est totalement défiscalisé et n'est pas soumis aux prélèvements sociaux.

6 Le compte épargne logement (CEL)

A. L'objet

Il permet de bénéficier d'un intérêt garanti et d'avantages spécifiques si un crédit est demandé.

B. Le fonctionnement

- Il ne peut pas être cumulé avec un autre CEL ou un PEL dans un autre établissement. Il est plafonné à 15 300 € et bénéficie d'un taux de 2,00 % en 2023 par an. Le titulaire peut bénéficier d'un prêt à taux réduit et d'une prime d'État.
- Les fonds sont disponibles au-delà de 300 €.

C. La fiscalité

Il est exonéré d'impôt sur le revenu mais il est soumis aux prélèvements sociaux.

7 Le plan d'épargne logement (PEL)

A. L'objet

Il permet de bénéficier d'intérêts tout en s'ouvrant des droits si un crédit est demandé.

B. Le fonctionnement

- Il ne peut pas être cumulé avec un autre PEL ou un CEL dans un autre établissement. Il est plafonné à 61 200 € et bénéficie d'un taux de 1,00 % par an. Le titulaire peut bénéficier d'un prêt à taux réduit et d'une prime d'État en fonction de la date du premier retrait.
- Les fonds sont disponibles à tout moment mais, si le retrait a lieu dans les 2 premières années, les intérêts sont ramenés au taux du CEL.

C. La fiscalité

Il est totalement défiscalisé s'il a moins de 12 ans.

8 Le compte titres

A. L'objet

Il permet de se constituer un portefeuille de valeurs mobilières.

B. Le fonctionnement

- Il concerne tout particulier, majeur, sans conditions de nationalité ou de résidence. Le montant des dépôts est illimité et leur fréquence est libre. Le compte est adossé à un compte espèces soumis aux mêmes règles que le compte-chèques.
- L'argent est disponible à tout moment.
- La plus-value s'obtient lors des cessions.

C. La fiscalité

- Depuis le 1er janvier 2018, la totalité des gains est soumise à la *flat tax* (prélèvement de 30 %). Un barème progressif peut toutefois être demandé.
- Depuis le 1er janvier 2017, une taxe de 0,30 % est appliquée sur les transactions financières effectuées par une liste d'entreprises, liste revue régulièrement.

LES CLÉS POUR L'ORAL

Les techniques de l'approche commerciale

- Afin de comparer deux produits d'épargne, il est important de regarder tous les points précisés dans le tableau ci-dessous.
- Y figurent aussi tous les arguments qui permettent d'orienter le prospect en fonction de ses attentes.

	AVANTAGES	INCONVÉNIENTS
SÉCURITÉ	· Fonds en euro - taux minimum garanti · Multi-supports : nombre des UC garanti · Effet cliquet · Garantie *stop loss* Garantie plancher Garantie écrêtage	· Unités de comptes de valeur non garantie (uniquement le nombre d'UC) · Placement en actions : pas de minimum garanti
SOUPLESSE	· Versement libre ou programmé (minimum faible) · En cours de contrat : rachat partiel/total/arbitrage/avance, mise en gage · Sortie RV 1 ou 2 têtes/RT ou rente à annuités garanties ou capital · Désignation du bénéficiaire libre sous réserve de la réserve légataire ou dans la limite de la quotité disponible	· Versement programmés avec minima importants · En cours de contrat : rachat interdit hormis cas spéciaux (PERP et Madelin) · Sortie RV sur 1 ou 2 têtes. Pas de capital possible · Plafond (livret A) · Nombre d'arbitrages limité · Minima importants à conserver sur le compte en cas de rachat
FISCALITÉ	· Dérogation en assurance-vie · En présence de la désignation d'un bénéficiaire, l'assurance-vie ne rentre pas dans la succession (art. 757B et 990I exonération + plus-value) · Hors succession · Souscription : réduction d'impôt suivant contrat · En cours de contrat : fiscalité dérogatoire · Avance non fiscalisée	· Sortie rente fiscalisée rente/revenu pour certains produits · Rentre dans l'actif net
RENTABILITÉ	· Participation au bénéfice PB · Multi-supports dépend de la valeur de l'UC · Prime fidélité · Frais faibles, voire en arbitrage inexistants · Ouverture de droits · Table de mortalité pour la RV en cours à la souscription du contrat	· Multi-supports (chute de la valeur de l'UC) · Frais sur versements, de gestion, arbitrage · Date des valeurs · Table de mortalité pour la RV en cours au moment de la liquidation

L'ASSURANCE-VIE

Les contrats à fiscalité spécifique

L'assurance-vie, paradis avant les différentes réformes des années 1990, a conservé en dehors de son outil de transfert de patrimoine quelques opportunités que l'État a maintenues ou mises en place. Toutefois, la loi Pacte a modifié l'approche des contrats retraites, regroupant les produits existants sous deux entités et ouvrant le marché à d'autres organismes professionnels.

1 Le plan d'épargne retraite populaire (PERP)

A. L'objet du contrat

Le PERP est un contrat d'assurance collectif souscrit dans le but de se constituer une retraite complémentaire suivant la technique de capitalisation sous la forme d'une **rente viagère**. Il a été mis en place par la loi Fillon.

> **À SAVOIR**
> De nouveaux plans d'épargne retraite (PER) sont disponibles depuis le 1er octobre 2019. Il est possible de transférer l'épargne d'un PERP sur un PER individuel ou un PER mis en place par l'entreprise. Le PERP n'est plus proposé depuis le 1er octobre 2020.

B. La réglementation

1. La souscription

Tous les Français capables ou représentés peuvent souscrire un PERP, qu'ils soient salariés ou indépendants. Les versements sont libres et sont attribués à des fonds en euros cantonnés. Les fonds sont généralement sécurisés par l'assureur au fur et à mesure que l'assuré approche de l'âge prévisionnel de la retraite.

2. Le transfert

L'assuré a la possibilité de faire transférer son PERP vers un autre assureur mais avec un risque de pénalité qui est au plus de 5 % pour un contrat de moins de 10 ans.

3. Les options

Certains contrats proposent des garanties complémentaires comme l'invalidité permanente, la rente de réversion ou la rente éducation si l'assuré décède avant ou après le terme.

4. Le dénouement du contrat

- Il se fait au moment du **départ officiel à la retraite** dans un régime de base. Le capital est alors transformé en rente viagère au profit de l'assuré avec option versement en capital pour un plafond de 20 %. Il est toutefois possible de prévoir un dénouement sous la forme d'annuités garanties sous conditions.

■ Il peut, à titre exceptionnel, être débloqué en capital si l'assuré est en invalidité, en fin de droits aux allocations chômage, en cas de liquidation d'une entreprise individuelle et enfin s'il souhaite acquérir sa première résidence principale. Le capital est alors soumis à l'impôt sur le revenu.

C. La fiscalité

1. À la souscription

■ Il est possible de déduire chaque année du revenu imposable du couple marié ou de partenaires pacsés les montants versés dans la même année et ceci dans la limite de 10 % du revenu net professionnel de l'année précédente (revenus après abattement des 10 %), ceci dans la limite de huit PMSS de cette même année.

■ Les montants non utilisés certaines années peuvent se cumuler les années suivantes pendant 3 ans.

2. Au dénouement

Les arrérages de rente sont soumis à l'impôt sur le revenu.

D. L'intérêt du PERP

L'intérêt du PERP réside uniquement dans la **réduction d'impôt lors de la souscription**. Il ne faut pas proposer ce type de contrat à un couple qui a de faibles revenus ou qui paye peu d'impôts, mais plutôt un contrat capital différé avec contre-assurance, ou un « multi-supports ».

2 La loi Madelin

La loi Madelin a été instaurée en 1994 lors d'une période de remous liés au blocage de nombreux professionnels qui souhaitaient avoir le libre choix de leurs assureurs de santé et de prévoyance. Le législateur a ainsi permis aux indépendants, à jour de leurs cotisations obligatoires, d'acquérir la **même fiscalité** que les salariés bénéficiant d'un contrat collectif. Toutefois, certaines contraintes obligent à analyser l'intérêt réel d'avoir recours à ce type de contrat.

A. L'objectif de la loi Madelin

Il est avant tout d'inciter les indépendants à se prémunir en adhérant auprès d'assureurs privés pour des garanties complémentaires. En contrepartie, l'État a fait un effort financier en défiscalisant les cotisations, sous conditions de garanties.

B. Les personnes concernées

■ Sont éligibles à la loi Madelin **tous les travailleurs non salariés (TNS)**, et notamment les artisans, commerçants, professions libérales, gérants non salariés de société, associés uniques d'EURL et leurs conjoints collaborateurs. Ceux-ci doivent participer à l'activité mais ne doivent pas être rémunérés ; ils ne doivent avoir aucune autre activité professionnelle ou exercer une activité salariée à temps partiel d'au plus 50 %.

■ Ne sont pas concernés les auto-entrepreneurs qui ne peuvent pas bénéficier, de par leur statut, de l'avantage fiscal.

C. Les contrats concernés

■ Peuvent bénéficier des avantages de la loi Madelin les contrats suivants : la **complémentaire santé** ; la **prévoyance** pour les garanties « indemnité journalière », « invalidité permanente » et « décès » ; l'**assurance chômage** en cas de perte d'emploi ; la **retraite**.

■ Les prestations doivent être versées **exclusivement sous la forme d'une rente**, temporaire ou viagère, hormis pour le contrat complémentaire santé, bien entendu.

D. L'incidence fiscale

1. Liée aux cotisations

■ Les cotisations sont déductibles du revenu imposable dans la limite d'un plafond fiscal déterminé en fonction du revenu. Ce plafond diffère selon le type de contrat, ce qui donne :
- une limite fiscale prévoyance et santé globale pour l'assuré et le conjoint collaborateur, soit 3,75 % du revenu professionnel + 7 % du PASS, le tout limité à 3 % de huit PASS ;
- une limite fiscale perte d'emploi ;
- une limite fiscale retraite.

■ Les cotisations ne bénéficient pas d'autres avantages et sont soumises aux charges sociales et aux taxes éventuelles.

2. Liée aux sinistres hors complémentaire santé, totalement exonérés

■ Les **indemnités journalières** sont à réintégrer dans le revenu professionnel de l'assuré si l'activité est poursuivie. En cas d'arrêt de l'activité professionnelle, elles sont imposables dans la catégorie des pensions. Dans les deux cas, elles sont aussi soumises aux prélèvements sociaux.

■ Les **rentes d'invalidité ou de décès** telles que la rente éducation ou la rente conjoint sont imposables dans la catégorie des pensions et sont soumises aux prélèvements sociaux. En revanche, elles sont transmises hors droits de succession.

E. La retraite Madelin

L'objectif est de se constituer une retraite complémentaire tout en bénéficiant d'une défiscalisation des cotisations. Elle concerne les mêmes bénéficiaires que pour la prévoyance, l'assuré cotise pour son conjoint collaborateur. La condition, là aussi, est que les assurés soient à jour de leurs cotisations obligatoires.

1. La fiscalité

■ **Les cotisations**

• Le plafond de déduction fiscale Madelin pour un contrat de retraite pour l'assuré et son conjoint collaborateur est déterminé par :

- un forfait de 10 % du PASS, quel que soit le revenu professionnel ;
- ou 10 % du revenu professionnel limité à huit PASS + 15 % du revenu compris entre un et huit PASS.

• Le calcul du revenu imposable se fait par rapport à l'année en cours et non l'année précédente. Ce plafond fiscal peut être diminué de l'abondement versé par l'entreprise au titre du PERCO et des cotisations du PERP.

Les prestations

Elles sont exclusivement sous forme de rente viagère, pour bénéficier de l'avantage fiscal. Les arrérages de rentes sont imposables au titre de la catégorie « pensions retraites et rentes ». De plus, elles sont assujetties aux prélèvements sociaux ; enfin, aux 1 % au titre de la cotisation de l'assurance maladie de la Sécurité sociale.

2. La disponibilité des contrats retraite loi Madelin

Le principe du contrat étant de capitaliser pour percevoir un complément retraite, la valeur acquise est **bloquée** jusqu'au dénouement au terme, sauf trois exceptions : expiration des droits de l'assuré aux allocations d'assurance chômage ; cessation d'activité non salariée suite à un jugement de liquidation judiciaire ; invalidité de l'assuré correspondant à la deuxième ou la troisième catégorie de la Sécurité sociale.

3 Le contrat « rente survie » et le contrat « épargne handicap »

A. L'objet

- Le **contrat « rente survie »** permet de garantir une rente en cas de décès. Souscrit au profit d'une personne handicapée, il doit avoir une durée minimale de 6 ans.

- Le **contrat « épargne handicap »** prévoit un capital ou une rente viagère pour l'assuré lui-même handicapé, incapable d'exercer une activité professionnelle d'une rentabilité normale. Le contrat doit avoir une durée minimale de 6 ans.

B. La fiscalité

La réduction d'impôt correspond à 25 % de la prime versée pour la rente survie et 25 % de la prime nette investie pour le second. Celle-ci est limitée à 1 525 € par an majorée de 300 € par enfant à charge.

4 Le plan d'épargne populaire (PEP)

A. L'objet

- Il a été mis en place pour **encourager l'épargne individuelle** sur une durée d'au moins 10 ans en instituant un certain nombre d'avantages fiscaux. Il était destiné aux ménages avec des revenus faibles afin de les encourager à épargner pour leur retraite.

- Depuis le 23 septembre 2003, il n'est plus commercialisé mais les anciens contrats peuvent toujours être alimentés et éventuellement transférés.

B. Le contrat

Un seul PEP était autorisé par personne et deux par foyer fiscal. La limite du versement est de 92 000 €. Tout retrait avant 10 ans clôture le contrat.

C. Les avantages fiscaux

- Si le contrat a plus de 8 ans, il est exonéré du prélèvement libératoire des 7,5 % et la sortie en rente viagère n'est pas imposable.

■ Le PEP souscrit auprès d'un assureur bénéficie de la transmission au bénéficiaire désigné hors droit de succession.

5 Les contrats DSK, NSK et suivants

■ Lancé en 1998, le **contrat DSK**, remplacé en 2005 par le NSK, **encourageait l'investissement** dans des fonds un peu plus à risques permettant de ne pas subir l'imposition des plus-values au-delà de 8 ans.

■ Les NSK ont été supprimés en 2014 et remplacés par les **contrats « fonds euro croissance »**, proposant un capital garanti au terme de 8 ans.

■ Ont aussi été mis en place les **contrats « vie génération »** entraînant un investissement d'au moins un tiers de la prime nette investie (PNI), dans des entreprises de taille petite ou moyenne non cotées, ou à des acteurs de l'action sociale et solidaire. Ce contrat bénéficie d'un abattement de sa base fiscale de 20 %.

■ Les contrats DSK et NSK sont soumis aux prélèvements.

Les assurances de personnes et les produits financiers – L'assurance-vie

EXERCICE 1

Vous êtes collaborateur(rice) commercial(e) au sein du cabinet DUBOSC, agent général de LE SECOURS. Dans son courrier du 15 mars 2020, votre client, Monsieur Bruno LACOSTE, vous informe qu'il souhaiterait utiliser son contrat multiplacements pour compenser sa perte de revenus liée à son départ à la retraite. Il souhaiterait une somme de 1 000 € sur 10 ans, afin de lui permettre de financer un crédit qu'il a en cours.

#corrigé
Corrigé de l'entraînement partie 3.5
foucherconnect.fr/23vassur63

PREMIER TRAVAIL

Récapitulez et expliquez les trois possibilités offertes par son contrat qui répondent à sa demande.

DEUXIÈME TRAVAIL

Monsieur LACOSTE connaît le montant des prestations qui pourraient lui être servies dans deux options sur trois. Calculez la prestation qu'il peut recevoir pour la 3e option.

TROISIÈME TRAVAIL

Indiquez la solution qui vous paraît la plus avantageuse en indiquant le régime fiscal applicable aux différentes prestations.

LE DOSSIER

FICHE CLIENT

Bruno LACOSTE : Né le 12 février 1962
Conjoint : Véronique LACOSTE née le 17 mai 1965
Deux enfants : Patricia, née le 15 mai 1987 ; Franck, né le 18 avril 1989

LE CONTRAT MULTIPLACEMENTS (extraits)

Conditions particulières
Souscripteur et assuré Bruno LACOSTE
Date d'effet le 16/11/1995
Versement unique de 150 000 francs
Clause bénéficiaire
En cas de vie l'assuré. En cas de décès, Mon conjoint, à défaut, Mes enfants nés ou à naître, vivants ou représentés, par parts égales entre eux, à défaut mes héritiers.
CONDITIONS GÉNÉRALES
Article 5. Disponibilité de l'épargne par rachat partiel ou total
Dès la fin du délai de renonciation, l'assuré peut effectuer un retrait total ou partiel de sa provision d'épargne, sans pénalités ni frais de retrait, en adressant au siège une demande écrite et signée par lui. Tout règlement sera effectué dans un délai maximum de dix jours ouvrés suivant la réception de la demande et de l'ensemble des éléments exigés par la législation en vigueur au siège. Le rachat partiel est un retrait définitif d'une fraction de la provision d'épargne. Il est possible lorsqu'il n'y a

pas d'avances en cours. Le rachat total met fin au contrat. Cette demande doit être accompagnée de l'original du contrat.

Article 5.1. Modalités de rachat partiel

Le nombre maximum de retraits, sous forme de rachats partiels pouvant être effectués dans une année civile, est fixé à quatre. Le montant de rachat partiel doit être au moins égal à 300 €. Le montant de l'épargne disponible après un rachat partiel doit rester au moins égal à 760 €.

Article 5.2. Option rente certaine ou viagère

L'assuré a la possibilité de convertir la provision d'épargne en rente de durée viagère ou certaine. Les conditions de conversion dépendent du taux d'intérêt technique en vigueur. À titre indicatif, les taux de conversion calculés au taux technique de 2,5 % figurent dans l'annexe I des présentes conditions générales. Une rente est une succession de versements effectués à chaque trimestre civil échu, au profit du bénéficiaire de celle-ci, dénommé ci-après crédirentier. Ces versements sont effectués par virement bancaire. Le montant des versements trimestriels est revalorisé selon le mécanisme défini ci-après.

La rente de durée certaine

Cette rente est versée pendant toute la durée choisie par l'assuré. Le montant du premier versement est fonction de la durée choisie, du taux d'intérêt technique utilisé, des frais de service des rentes fixé à 3 % de leur montant et du montant de la provision d'épargne convertie en rente ; la conversion est possible lorsque la rente annuelle obtenue est au moins égale à 2 000 €.

La rente de durée viagère

Dès lors que l'assuré a atteint l'âge de 55 ans et qu'il n'est pas âgé de plus de 75 ans, le souscripteur peut convertir la provision d'épargne en rente de durée viagère au bénéfice de l'assuré, réversible ou non.

Option rente de durée viagère et option rente certaine

Conditions de conversion du capital constitué en rente viagère entre 55 et 75 ans.
Montant annuel de rente viagère sur une tête payable par trimestre civil échu.
Taux technique : 2,5 %. Table démographique : TPRV93. Frais de service des rentes : 3 % inclus.
Extrait du tableau de conversion

ANNÉE	55 ANS	56 ANS	57 ANS	58 ANS	59 ANS	60 ANS	61 ANS	62 ANS	63 ANS
2020	4 429 %	4 511 %	4 688 %	4 785 %	4 998 %	5 117 %	5 244 %	5 380 %	5 526 %

PRESTATIONS PROPOSÉES LORS D'UN PRÉCÉDENT RENDEZ-VOUS

OPTION RENTE CERTAINE

Pendant 10 ans, taux de la rente : 2,74764 %
Capital acquis au 01/04/2018 : 166,941€
Rente trimestrielle : 166,94 € x 2,74764 % = 4 586,94 €
Soit une rente mensuelle de 1 528, 98 €

OPTION RACHATS PARTIELS

Pour un capital de 166 941 €, possibilité d'effectuer des rachats pour 9 400 € par an soit 783,33 € par mois, tout en préservant le capital.

FISCALITÉ

FISCALITÉ DES RACHATS

Taxation de la plus-value pour tout versement avant le 30 septembre 1997

CONTRAT DE MOINS DE 4 ANS	CONTRAT ENTRE 4 ET 8 ANS	CONTRAT DE PLUS DE 8 ANS
Prélèvement forfaitaire libératoire, 35 %	Prélèvement forfaitaire libératoire, 15 %	Prélèvement forfaitaire libératoire, néant

FISCALITÉ DES RENTES

Les rentes viagères à titre onéreux sont imposables à l'impôt sur le revenu après abattement. L'importance de l'abattement dépend de l'âge de l'assuré à la mise en service de la rente.

ÂGE AU 1ER ARRÉRAGE	ABATTEMENT
Avant 50 ans	40 %
50 à 59 ans	50 %
60 à 69 ans	60 %
À partir de 70 ans	70 %

TABLEAU DE RACHATS PARTIELS ANNUELS SUR DIX ANS

ANNÉE	CAPITAL PLACÉ	RACHATS	ÉVOLUTION DUCAPITAL	PLUS-VALUES TAXABLES
2018	167 000 €	0	176 185 €	0
2019	167 000 €	9 400 €	176 154 €	666€
2020	167 000 €	9 400 €	176 122 €	1 121 €
2021	167 000 €	9 400 €	176 087 €	1 553 €
2022	167 000 €	9 400 €	176 051 €	1 962 €
2023	167 000 €	9 400 €	176 013 €	2 350 €
2024	167 000 €	9 400 €	175 972 €	2 717 €
2025	167 000 €	9 400 €	175 930 €	3 066 €
2026	167 000 €	9 400 €	175 885 €	3 398 €
2027	167 000 €	9 400 €	175 838 €	3 709 €

Entraînement

EXERCICE 2

Vous êtes collaborateur(rice) commercial(e) au sein du cabinet FEVRIER, agent général de LE TREFLE. Vous recevez la visite de votre client, Monsieur Nicolas JANVIER qui souhaiterait des précisions sur son contrat d'assurance-vie. Sur les conseils de l'agent, M. JANVIER a choisi à la souscription la répartition suivante : fonds euros : 15 % ; unités de compte : 85 % dont 65 % sur le support Actions Investissement Monde et 20 % sur le support Actions Investissement Europe. Il a reçu son relevé de situation au 31/12/2017. Il vous interroge sur plusieurs points.

PREMIER TRAVAIL

Indiquez quel pourcentage de frais a été appliqué à la souscription.

DEUXIÈME TRAVAIL

Complétez les montants en euros de la colonne « épargne acquise » pour les deux lignes actions en expliquant vos calculs.

TROISIEME TRAVAIL

Afin d'analyser la valorisation du contrat, retrouvez la répartition de l'épargne entre les différents supports à la souscription du contrat.

FICHE CLIENT

Nicolas JANVIER, né le 12 février 1960
Conjoint : Yvonne JANVIER, née le 12 juin 1962
Deux enfants : Philippe né le 15 juillet 1987 ; Katia née le 18 août 1988

LE CONTRAT MULTI-SUPPORTS (extraits)

RELEVÉ DE SITUATION (extrait)
Date de souscription : le 1er janvier 2018 Versement d'une prime unique de 7 000 €
Montant de l'épargne investie : 6 734 €
Relevé de situation au 31/12/2019 (il n'a pas été retenu l'impact des frais de gestion)

SUPPORT	DATE DE VALEUR	NOMBRE D'UNITÉS DE COMPTE	VALEUR DE L'UNITÉ DE COMPTE	ÉPARGNE ACQUISE	
				Euros	Répartition
Actions investissement Monde	31/12/2019	50,80	85,2665		
Actions investissement Europe	31/12/2019	19,32	45,6873		
Fonds euros cantonné	31/12/2019			1 126,00 €	
TOTAL				6 340,20 €	100

Fiche 65

L'ASSURANCE COLLECTIVE

Les fondamentaux

L'assurance collective a été mise en place et développée surtout pour généraliser la protection sociale des salariés. Elle constitue le troisième niveau de la pyramide des acquis sociaux et permet à l'employeur, en dehors des avantages fiscaux et sociaux, de fidéliser ses salariés. Le législateur est intervenu pour encadrer les différents produits.

1 Le contrat groupe

A. Définition (art. L140.1 C. assur)

■ Il s'agit du contrat souscrit par une personne morale ou une entreprise en vue de l'adhésion d'un ensemble de personnes répondant à des conditions définies au contrat.

■ Il couvre les risques dépendant de la durée de la vie humaine, des risques portant atteinte à l'intégrité physique de la personne ou liés à la maternité, des risques d'incapacité de travail ou d'invalidité ou du risque de chômage. Les adhérents doivent avoir un lien de même nature avec le souscripteur.

■ Le contrat peut être à adhésion facultative, à adhésion obligatoire ou associatif.

B. Les personnes en présence

■ L'**assureur** est une personne morale ayant reçu l'agrément par les autorités compétentes pour présenter des opérations d'assurance collective.

■ L'**assuré adhérent** : c'est sur lui que repose la garantie. Il remplit un bulletin d'adhésion, équivalent de la proposition dans un contrat individuel. Dans le cadre d'une complémentaire santé, peuvent s'ajouter d'autres assurés, tels que le conjoint ou les enfants.

■ Le **souscripteur** est le « responsable du groupe » qui établit le contrat et règle les cotisations.

■ Le **bénéficiaire** est la personne désignée qui perçoit les prestations.

C. Les applications hors contrats entreprise

■ Ce type de contrats se retrouve ponctuellement dès que se présente un groupe dans lequel les adhérents sont liés par un point commun. Il peut s'agir notamment :
- des **emprunteurs chez un organisme financier** : le souscripteur est le prêteur, l'adhérent l'emprunteur ;
- -des **sportifs licenciés** : le souscripteur est la fédération sportive, l'adhérent tout licencié ;
- des **chasseurs** : le souscripteur est la fédération de chasse, l'adhérent tout chasseur licencié.

- Certains contrats sont **obligatoirement collectifs**, tels que le PERP ou Madelin. Les compagnies ont dû créer une association souscriptrice, chaque assuré en étant l'adhérent.

2 La réglementation du contrat collectif

L'assurance collective a été notamment revisitée par la loi Évin du 31 décembre 1989 qui est intervenue principalement dans le but de protéger les assurés.

A. Les obligations de l'assureur

1. Les états pathologiques antérieurs

Dans le cadre d'un contrat obligatoire souscrit, l'assureur a l'obligation de garantir tous les risques même aggravés. De plus, il ne peut pas exclure les suites des états pathologiques antérieurs à la souscription du contrat, sauf en cas de fausse déclaration. Aucune pathologie qui ouvre droit au service de prestations en nature ne peut être exclue (article 2 de la loi Evin).

2. Le maintien des garanties

Il doit aussi prévoir sans condition, ni de période probatoire ni d'examens ou questionnaires médicaux, de maintenir les garanties « complémentaire santé » des anciens salariés soit à la retraite, soit en incapacité ou invalidité, soit licenciés, sous réserve que les intéressés en fassent la demande dans les 6 mois qui suivent la rupture du contrat.

Depuis le 1er juillet 2017, le plafonnement de l'augmentation tarifaire est progressif (pas de majoration la première année, 25 % la deuxième année et 50 % la troisième année). Il doit enfin prévoir le maintien pendant 12 mois de la complémentaire santé au profit des assurés déjà présents, en cas de décès de l'adhérent (article 4 de la loi Évin).

3. L'obligation d'information (art. L140.4 C. assur.)

Avant la souscription du contrat

L'assureur doit mettre à disposition du souscripteur, pour chaque futur adhérent, une fiche d'information sur le prix et les garanties ainsi qu'un exemplaire du projet de contrat et de toutes les pièces annexes ou une notice d'information reprenant toutes les garanties ainsi que les exclusions et les obligations de l'adhérent.

Après la souscription du contrat

L'assureur doit mettre à disposition du souscripteur une notice établie par l'assureur définissant les garanties souscrites, leurs modalités d'entrée en vigueur ainsi que les formalités à accomplir lors de la survenance d'un sinistre. Il doit aussi informer des modifications à apporter au contrat ainsi que leurs droits et obligations.

4. L'exclusion d'un assuré (art. L140.3 C. assur.)

Le souscripteur n'a pas le droit d'exclure un adhérent, sauf si l'adhérent cesse de payer sa cotisation ou si le lien qui le rattache aux autres est rompu, dans le cadre d'une démission, d'un licenciement ou de la mise à la retraite s'il s'agit d'un contrat entreprise. Le départ du contrat ne supprime pas les prestations en cours.

B. Les obligations du souscripteur

1. L'obligation d'information (art. L140.4 C. assur.)

Le souscripteur est le mandataire de l'assureur et c'est à lui que revient l'obligation de remettre tous les documents aux adhérents. Il lui appartient de justifier que l'ensemble des pièces a bien été remis.

2. L'obligation de paiement

Il a l'obligation de reverser à l'assureur l'intégralité des cotisations qu'il a perçues ou prélevées auprès des adhérents, ainsi que celles qu'il prend à sa charge.

C. Les obligations de l'adhérent

Si un questionnaire lui est remis, il doit le compléter en toute bonne foi sous peine de sanctions pour fausse déclaration.

3 La réglementation dans le cadre d'une entreprise

A. Les obligations légales de l'entreprise vis-à-vis de ses salariés

- Elles proviennent soit de la législation du travail, soit de conventions collectives spécifiques et concernent les obligations d'assurances sociales, la loi de mensualisation, la convention nationale des cadres pour la garantie décès des cadres et toute autre convention plus favorable que le Code du travail.
- L'entreprise doit aussi assurer le financement des indemnités de départ à la retraite, verser le montant de la participation obligatoire pour les entreprises de plus de 50 salariés, négocier les dispositifs d'épargne salariale.

B. La clause de recommandation

La clause de désignation qui imposait un ou plusieurs organismes d'assurances afin de couvrir les risques de santé et de prévoyance a été remplacée par la clause de recommandation visée par l'article L912.1 du Code de la Sécurité sociale. Sont indiqués des organismes mais non plus imposés, laissant le libre choix à la concurrence, ce qui a été l'objet de cette modification conséquente.

C. La mise en place du contrat

La formation d'un contrat collectif au profit de salariés (collège cadre, non-cadres) est fixée par accord de branche, par une convention collective ou enfin sur une décision unilatérale de l'employeur.

D. Les avantages fiscaux et sociaux

Les exonérations sociales et fiscales sont désormais exclusivement réservées aux régimes de prévoyance à adhésion obligatoire

L'ASSURANCE COLLECTIVE

Fiche 66

La complémentaire santé et la prévoyance

Les contrats de complémentaire santé et de prévoyance sont commercialisés par trois catégories d'assureurs : les sociétés d'assurances dépendant du Code des assurances, les institutions de prévoyance gérées par le Code de la Sécurité sociale et les mutuelles gérées par le Code de la mutualité.

1 La complémentaire santé

L'ANI 2013 à effet du 1er janvier 2016 a permis la généralisation de l'assurance complémentaire santé collective devenue obligatoire pour tout salarié sauf dérogation.

A. L'objet

Le contrat intervient en **complément du régime obligatoire** et prend en charge, dans la limite du contrat et des frais réels, les **débours** restés à la charge de l'assuré social ou de ses ayants droit garantis par le contrat. Le fonctionnement est le même que pour un contrat de particulier.

B. Le contrat

L'employeur a l'obligation de proposer une couverture santé à l'ensemble de ses salariés. Toutefois, ont dispensés sur demande (article D911.2 du Code de la Sécurité sociale) :

- les salariés déjà dans l'entreprise avant la mise en place du contrat ;
- les salariés en CDD dont le contrat est inférieur à 3 mois qui sont garantis par un contrat responsable auprès d'un autre assureur ;
- les bénéficiaires de la CMU-C ou de l'aide à la complémentaire santé ;
- les salariés qui sont déjà bénéficiaires, sous conditions, d'un contrat complémentaire santé en qualité d'assuré social ou d'ayant droit ;
- les couples travaillant dans la même entreprise si le conjoint est assuré aussi en qualité d'ayant droit.

C. La communication des résultats

Les assureurs doivent fournir les statistiques globales pour l'entreprise avec notamment le montant des cotisations globalement perçues et celui des prestations globalement versées (loi Évin).

D. Les garanties

■ Plusieurs niveaux de garanties sont proposés allant de la formule « ticket modérateur » à la formule étendue avec forfaits importants. Certains assureurs proposent des formules de base avec des garanties à tiroir. Il peut être conseillé de proposer une sur-complémentaire à titre individuel pour Les contrats basiques.

■ Le législateur a mis en place le « **panier de soins** » qui correspond aux garanties minimales à proposer aux salariés. Est prévue la prise en charge :
- de la totalité du ticket modérateur ;
- des médicaments à service médical rendu majeur ou important ;
- du forfait hospitalier sans limitation de durée ;
- d'un montant minimal des frais de prothèses dentaires et d'orthopédie autorisant un dépassement de 25 % de la base de remboursement ;
- pour les postes optiques, dentaires et auditifs, le dispositif « reste à charge zéro » ou 100 % santé a été mis en place en fixant des tarifs de responsabilité et des montants minima de prise en charge.

■ S'agissant d'un contrat responsable et solidaire, ne sont pas prises en charge les sanctions pour non-respect du parcours de soins, les participations forfaitaires et franchises.

E. La tarification

La plupart des compagnies proposent plusieurs options de tarification. La cotisation globale pour le groupe est mutualisée et donc proche quelle que soit la méthode. Toutefois, elle diffère pour chacun des salariés. Pour bénéficier des avantages fiscaux et sociaux, l'employeur doit prendre en charge **au moins 50 % de la cotisation** pour son salarié :
- la **cotisation en pourcentage du salaire** : chaque salarié paye en fonction de ses revenus, généralement plafonnés, qu'il soit jeune ou vieux, qu'il soit célibataire ou en famille. Ce mode tarifaire est souvent réservé aux très grosses entreprises ;
- la **cotisation unique forfaitaire** : chaque salarié paye le même montant, qu'il soit jeune ou vieux, qu'il soit célibataire ou en famille ;
- la **cotisation suivant la composition familiale** : la cotisation est fonction du nombre de personnes par groupe : adulte/enfant, adulte isolé ou couple/famille ou enfin isolé/famille. La solidarité s'effectue entre les classes d'âges ;
- la **cotisation par âge et par tête** : la cotisation est fonction de l'âge et du nombre de personnes par famille. Il s'agit de la méthode qui se rapproche le plus du contrat individuel ;
- l'**augmentation des cotisations** : de son côté, l'assureur peut augmenter progressivement ses tarifs de façon à trouver un équilibre financier au contrat.

F. La résiliation du contrat suite à l'aggravation des résultats

L'entreprise est libre de refuser chaque année, après la deuxième année, l'augmentation de tarifs et de quitter le contrat en observant un préavis de 2 mois. De son côté, l'assureur est également libre de ne pas renouveler le contrat au-delà de 2 ans en observant un préavis de 2 mois, contrairement à un contrat avec un particulier que l'assureur ne peut pas résilier.

2 La prévoyance

A. L'objet

Elle prend en charge les risques incapacité, invalidité permanente et décès de tout adhérent. Les contrats interviennent **en complément de la Sécurité sociale**. Les garanties de prévoyance s'adressent à tout le personnel ou à l'une de ses catégories sans discrimination de revenu, d'âge ou d'état de santé. La mutualisation des risques entre tous les salariés permet de diminuer le coût de la protection offerte.

B. Le contrat

1. La mise en place

■ Pour être considéré comme obligatoire, le contrat doit impérativement être soumis aux employés selon trois modalités :

- par un **accord collectif** témoignant d'une négociation préalable, par le biais d'un accord d'entreprise ou d'un accord d'établissement ;
- par un **accord approuvé par référendum** auprès de tous les salariés ;
- par **décision unilatérale de l'employeur** mentionnée par écrit à chaque salarié.

■ Les deux derniers se pratiquent principalement dans les PME.

2. Le financement

■ L'employeur doit financer partiellement, voire totalement, la cotisation de chaque salarié adhérent. Celle-ci est fixée selon un taux ou un montant et peut être adaptée depuis le décret du 9 janvier 2012 à la situation du salarié (article R242.1.1 et suivants du Code de la Sécurité sociale).

■ Tout employé répondant aux critères du groupe doit adhérer au contrat de prévoyance collective, sans conditions d'âge, de revenu, de l'état de santé, de la nature de son contrat (CDD, CDI) ou de son temps de travail (temps plein, temps partiel).

C. Les garanties

1. L'invalidité ou l'incapacité temporaire

L'assuré-adhérent dans l'incapacité de travailler perçoit un complément de revenus, à hauteur du plafond prévu, jusqu'à l'âge de la retraite soit 60 ans pour inaptitude. La rente est exprimée en pourcentage du salaire brut et peut aller jusqu'à 100 %. Elle est revalorisée et servie trimestriellement. La garantie peut être assortie de garanties d'assistance telles que l'aide à domicile ou l'aménagement du domicile.

2. Le décès

■ Lorsqu'un salarié décède, sauf clause spécifique de désignation, les membres de sa famille deviennent les bénéficiaires désignés « naturels » de son contrat d'assurance collectif décès. Plusieurs options sont possibles telles que :

- le versement d'un capital pour compenser la perte de son revenu. Le montant dépend souvent du salaire annuel brut et de la composition de la famille à charge ;
- une rente éducation pour la scolarité des enfants ;
- une rente conjoint au conjoint survivant ;
- l'option double effet qui prévoit le versement d'un capital aux enfants à charge au décès du conjoint survivant ;
- une allocation obsèques ;
- un doublement des montants si le décès est consécutif à un accident...

■ Cette garantie permet de répondre aux obligations de l'employeur qui doit souscrire une assurance prévoyance prioritairement pour le risque décès au profit de ses cadres à hauteur de 1,50 % du salaire brut limité au PMSS.

D. La tarification

Elle dépend de plusieurs critères :
- la **catégorie socioprofessionnelle** ; certains métiers ou fonctions sont plus à risques que d'autres ; donc l'assureur tient- compte du secteur d'activité, de l'utilisation régulière ou non de véhicules, des efforts de formations préventives mises en place par le chef d'entreprise ;
- l'**âge moyen et la situation des adhérents** : les engagements pour un assuré seul sont moins élevés en décès que pour une famille. Les jeunes sont des sujets à risques plus faibles ;
- la **cotisation** : elle s'exprime en pourcentage sur salaire brut et peut être plafonnée au PMSS si les prestations sont plafonnées elles aussi.

E. La portabilité de la couverture santé et prévoyance

■ Depuis le 1er mai 2009, le salarié qui a quitté l'entreprise et qui bénéficie de l'ouverture des droits au chômage bénéficie d'une portabilité de ses droits dans les même conditions que celles dont il bénéficiait auparavant. La durée ne peut pas être supérieure à celle du contrat de travail sur lequel elle repose et ne peut pas dépasser 12 mois.

■ Cette disposition a été confirmée en 2014 pour toutes les branches professionnelles pour le contrat complémentaire santé. Il a été étendu en 2015 aux contrats de prévoyance. Ces droits doivent être repris dans le certificat de travail (article L911.8 du Code de la Sécurité sociale).

■ Toutefois, une jurisprudence de 2018 dispose que la liquidation de l'entreprise ne lui permet pas ce maintien de garanties si le contrat est résilié.

3 La réglementation sociale et fiscale

A. L'avantage social

■ Le **contrat santé** : les cotisations salariales et patronales qui financent le régime collectif de santé et de prévoyance obligatoire de l'entreprise ne sont pas imposables : dans la limite de 7 % du PASS + 3 % du salaire annuel brut ; plafonnée à 3 % de huit PASS.

■ Le **contrat de prévoyance** : les cotisations patronales qui financent le régime collectif de prévoyance obligatoire ne sont pas soumises à charges sociales : dans la limite de : 6 % du PASS + 1,5 % du salaire annuel brut ; plafonnée à 12 % du PASS.

B. L'avantage fiscal

■ Le **contrat santé** : le montant de la cotisation patronale qui finance un régime collectif et obligatoire de frais de soins de santé doit être intégré au revenu imposable du salarié qui bénéficie de cet avantage.

■ Le **contrat de prévoyance** : les cotisations salariales et patronales qui financent le régime collectif de prévoyance obligatoire de l'entreprise ne sont pas imposables : dans la limite de : 5 % du PASS + 2 % du salaire annuel brut ; plafonnée à 2 % de huit fois le PASS.

L'ASSURANCE COLLECTIVE

La retraite et l'épargne salariale

Problème d'actualité remis en avant régulièrement, la retraite collective bénéficie d'avantages spécifiques fiscaux et sociaux pour encourager la mise en place de régimes de retraite supplémentaires. Ces avantages sont aussi acquis pour encourager le salarié à épargner, avec le partenariat de l'employeur.

1 La retraite collective

A. L'objet

LA LOI

Article 107 de la loi du 9 octobre 2010

« L'épargne-retraite vise à compléter les pensions dues au titre des régimes de retraite par répartition légalement obligatoires. Elle permet de disposer, à partir du départ à la retraite, de ressources provenant d'une **épargne constituée individuellement ou collectivement** à partir de versements sur une base volontaire ou obligatoire réalisés à titre privé ou lors de l'activité »

B. Les différents contrats

Les entreprises ont le choix entre plusieurs contrats de retraite supplémentaires.

1. Le contrat « article 83 »

- Chaque adhérent dispose d'un compte individuel alimenté par les cotisations financées totalement ou partiellement par l'employeur. Il s'agit d'un contrat à **cotisation définie**, le taux étant identique pour tous. En cas de changement d'entreprise, le salarié peut transférer son contrat chez son nouvel employeur.
- Si l'assuré décède avant l'âge de la retraite, un capital est versé au(x) bénéficiaire(s) désigné(s).
- L'épargne peut être garantie si les primes sont versées sur un fonds en euros.
- Les cotisations versées par l'entreprise sont exonérées des charges patronales hormis CSG et CRDS et déductibles du résultat imposable. Pour le salarié, les cotisations versées sont exonérées d'impôts sur le revenu.
- La rente viagère est soumise à l'impôt sur le revenu.

2. Le contrat plan d'épargne retraite entreprise (PERE)

- Ce contrat a été mis en place en parallèle du PERP dans le cadre de l'entreprise (loi Fillon). Il s'agit d'un contrat « article 83 » sur lequel l'adhérent peut effectuer des versements libres et dont l'investissement est sécurisé.
- La sortie se fait obligatoirement en rente viagère.

- En cas de décès de l'assuré avant la liquidation de ses droits à la retraite, une rente est versée au(x) bénéficiaire(s) désigné(s) ou à ses ayants droit (conjoint et enfants).
- La fiscalité est identique à celle de l'article 83.

3. Le contrat plan d'épargne pour la retraite collectif (PERCO)

- Le PERCO est le plan d'épargne salariale dédié à l'épargne à long terme. Il peut aussi exister sous une forme interentreprises, et dans ce cas les modalités d'adhésion au PERCO*I* sont simplifiées, comme pour le PEI. L'existence d'un PEE ou d'un PEI est un préalable à la mise en place du PERCO ou du PERCO*I*.
- Il s'agit d'un contrat à adhésion obligatoire, mais à versements libres.
- La sortie peut se faire en rente viagère ou en capital si le contrat le prévoit.

4. Le contrat « article 39 »

- C'est un contrat de retraite collectif à **adhésion obligatoire** et à **prestations définies**, régi par l'article 39 du CGI. Il s'agit d'un contrat par capitalisation pour lequel l'entreprise s'engage à verser à tout ou partie de ses salariés, un capital de remplacement des revenus ou pendant leur retraite une rente viagère dont le montant est défini à l'avance et ceci sous la condition que l'adhérent soit présent lors de la liquidation de ses droits à la retraite.
- Les cotisations servent à constituer un fonds qui permet de faire face aux engagements de l'employeur. Elles sont entièrement déductibles du bénéfice de l'entreprise et ne sont pas soumises aux charges sociales ni aux prélèvements sociaux.
- Au moment du départ à la retraite, le dénouement peut se faire :
  - soit sous forme d'une rente viagère dite « retraite chapeau », qui est soumise à imposition sur le revenu après abattement des 10 %, aux prélèvements sociaux et à la cotisation maladie. Elle peut être réversible au profit du conjoint ;
  - soit sous la forme d'un capital dit « indemnité de fin de carrière ». Ce capital est soumis à l'impôt sur le revenu et aux prélèvements sociaux au-delà d'un certain seuil et sous conditions.
- Lorsqu'un contrat « article 39 » existe dans l'entreprise, celle-ci a eu l'obligation pour le 31 décembre 2012 de mettre en place un dispositif d'épargne retraite, quel qu'il soit, pour l'ensemble des salariés. Une contribution additionnelle peut être prise en charge dans certaines limites.

5. Le contrat « article 82 »

- C'est un contrat collectif à **cotisations définies** pour une catégorie précise. Il est à **adhésion facultative**, souscrit par l'entreprise au profit de ses salariés ou d'une catégorie d'entre eux.
- Les primes versées par l'employeur au salarié sont déductibles du résultat imposable et sont exonérées de charges sociales, sauf exceptions. En revanche pour le salarié, elles sont soumises à l'impôt sur le revenu. Seules celles versées par l'adhérent sont soumises aux charges sociales salariales.
- Le contrat est bloqué jusqu'au départ à la retraite. Il se dénoue par le versement d'un capital non imposable ou d'une rente viagère qui peut être réversible.

C. Les exceptions au dénouement en rente lors de la liquidation de la retraite

■ Un contrat de retraite supplémentaire se dénoue généralement à l'âge de la retraite. Les cas de rachat sont possibles uniquement dans des circonstances prévues par la loi : fin de droit d'assurance chômage ; liquidation ou faillite ; invalidité de deuxième ou troisième catégorie.

■ Lorsque le salarié quitte son entreprise, le compte individuel reste sa propriété et reste géré comme auparavant. Si l'entreprise quittée ne verse plus de cotisations obligatoires, le salarié peut continuer à effectuer des versements individuels et facultatifs. Il peut également choisir de transférer son compte vers le contrat souscrit par son nouvel employeur. Il peut enfin choisir de transférer le tout sur un PERP.

2 Les contrats PER

■ Mis en place par la loi Pacte, les contrats PER sont commercialisés depuis le 1er octobre 2019 par un ensemble de professionnels qui ont bénéficié de l'ouverture du marché. Les anciens contrats ne sont plus commercialisés depuis le 1er octobre 2020. De ce fait, le législateur a permis le transfert des contrats.

#info
Les contrats PER
foucherconnect.fr/23vassur52

■ Les produits bénéficient d'une fiscalité et de contributions sociales spécifiques propres à chaque situation de sortie.

A. Le plan d'épargne retraite d'entreprise (PÈRE)

■ Il se présente sous deux formes : le **plan d'épargne retraite collectif (PEREC)**, qui vise à remplacer le PERCO, est destiné à tous les salariés ; le **plan d'épargne retraite obligatoire (PERO)** qui se substituera au contrat (article 83). Il peut être proposé à tous les salariés ou à certains collèges prédéfinis.

■ Ces deux produits peuvent être regroupés en un contrat et peuvent bénéficier de versements volontaires ou obligatoires.

■ La sortie est prioritairement en rente. L'épargnant doit être informé de ses droits au plus tard 6 mois avant le départ présumé à la retraite.

B. Le plan d'épargne retraite individuel (PERI)

Il vise à remplacer les contrats Madelin et PERP.

3 L'épargne salariale

A. L'objet

Le plan d'épargne entreprise (PEE) est un système d'épargne collectif ouvrant aux salariés de l'entreprise la faculté de participer, avec l'aide de celle-ci, à la constitution d'un portefeuille de valeurs mobilières. Il est régi par l'article L 443.1 du Code du travail.

B. Le contrat

1. Les conditions de mise en place

■ Le contrat est mis en place par le comité d'entreprise, par ratification des deux tiers du personnel d'un projet d'accord par le chef d'entreprise, suite à un accord entre le chef d'entreprise et les organisations syndicales représentatives, ou enfin sur une décision unilatérale de l'employeur.

■ L'accord est conclu pour une durée de 1 an renouvelable par tacite reconduction.

■ Les groupes d'entreprises juridiquement indépendantes, mais ayant établi entre elles des liens financiers et économiques peuvent mettre en place un PEE. Le règlement du PEE doit être déposé à la direction départementale du travail, de l'emploi et de la formation professionnelle.

2. Les adhérents

Ont la possibilité d'adhérer :
- tous les salariés de l'entreprise ;
- les anciens salariés (retraités ou préretraités). Ces derniers peuvent effectuer des versements volontaires, mais n'ont plus le droit à l'abondement ;
- dans les entreprises de 1 à 99 salariés, les chefs d'entreprise, les présidents, les directeurs généraux, les gérants et les membres du directoire ;
- les travailleurs temporaires sous conditions ;
- l'ancienneté requise peut varier, mais ne peut pas être supérieure à 3 mois.

3. Le fonctionnement du contrat

■ L'alimentation des fonds

Le PEE peut recueillir des sommes provenant :
- de l'intéressement, la participation ;
- de versements volontaires dans la limite du quart de la rémunération annuelle brute ou des revenus professionnels soumis à l'impôt sur le revenu par an ;
- d'abondement des entreprises dans une certaine limite ;
- de sommes transférées provenant d'un PEE, non clôturé dans une ancienne entreprise. Ces sommes ne sont pas prises en compte pour le calcul de la limite des versements volontaires du salarié, elles ne permettent pas l'abondement et ne sont pas soumises aux prélèvements sociaux.

■ La constitution de l'épargne

■ Le salarié doit pouvoir bénéficier de l'une de ces acquisitions :
- titres de SICAV ;
- parts de fonds commun de placement d'entreprise (FCPE) diversifié ;
- parts de FCPE investies en titres de l'entreprise ou d'une entreprise comprise dans le champ d'un plan ou d'un accord de groupe.

■ L'employeur doit au minimum prendre à sa charge les frais de tenue de compte des salariés.

L'information

Tous les salariés quittant l'entreprise reçoivent un état récapitulatif de l'ensemble des sommes et valeurs mobilières épargnées ou transférées au sein de l'entreprise. Ces états sont regroupés dans un livret d'épargne salariale.

Les conditions de blocage

Les sommes placées dans un PEE sont bloquées au minimum 5 ans.

Les cas exceptionnels de déblocage anticipé

- La demande de déblocage doit être adressée dans les 6 mois suivant le fait générateur (sauf pour les cas de décès, invalidité, cessation du contrat de travail et surendettement) :

– mariage ou Pacs ;
– invalidité du bénéficiaire, de ses enfants, du conjoint ou de la personne liée par un Pacs ;
– décès du bénéficiaire, du conjoint ou de la personne liée par un Pacs ;
– cessation du contrat de travail quel qu'en soit le motif ;
– divorce ou dissolution du Pacs avec garde d'au moins un enfant ;
– acquisition, agrandissement ou remise en état de la résidence principale ;
– naissance ou adoption d'un troisième enfant ou plus ;
– création ou reprise d'une entreprise par l'intéressé, ses enfants, son conjoint ou la personne liée par un Pacs, soit à titre individuel, soit sous la forme d'une société qu'il contrôle ;
– situation de surendettement du salarié.

- Tout ou partie des fonds peut être débloquée.

4. Le plan d'épargne inter-entreprise (PEI)

Le PEI favorise le développement de l'épargne dans les petites et moyennes entreprises (PME) en permettant à plusieurs entreprises de se regrouper pour la mise en place du plan. Il est régi par l'article L443.1 du Code du travail. Les caractéristiques sont similaires à celles du PEE hormis les conditions de mise en place.

Fiche 68

L'ASSURANCE COLLECTIVE

Les contrats spécifiques

La réglementation des contrats collectifs, la fiscalité qui en découle voire la simplicité de gestion ont entraîné la mise en place de plusieurs types de contrats tant pour les entreprises que pour les associations.

1 La dépendance

A. L'objet

C'est un contrat proposant une rente viagère aux adhérents salariés de l'entreprise **en cas de perte totale d'autonomie**.

B. Le contrat

1. La souscription

■ Le contrat peut être **obligatoire**, souscrit par le chef d'entreprise, et faire suite à une négociation avec les partenaires sociaux, un accord de branche ou une décision unilatérale.

■ Il peut aussi être **facultatif**, souscrit par le salarié qui souhaite améliorer la couverture de base. Il bénéficie de la même fiscalité privilégiée que les contrats de prévoyance.

2. La mise en place

■ Les cotisations permettent d'acquérir des points qui sont transformés en rente viagère en cas de dépendance.

■ Si le salarié quitte l'entreprise ou part à la retraite, il continue à bénéficier des points acquis et peut poursuivre l'alimentation de son compte individuel ou dans le cadre de sa nouvelle entreprise.

■ La mutualisation des risques et la souscription jeune permet de faire face à une cotisation moins élevée qu'un contrat individuel. De plus, l'employeur participe souvent au financement à hauteur de 50 %.

C. Les garanties

1. La garantie de base

Elle prévoit le versement d'une rente viagère, généralement revalorisée, en cas de dépendance totale au profit de l'assuré et des anciens salariés. Il est souvent fait abrogation des délais de carence et de la franchise.

2. Les extensions

Elles sont généralement liées à une prestation et complètent la possibilité de maintenir une garantie viagère après le départ à la retraite :

- la **dépendance partielle** : son champ d'application est prévu au contrat. Il dépend pour la plupart des cas de la classification suivant la grille AGGIR ;
- la **dépendance déléguée** : les proches bénéficient aussi de la garantie, par exemple le conjoint ;
- l'**aide aux aidants** : il s'agit d'une extension récente et novatrice, elle assure en cas de dépendance le versement d'une rente au salarié et d'un capital à ses parents ;
- l'**assistance** : elle peut intervenir dans l'aménagement du domicile, l'organisation du projet de vie personnalisé parent-aidant ;
- l'**aide psychologique** : elle permet au salarié d'être épaulé pour organiser la prise en charge du dépendant et assumer son rôle d'aidant ;
- l'**aide juridique** : elle prend en charge, dans la limite d'un plafond, l'assistance de l'assuré face à un litige ou à une difficulté de recours.

2 L'indemnité de fin de carrière (IFC)

A. Le contexte

1. Une obligation sociale

■ L'entreprise a l'obligation de verser une indemnité à ses salariés partant à la retraite, que ce soit l'indemnité légale minimale ou celle que la convention collective de branche impose de verser ou celle qui a été fixée par un accord propre à l'entreprise ; elle peut représenter des sommes importantes.

■ Le départ à la retraite de la génération du baby-boom peut affecter la trésorerie d'une entreprise, qui verrait partir la même année plusieurs de ses employés.

2. Une obligation comptable

■ L'entreprise a l'obligation d'inscrire son « passif social » en annexe de son bilan. Elle doit évaluer l'**ensemble de ses engagements futurs**, constitués par ces indemnités, mais également les pensions qu'elle se serait engagée à verser.

■ Les experts comptables recommandent depuis longtemps de provisionner ces sommes et, depuis le 1er janvier 2005, il existe même une norme (IAS / IFRS 19) pour évaluer ces engagements, imposée à certaines entreprises.

B. L'objet du contrat

Les cotisations versées par l'entreprise constituent un fonds collectif qui lui est propre et qui sert à rembourser les indemnités versées aux salariés au moment de leur départ à la retraite.

C. Les avantages

1. L'avantage fiscal

■ Les versements sont déductibles du résultat fiscal, et exonérés de charges sociales.

■ Les intérêts issus de la gestion du fonds sont exonérés d'impôts et de charges sociales.

2. Les avantages financiers

■ La charge financière est anticipée et répartie sur plusieurs années, évitant les à-coups de trésorerie.

■ Les engagements de l'entreprise sont sécurisés et valorisés au travers d'une gestion financière réalisée par des spécialistes.

■ La valorisation de l'entreprise en cas de cession n'est pas pénalisée par l'engagement constitué par le passif social.

3. Les avantages de gestion

■ L'évaluation du passif social, obligatoire et délicate, est confiée à l'assureur, spécialiste de ces calculs. La réactualisation régulière de cette évaluation est également à la charge de l'assureur.

■ La définition des cotisations tient compte de la situation financière propre de l'entreprise.

3 Le contrat « homme clé »

A. L'objet

■ Il permet à l'entreprise, en cas de décès et d'incapacité de « l'homme clé », de disposer rapidement d'une trésorerie, soit sous la forme d'un capital, soit correspondant au préjudice réel qui lui permet de faire face à ses engagements financiers et les charges fixes et de réorganiser l'entreprise, comme le fait une garantie « pertes d'exploitation ».

■ Cet « homme clé » est la personne, homme ou femme, dont l'absence peut mettre en péril l'entreprise. Il peut s'agir du chef d'entreprise, de l'ingénieur, du commercial ou du secrétaire qui connaît toute la clientèle.

B. Le contrat

1. La mise en place

■ L'assuré est la personne physique ayant un rôle d'homme ou de femme « clé ». En cas de cessation d'activité, la garantie ne lui est plus acquise.

■ L'entreprise **doit toujours être le souscripteur ET le bénéficiaire**, ceci pour éviter les abus de biens sociaux si une personne bénéficie de l'indemnité. À défaut de cette mention, l'entreprise ne peut pas bénéficier des avantages fiscaux.

2. Les prestations

■ Les garanties de base les plus courantes sont le décès, la perte d'autonomie totale et l'invalidité absolue et définitive qui entraîne le versement du capital garanti.

■ La garantie peut être limitée à l'accident ou étendue à tout événement.

■ Les extensions possibles sont l'invalidité permanente supérieure à 66 % et le remboursement des frais professionnels fixes au-delà d'une franchise contractuelle pendant une durée limitée.

3. La fiscalité

Les primes versées sont fiscalement déductibles du résultat de l'entreprise. Toutefois, en cas de réalisation du risque, les capitaux versés sont taxés et s'ajoutent au revenu imposable.

4. L'approche tarifaire

Le tarif tient compte des mêmes éléments que pour tout autre contrat de prévoyance. Les capitaux étant très élevés, de 3 à 5 millions d'euros, les conditions d'adhésion sont pointues.

4 Le contrat associé

Sensiblement identique au contrat « homme clé », il garantit, en cas de décès de l'assuré associé, le versement du capital garanti aux autres associés, ce qui leur permet de racheter ses parts et d'éviter la dilution du capital.

5 L'assurance des associations sportives

A. La réglementation

- « Les associations et les fédérations sportives sont tenues d'informer leurs adhérents de l'intérêt que présente la souscription d'un contrat d'assurance de personnes couvrant les dommages corporels auxquels leur pratique sportive peut les exposer » (article L321.4 du Code du sport).

- La fédération ou chaque entité est tenue de formuler cette proposition dans un document, distinct ou non de la demande de licence, qui mentionne le prix de l'adhésion, précise qu'elle n'est pas obligatoire et indique que l'adhérent au contrat collectif peut en outre souscrire des garanties individuelles complémentaires. La notice d'information doit aussi être délivrée.

B. Le contrat

- La fédération, après appel d'offres, peut souscrire des contrats collectifs qui proposent des garanties individuelles accidents, dans le cadre de l'activité garantie. Il appartient à la fédération et aux associations de prouver qu'elles ont bien remis la proposition d'assurance.

- Si le licencié participe à une compétition, il a une **obligation** de recours à une individuelle « accidents corporels » sous peine de mise en cause de la fédération. Le contrat prévoit un capital décès, une garantie invalidité permanente ou partielle, éventuellement des indemnités journalières et une couverture limitée pour les prestations en nature.

- Les fédérations sportives sont autorisées à souscrire, après appel d'offres, des contrats collectifs pour couvrir la responsabilité de toutes les associations affiliées et les licenciés. Elles doivent remettre et faire remettre une notice d'information relative à l'adhésion (article L141.4 al. 2 du Code des assurances). Elles ne sont toutefois pas autorisées à imposer les garanties.

> **REMARQUE**
> Les adhérents doivent aussi bénéficier d'une garantie d'assurance responsabilité civile proposée là aussi par leur fédération.
> Les sportifs sont considérés comme tiers entre eux.

Les assurances de personnes et les produits financiers – L'assurance collective

#QCM
Testez vos connaissances sur la partie 3
foucherconnect.fr/23vassur67

Vous êtes collaborateur(rice) commercial(e) au sein du cabinet LEPONT, agent général de LA PROTECTRICE VIE. Votre client, Monsieur Jean-Claude DURANCE prend rendez-vous avec vous pour avoir des informations sur sa retraite prochaine. Il vous demande d'actualiser l'estimation de sa retraite, dans l'hypothèse d'un départ à la retraite en janvier 2021 à l'âge de 63 ans. Vous estimez qu'au titre de l'année 2020, il fait l'acquisition totale de 290 points ARRCO et 3 150 points AGIRC.

INFO
Cet exercice tient compte de l'ancienne législation sur la retraite. Le raisonnement reste identique si on prend en compte la nouvelle législation.

TRAVAIL À EFFECTUER

Calculez le montant annuel brut de sa retraite obligatoire de base et complémentaire sachant que le salaire annuel moyen retenu par son régime de base est estimé à 33 400 €. Arrondir vos résultats à l'euro supérieur.

LE DOSSIER

FICHE CLIENT

1. SITUATION FAMILIALE

Jean-Claude DURANCE, né le 21 octobre 1958.
Marié le 5 septembre 1986 à Évelyne DURANCE, née le 22 juillet 1957.
Régime de la communauté réduite aux acquêts ; pas de donation entre époux.
Une fille, née d'une première union (union libre sans mariage), Séverine DURANCE, le 28 novembre 1985.

2. SITUATION PROFESSIONNELLE ET ÉLÉMENTS FINANCIERS

Cadre technique en informatique depuis le 17 décembre 1980. Salaire mensuel brut 2020 de 3 320 € (payé sur 12 mois). Épouse, femme au foyer.

Entraînement

RELEVÉ DE SITUATION INDIVIDUELLE - GIP INFO RETRAITE

Synthèse de vos droits, connus au 1er janvier 2020
Dans vos régimes de retraite légalement obligatoires

RETRAITE DE BASE	
Régimes	**Nombre de trimestres**
Salarié du régime général (CNAV)	140
Durée d'assurance totale	140
RETRAITE COMPLÉMENTAIRE	
Régimes	**Nombre de points**
Salarié du secteur privé (ARRCO - AGIRC)	6 544,60
Salarié cadre du secteur privé (équivalent ARRCO)	11 718,49

Les valeurs de point diffèrent selon les régimes. Les régimes de base tiennent compte de la durée d'assurance. Pour obtenir une retraite au taux plein, vous devez justifier d'un certain nombre de trimestres. Ce nombre dépend de votre année de naissance et non de votre année de départ. Pour les assurés nés en 1955, la durée d'assurance nécessaire (durée de référence) pour obtenir le taux plein sera de 166 trimestres. Dans les régimes en points, principalement les régimes complémentaires, le versement des cotisations donne droit, chaque année, à l'attribution de points. La retraite sera égale au nombre de points multiplié par la valeur du point.

ÉLÉMENTS DE CALCUL DES RETRAITES ISSUES DES RÉGIMES OBLIGATOIRES

1. Calcul de la retraite de base
Salaire annuel moyen x Taux de liquidation x Durée d'assurance dans le régime Pension = Durée de référence
Salaire annuel moyen (SAM) : moyenne des salaires des 25 meilleures années, limités au plafond de la Sécurité sociale et revalorisés par application d'un coefficient établi par la Sécurité sociale.
Taux de liquidation et décote : taux plein de 50 % appliqué si le nombre de trimestres validés dans tous les régimes est au moins égal à la durée d'assurance requise ou en cas de départ à l'âge du temps plein (67 ans pour un assuré social né en 1955). Dans le cas contraire, une décote est appliquée (application d'un coefficient de minoration).
La minoration est établie par application du coefficient de 0,625 par trimestre manquant (pour un assuré social né en 1958) : soit à la différence de trimestres qui sépare la date d'obtention du taux plein de la date de liquidation ; soit à la différence entre le nombre de trimestres validés et le nombre de trimestres correspondant à la durée de référence (la solution la plus favorable à l'assuré est retenue). *Exemple :* taux de minoration pour 10 trimestres manquants : 10 x 0,625 = 6,25 soit un taux de de 50 % - 6,25 = 43,75 %
Durée d'assurance dans le régime : elle est exprimée en trimestres et correspond aux trimestres cotisés, assimilés cotisés, aux trimestres rachetés ou acquis par majoration. La durée d'assurance ne peut être supérieure à la durée de référence.
Durée de référence : dépend de l'année de naissance, 166 trimestres pour un assuré né en 1958.
2. Calcul de la retraite complémentaire (ARRCO et AGIRC)
Pension = Nombre de points x Valeur du point x Coefficient d'anticipation

Coefficient d'anticipation : il dépend de l'année de naissance de l'assuré social et de son âge à la date de liquidation de la pension. Il est fixé à 1 si la retraite de base est liquidée à taux plein.
Trimestres manquants : les coefficients ci-dessous sont ceux applicables aux assurés qui font liquider leurs retraites complémentaires avant l'âge du taux plein correspondant à leur génération (65 à 67 ans selon l'année de naissance) sans avoir la durée d'assurance requise pour bénéficier d'une retraite à taux plein (dans la limite de 20 trimestres manquants).

Âge au moment du départ à la retraite	Coefficient en pourcentage	NB de trimestres manquants
Âge à taux plein moins 5 ans	0,78	20
Âge à taux plein moins 4 ans et 9 mois	0,7925	19
Âge à taux plein moins 4 ans et demi	0,8050	18
Âge à taux plein moins 4 ans et 3 mois	0,8175	17
Âge à taux plein moins 4 ans	0,83	16

Exemple : prenons le cas d'un salarié non-cadre, né en 1958, qui fait liquider sa retraite complémentaire ARRCO à 63 ans. Sa durée d'assurance est de 156 trimestres au lieu de 166 requis pour une retraite à taux plein : il lui manque donc 10 trimestres. L'âge du taux plein pour sa génération étant fixée à 67 ans, il lui manque donc 4 années avant de l'atteindre.
Si on ne tient compte que de son âge, il ne devrait toucher que 83 % de sa retraite.
Si on tient compte des 10 trimestres manquants, le pourcentage sera de 90 %.
On retient donc cette dernière solution, plus favorable.
Valeur annuelle du point ARRCO - AGIRC au 01/04/2020 : 1,2714 €.

3. Les pensions de réversion

Régime de base : le conjoint survivant a droit à 54 % de la pension dont bénéficiait l'assuré décédé. La pension de réversion peut être partagée entre conjoint et ex-conjoints. Le partage est proportionnel à la durée de chaque mariage. Régimes complémentaires : le conjoint survivant a droit à 60 % de la pension du défunt. Ce taux est proratisé en cas de pluralité de mariages.

#corrigé

Corrigé de l'entraînement partie 3.6

foucherconnect.fr/23vassur64

PAPIER À BASE DE FIBRES CERTIFIÉES

Hatier s'engage pour l'environnement en réduisant l'empreinte carbone de ses livres. Celle de cet exemplaire est de :
1.4 kg éq. CO_2
Rendez-vous sur www.hatier-durable.fr

IMPRIM'VERT Votre imprimeur agit pour l'environnement

Achevé d'imprimer en Italie par L.E.G.O. S.p.A. - Lavis (TN)
Dépôt légal n° 16991-7/01 - Septembre 2023